Alice Voyance

Après tout, c'est... écrit dans les étoiles

Alice Voyance

Après tout, c'est... écrit dans les étoiles

Éditions Vie

Cover image: www.ingimage.com

Publisher:
Éditions Vie
is a trademark of
International Book Market Service Ltd., member of OmniScriptum Publishing Group
17 Meldrum Street, Beau Bassin 71504, Mauritius

Printed at: see last page
ISBN: 978-620-2-49539-4

Après tout, c'est...

écrit dans les étoiles

Du même auteur :

La Malédiction de la Maison 12
Les enfants des étoiles

Pour contacter l'auteur :

Par courrier : Alice
10, rue du Schnokeloch
67200 Strasbourg

Par email : alice.astre@orange.fr

Site internet : www.alicevoyance.info

L'astrologie pour tous

Alice

Après tout, c'est... écrit dans les étoiles

J'ai mis plusieurs années, en fait, à réaliser cet ouvrage.

En toute humilité, j'avoue avoir consulté des dizaines de livres, sur l'astrologie, la voyance, les tarots. Parfois, je suis du même avis que mes confrères et parfois, vous verrez que certaines interprétations sont fort originales !

Dans ces pages, je ne parlerai que d'astrologie, ma grande passion.

À qui dédier mon œuvre, bien des personnes le mériterait et je remercie au passage mon conjoint, mes parents, mes amis, d'accepter sans (trop) se plaindre les remarques sur leurs aspects planétaires... et ce depuis de très longues années !

Finalement, je me suis très récemment inspirée de la chanson d'un des personnages dont la mort m'a plongée dans un abîme de perplexité : John Lennon.

Un génie... tous les musiciens, les chanteurs, sont des génies, la musique étant seule capable de me guérir de mes peines, de mes désillusions, de mes chagrins.
Elle me fait danser, aussi... je sais !

... "after all, it is written in the stars"
John Lennon
"WOMEN"

À François, c'est grâce à lui que j'ai rencontré Raphaël…
...merci pour ses conseils

QUELQUES CONSEILS

UNE MÉTHODE N'EST UTILE QU'AVEC SON MODE D'EMPLOI !

Pour établir vous-même votre thème astral, munissez-vous de votre CIEL ASTRAL, que certaines revues vous proposent gratuitement.

Si vous avez un ordinateur, il existe dans le commerce des logiciels qui vous font les calculs.

Bien entendu, il existe aussi des éphémérides. Plus ardus, ils sont toutefois très fiables.

Quel que soit le système, votre
CIEL ASTRAL EST INDISPENSABLE POUR
UTILISER CETTE MÉTHODE !

Le SOLEIL étant votre signe "du zodiaque", allez ensuite de PLANÈTE en PLANÈTE, puis de MAISON en MAISON, selon les chapitres de mon ouvrage.

Vous pouvez faire des photocopies et relier le thème ainsi composé.

Faites de même pour vos proches.

AVERTISSEMENT

Vous aurez, une fois votre thème établi, une bonne idée de votre personnalité !

Procédez ainsi :

- L'ÉLÉMENT : AIR, TERRE, FEU ou EAU qui vous correspond.

- LE SOLEIL : votre signe du zodiaque
- LE SOLEIL : dans la Maison

- LA LUNE : dans le signe
- LA LUNE : dans la Maison

- et ainsi de suite pour MERCURE, VÉNUS, MARS, etc.

Tous les logiciels classent les planètes selon leur importance et ma MÉTHODE D'ASTROLOGIE ne fait pas exception à la règle.

Mes interprétations sont documentées, ont fait leurs preuves et sont, volontairement, à la portée de tous. Cependant, il faut préciser qu'elles ne tiennent pas compte des DEGRÉS !
Car s'il est vrai que d'avoir un SIGNE dans une MAISON est révélateur, il est intéressant aussi de savoir jusqu'à quel point cet aspect est important.
Dans un souci de simplification, ma méthode en fait abstraction.
Mais n'hésitez pas à me contacter à ce sujet.

Je vous souhaite de nombreuses heures de plaisir à la lecture de mon ouvrage.

Alice

GLOSSAIRE

☺ : x 1 : bon, x 2 : très bon, x 3 : excellent !

😐 : x 1 bof, x 2 : insignifiant, x 3 : n'apporte rien de spécial !

☹ : x 1 : mauvais, x 2 : très mauvais, x 3 : aspect néfaste au natif !

☯ : il faut accepter cet aspect, il est immuable !

👍 : x 1 : bon, vous donne la pêche ! x 2 : très bon, x 3 : excellent !

👎 : x 1 : aspect qui vous déprime..., x 2 : beaucoup..., x 3 : ...trop !

✋ : vous pouvez y remédier !

💣 : aïe ; explosif !

CLIN D'ŒIL : petites remarques personnelles que vous ne devez pas négliger, car elles contiennent souvent de riches enseignements !

Les symboles des signes du Zodiaque sont chaque fois expliqués.
Dans un souci de simplicité, j'ai nommé les Planètes, évitant ainsi d'avoir recours au glossaire.

Les résumés des chapitres peuvent vous sembler répétitifs, mais dans le cas où vous voudriez isoler un paragraphe et le photocopier, il serait ainsi complet.

♒♎♊♒♎♊♒♎♊♒♎♊♒♎♊♒♎♊♒♎♊♒

LES SIGNES D'AIR

Des quatre éléments vous représentez le moins saisissable ; vous êtes souvent incohérents et imprévisibles pour votre entourage passant d'une humeur de rêve à la colère la plus noire, vous laissez sans voix le pauvre malheureux qui vous a vexé (ne seriez-vous pas susceptibles ?).

Très sensibles aux ambiances, légers et amicaux vous êtes en général doux et pacifiques.
Vous aimez :

les causes nobles, pour les VERSEAU ♒
faire rire, pour les GÉMEAUX ♊
plaire et charmer, pour les BALANCE ♎

Avec les natifs des signes d'**AIR**, vous êtes en phase, vous admirez les signes de **FEU**, vous comprenez les signes d'**EAU**, mais les signes de **TERRE** ont moins d'attrait pour vous !

Souvent vous êtes des orateurs captivants, vous vous exprimez bien et vous avez de nombreuses idées. Vous aimez prendre la parole. Un peu menteur peut-être ou alors simplement affabulateur, vous aimez tant amuser votre public !
Vous avez souvent la rime facile, la plume déliée et un beau coup de pinceau. Vous êtes Artiste, on peut le dire !
Pour vous une soirée réussie est une soirée où on a bien ri et refait le monde !

**JE SAIS QUE VOUS, SIGNES D'AIR, ÊTES TRÈS OUVERTS À L'ASTROLOGIE ET EN TENEZ COMPTE. LES CONSEILS ET LES CLINS D'ŒIL DE MON THÈME SONT DES OUTILS ET NON DES ARMES. À VOUS DE VOUS FORGER, CHAQUE JOUR, UNE VIE QUI VAILLE LA PEINE D'ÊTRE VÉCUE : JE VOUS FAIS CONFIANCE ! AIDEZ LES PLUS SCEPTIQUES À RELATIVISER LES ÉCHECS ET GLORIFIER LES JOIES !
AMICALEMENT, ALICE**

NÉ UN LUNDI : VOUS SEREZ BEAU, UN MARDI : VOUS SEREZ PLEIN DE GRÂCE, UN MERCREDI : VOUS SEREZ TRISTE, UN JEUDI : VOUS IREZ LOIN, UN VENDREDI : VOUS SEREZ GÉNÉREUX ET AIMANT, UN SAMEDI : VOUS TRAVAILLEREZ TOUTE VOTRE VIE, UN DIMANCHE : VOUS SEREZ JOYEUX, GENTIL, GÉNÉREUX ET BRILLANT !

♋♏♓♋♏♓♋♏♓♋♏♓♋♏♓♋♏♓♋♏♓♋

LES SIGNES D'EAU

Des quatre éléments vous représentez le plus fluide, le plus agile, le plus apte à vous couler hors des situations qui vous mettent mal à l'aise. Votre agilité (toute intellectuelle) vous permet de contourner les obstacles, c'est-à-dire les affrontements violents, qui vous font fuir. Vous préférez opposer aux attaques un calme apparent, voire une attitude de martyr! Mais votre nervosité vous fragilise et votre sensibilité est réelle.
Souvent doux et amicaux vous aimez:

votre famille, pour les CANCER ♋
vos aïeux, pour les SCORPION ♏
tout le monde, pour les POISSON ♓

Vous êtes rassurés par les signes de **TERRE**, effrayés par les signes de **FEU**, amusés par les signes d'**AIR**, et en confiance avec les signes d'**EAU**!

Bien que vous ne soyez pas le boute-en-train de service vous vous rapprochez volontiers des gens qui vous font rire. D'ailleurs vous vous trompez peu sur les gens et vous possédez l'art d'en tirer le meilleur parti. Vous êtes souvent de bons nageurs, l'eau est votre élément et vous appréciez l'art sous toutes ses formes (musique, peinture, dessin.) Vous êtes des nostalgiques, qui vous plongez dans le passé, et qui cherchez sans arrêt dans votre enfance la cause d'éventuels échecs. Vous avez la larme facile.
Pour vous une soirée réussie est une soirée au cours de laquelle on a pu régler les problèmes de l'un de vos proches.

OUI JE SAIS QUE VOUS ÊTES TRÈS SENSIBLES, AMIS DES SIGNES D'EAU, MAIS JE VAIS DEVOIR ME SERVIR DE CE QUE LES PLANÈTES VOUS ONT OFFERT À LA NAISSANCE POUR ÉTABLIR VOTRE THÈME!
NE VOUS AFFOLEZ PAS ET SACHEZ QU'UN THÈME ASTRAL EST UN OUTIL ET NON UNE ARME, ET QUE C'EST TOUS LES JOURS QUE L'ON APPREND À COMPOSER AVEC LE SORT.
SI L'UN OU L'AUTRE PASSAGE VOUS POSE UN PROBLÈME, N'HÉSITEZ PAS À ME DEMANDER MON AIDE.
QUE LA VIE SOIT POUR VOUS UN LONG FLEUVE TRANQUILLE.
AMICALEMENT, ALICE

NÉ UN LUNDI: VOUS SEREZ BEAU, UN MARDI: VOUS SEREZ PLEIN DE GRÂCE, UN MERCREDI: VOUS SEREZ TRISTE, UN JEUDI: VOUS IREZ LOIN, UN VENDREDI: VOUS SEREZ GÉNÉREUX ET AIMANT, UN SAMEDI: VOUS TRAVAILLEREZ TOUTE VOTRE VIE, UN DIMANCHE: VOUS SEREZ JOYEUX, GENTIL, GÉNÉREUX ET BRILLANT!

♈♌♐♈♌♐♈♌♐♈♌♐♈♌♐♈♌♐♈♌♐♈

LES SIGNES DE FEU

Des quatre éléments vous êtes, bien entendu, le plus enthousiaste !! Toujours à l'affût de la dernière nouveauté, vous surfez depuis longtemps sur INTERNET.
Impulsifs et chaleureux, vous ne laissez personne indifférent ! Vous rayonnez dans le domaine que vous maîtrisez. En effet, orgueilleux et conscient de votre valeur, vous ne voulez pas être pris en défaut.
Vous aimez la nature, qui vous ressource, les animaux, et les jeunes enfants que vous fascinez !
Vous êtes des quatre éléments celui qui vieillit le moins vite, qui se régénère toujours et on peut même dire qu'avec le feu à l'ascendant on vit mieux son âge mûr que sa jeunesse.
Votre entourage sait bien que ce n'est pas la peine de contredire ce génie qui a toujours raison ! Mais vous avez si bon cœur ! Très amoureux, vous aimez :

le sport, pour les SAGITTAIRE ♐
que ça bouge, pour les BÉLIER ♈
surtout vous-même, pour les LION ♌

Vous êtes amis avec les signes d'**AIR**, complices avec les signes de **FEU**, émus par les signes d'**EAU**, et désorientés par les signes de **TERRE** !

Pour vous une soirée réussie est une soirée où on s'est amusé grâce à vous !

JE SAIS, AMIS DES SIGNES DE FEU, QUE VOUS POUVEZ TOUT ENTENDRE, CAR VOUS ÊTES COURAGEUX ! ATTENDEZ-VOUS QUAND MÊME À QUELQUES SURPRISES LORS DE LA LECTURE DE VOTRE THÈME, VOUS VOUS DOUTEZ BIEN QUE TOUTES LES PLANÈTES N'ONT PAS PU VOUS ÊTRES FAVORABLES LE JOUR DE VOTRE NAISSANCE. VOUS ÊTES SÛRS QUE SI ?
DÉCIDÉMENT, VOUS ÊTES INCORRIGIBLES !
N'HÉSITEZ PAS À M'APPELER SI L'UN OU L'AUTRE PASSAGE N'EST PAS CLAIR POUR VOUS (SI SI, C'EST POSSIBLE).
AMICALEMENT, ALICE

NÉ UN LUNDI : VOUS SEREZ BEAU, UN MARDI : VOUS SEREZ PLEIN DE GRÂCE, UN MERCREDI : VOUS SEREZ TRISTE, UN JEUDI : VOUS IREZ LOIN, UN VENDREDI : VOUS SEREZ GÉNÉREUX ET AIMANT, UN SAMEDI : VOUS TRAVAILLEREZ TOUTE VOTRE VIE, UN DIMANCHE : VOUS SEREZ JOYEUX, GENTIL, GÉNÉREUX ET BRILLANT !

♍♑♉♍♑♉♍♑♉♍♑♉♍♑♉♍♑♉♍

LES SIGNES DE TERRE

Des quatre éléments vous êtes le plus réaliste ; vos préoccupations sont d'ordre matériel et vous n'arrivez pas à vous dérider si dans le domaine familial, professionnel ou financier tout ne tourne pas rond.
Vous êtes d'éternels bâtisseurs, ce qui ne vous empêche pas de craquer pour les voyages (qui vous dépaysent complètement et vous permettent de repartir d'un nouveau pied) et le sport (surtout d'endurance).
Vous aimez la bonne chair, rire et chanter en bonne compagnie. En effet vous êtes fidèles en amitié et possédez (surtout le TAUREAU) un beau filet de voix !
Une vie à la campagne : maison, potager, parterre de fleurs vous va tout à fait. Il n'est pas rare que vous gardiez une place sous votre toit pour vos parents car vous êtes très attachés à vos aïeux.
Opiniâtres et constants, vous aimez surtout :

votre métier, pour le CAPRICORNE ♑
les personnes du sexe opposé, pour le TAUREAU ♉
vos rêves de gloire, pour la VIERGE ♍

Vous êtes agacés par les signes de **FEU**, conquis par les signes d'**EAU**, attirés par les signes de **TERRE**, et perturbés par les signes d'**AIR** !

Il vous faut du temps pour assimiler les nouveautés, mais également pour oublier les événements qui jalonnent votre vie. Souvent timide, il vous arrive d'affronter les autres par bravade...
Pour vous une soirée réussie est une soirée où l'on a bien mangé, bien bu et bien chanté !

**JE SAIS TRÈS BIEN, SIGNES DE TERRE, QUE VOUS ÊTES LES PLUS SCEPTIQUES ! VOUS ÊTES DE CEUX QUI PRÉTENDEZ NE PAS CROIRE À L'ASTROLOGIE. MAIS AVOUEZ QUAND MÊME QUE SOUVENT ELLE VOUS A SURPRIS ET QUE, DEPUIS TOUJOURS, LA BALANCE ET LE GÉMEAU VOUS AGACENT ! SACHEZ QUE DOUZE PLANÈTES GOUVERNENT VOTRE VIE, CE SERAIT BIEN LE DIABLE SI ELLES ÉTAIENT TOUTES DANS LA TERRE ! LE DIABLE, VOUS N'Y CROYEZ PAS NON PLUS ? L'AMITIÉ, ALORS... SI SI, L'AMITIÉ VOUS Y CROYEZ ! JE RESTE À VOTRE DISPOSITION.
AMICALEMENT, ALICE**

NÉ UN LUNDI : VOUS SEREZ BEAU, UN MARDI : VOUS SEREZ PLEIN DE GRÂCE, UN MERCREDI : VOUS SEREZ TRISTE, UN JEUDI : VOUS IREZ LOIN, UN VENDREDI : VOUS SEREZ GÉNÉREUX ET AIMANT, UN SAMEDI : VOUS TRAVAILLEREZ TOUTE VOTRE VIE, UN DIMANCHE : VOUS SEREZ JOYEUX, GENTIL, GÉNÉREUX ET BRILLANT !

LE SOLEIL

Je veux !

Le SOLEIL est la planète de votre naissance, celle qui sert de base à l'interprétation.

Dans le thème, le SOLEIL est, bien entendu, important, mais ma particularité est de donner à l'ascendant bien plus d'importance encore.
En partant du principe que l'ascendant prend toute sa valeur à l'âge mûr, il influence bien plus votre vie d'adulte qui est plus longue et plus déterminante dans votre existence. L'ascendant change l'orientation de votre SOLEIL natal et plus il s'oppose à ce dernier, plus votre personnalité est torturée. Songez, c'est un simple exemple, au doux CANCER, qui aurait un ascendant en LION et un milieu de ciel en VIERGE ? Sans être astrologue, vous devinez déjà que cette personnalité aura du mal à se trouver, un certain mal de vivre entre idées charitables, ego survolté et une méfiance frustrante face à la vie !

Si vous me dites maintenant que 9 autres planètes viennent arranger ou compliquer tout ça, c'est que vous êtes déjà bien documentés.

L'étude qui suit est une interprétation de votre CIEL NATAL que je vous engage à conserver, quoi qu'il arrive.
Les calculs sont faits avec un logiciel, mais l'interprétation est personnelle.
N'hésitez pas à me demander des développements dans le domaine qui vous intéresse le plus !
Dans la vie, nous n'avons pas tous les mêmes priorités, aussi, en toute amitié, je me pencherai sur les vôtres.

VOUS AVEZ LE SOLEIL EN... (♈) BÉLIER !

Quelle fougue ! Merci MARS !
Du 21 mars au 20 avril...

Les personnes nées sous ce signe sont douées d'une force de caractère exceptionnelle. Ils ne perdent jamais courage et avancent dans la vie le visage souriant et la tête haute. Si la façon dont se déroule leur vie ne leur plaît plus, ils sont forts capables de la recommencer à zéro, même en payant de leur personne. Mais finalement ils triomphent d'un sort qui ne leur est pas franchement favorable ! Ils sont autoritaires et impulsifs, et exigent que tous se plient à leur volonté car ils sont eux-mêmes prêts à faire pour leurs proches de grands sacrifices !
Dans le domaine financier, il n'est pas très prolixe, préférant garder ses biens pour satisfaire sa famille ou encore se payer les loisirs qu'il aime.
Instinctivement communicatif et aimable, le BÉLIER n'est pas rancunier, mais tire des enseignements dans les torts subis par les autres. Il s'en sert à l'occasion pour remettre les pendules à l'heure avec son entourage. Tout le monde est alors surpris, car on le croit détaché de ce genre de contingences !
Sans être pratiquant, le natif du BÉLIER a un code moral très strict et si lui-même ne court pas les églises, il ne décourage personne de le faire et surtout pas ses propres enfants. En fait il est très moralisateur et entend imposer ses idées sur la légalité et les bonnes mœurs à son entourage ! Lui-même essaye de toujours agir selon les préceptes de l'honnêteté et de la justice.
Opiniâtre et obstiné, le natif a souvent fait partie des pionniers dans les contrées inconnues. Son courage et son sens du sacrifice l'y ont bien aidé. Dans le domaine MÉDICAL, on est bien inspiré de tomber sur un praticien de ce signe, car il n'abandonnera pas avant d'avoir fait tout son possible et fait appel aux trouvailles les plus récentes. En plus on se sentira réconforté et aidé.
Dans L'ARMÉE, c'est une recrue au courage exemplaire qui ne refuse jamais une mission dangereuse, qui ne baisse pas les armes et qui va jusqu'à la limite de ses forces pour la mener à bien. C'est un soldat qui a une valeur physique et morale certaine. Il sera moins à son aise dans une carrière DIPLOMATIQUE ou POLITIQUE, car sa grande franchise lui attirera des inimitiés tenaces. Sa droiture le pousse à dire le fond de sa pensée.
Comme il n'aime pas être subordonné, tôt ou tard il occupera un poste clé dans son entreprise ! (souvent dans le domaine de la sidérurgie). Lorsqu'il possède sa propre société, c'est un administrateur sage et avisé qui gère son foyer comme son entreprise : avec économie ! Il dépense à bon escient.
Son besoin constant de bouger, (on peut même parler de manque de patience) en fait un être alerte et dynamique.
Dans le domaine SPORTIF, le BÉLIER, grâce à sa force physique et morale, se taille également la part du lion ! Il est souvent champion dans la discipline qu'il s'est choisie. Le natif a des dons d'organisateur. À travers

le monde il y a des ORGANISATEURS DE SPECTACLES fort connus surtout dans le monde de la chanson, car c'est un grand mélomane (il a une préférence pour les instruments forts qui font du bruit!). Dans le domaine théâtral, c'est un acteur de premier plan.
C'est également un bon ORATEUR qui sait convaincre et un bon vendeur (surtout dans l'automobile et le domaine informatique, tout ce qui bouge et avance vite). Sa force magnétique, son sens de l'organisation et son amour de la discipline le servent beaucoup dans ce domaine, dans lequel il faut plus de rigueur qu'il n'y paraît.
En famille, il fait preuve d'un esprit chevaleresque un peu surprenant, à moins qu'il ne découvre des cachotteries et de l'hypocrisie. Il sait se montrer à ce moment-là violent et emporté et même si par la suite il reconnaît être allé un peu loin, il ne fera jamais le premier pas et admettra rarement avoir eu tort. Mais son plus grand défaut est certainement cette impatience évoquée plus haut, ces élans qui le poussent à tout envoyer balader sans réfléchir et surtout sans penser au lendemain. Sa tendance à gérer l'urgence est souvent mal vécue par ses proches. Comme il déteste les contraintes, il lui arrive de partir en claquant la porte de son entreprise, ce qui n'est pas la meilleure façon de démissionner! Son amour de la vitesse au volant, sa griserie de la route lui valent aussi pas mal d'inimitiés, surtout en famille, car il ne faut pas compter sur lui pour les pauses pipi et la visite guidée des sites touristiques! Il lui arrive plus rarement d'avoir des crises dépressives et c'est tant mieux, car cela le rend tyrannique avec ses proches.
On peut obtenir beaucoup de lui avec de la gentillesse, mais méfiez-vous si vous n'êtes pas sincères!
Ne lui donnez pas trop de conseils et ne lui faites pas trop de compliments, car il a tendance à penser que vous n'êtes pas désintéressés. Agissez avec tact!

CHIFFRES: 7 17 21.
FLEUR: l'œillet.
PIERRES PRÉCIEUSES: rubis, émeraude, diamant.
SYMBOLE: le phénix.
CORRESPONDANCE PHYSIQUE: la tête.
COULEUR: le rouge. Pour vous équilibrer, songez à l'orange.

Les Décans du BÉLIER: leur mot-clé (en + et en -)
1er décan du 21 au 31 mars: quelle ardeur... ou précipitation?
Moteur: l'urgence.
2e décan du 1er au 10 avril: charisme... ou fatalisme?
Moteur: l'orgueil.
3e décan du 11 au 20 avril: passion... ou haine?
Moteur: la passion.

VOUS AVEZ LE SOLEIL EN... (♉) TAUREAU !

Que de sensualité ! Merci qui ? VENUS, bien sûr !
du 21 avril au 20 mai...

Dans la vie du natif du TAUREAU les rencontres sentimentales sont fréquentes. Comme il n'a aucun goût pour les complications et qu'il préfère d'instinct la sécurité qu'apporte la fidélité, elles restent souvent au stade de simples relations physiques. S'il a des engagements moraux, il réfléchira longuement avant de franchir le pas de la liaison et même dans ce cas, pris de remords, il interrompt souvent ses relations adultérines. Le natif est caractérisé par une volonté de fer, sa patience qu'il apporte dans toute chose, sa constance et son obstination. Sans le voir s'agiter inutilement, le TAUREAU mène à bien toute tache ardue qui lui est confiée et s'il doit se faire aider, il ne se trompera pas de partenaire, sachant d'instinct déceler le talent de chacun. Patient et méthodique, il gère les difficultés au fur et à mesure qu'elles se présentent à lui.
Le TAUREAU a, à l'égard de l'argent, un profond respect, le même qu'il a pour la terre, sa maison et tous les biens matériels. Il sait combien il est dur de gagner sa vie et lui qui est surtout un manuel, a la vraie notion de ce que veut dire : à la sueur de son front !
Il sait s'entourer d'amis influents, qui l'aident à obtenir le pouvoir et les moyens financiers qu'il convoite toute sa vie. Il saura aussi s'attacher quelques personnages un peu fantaisistes et marginaux qui le rendront dynamique et entreprenant en l'amusant. Car malgré son goût de l'effort, il aime beaucoup rire, il a le sens de l'humour et des festins interminables bien arrosés.
Le TAUREAU ne s'attelle qu'à une tache à la fois, car il est lent. Comme tous les gens des signes de TERRE, il lui faut un temps d'adaptation. Lent, il est aussi à se fâcher, mais ses colères sont violentes et inoubliables ! Lent aussi à oublier les offenses et à pardonner, il est rancunier ! Lent enfin à évacuer les souvenirs, c'est un nostalgique de passé !
Il n'est pas candide, c'est un bourreau de travail qui a d'énormes capacités et du rendement. Vous pouvez toujours compter sur un associé du TAUREAU, il sait juger les gens et se trompe rarement.
Dans les transactions financières, il a un sixième sens, vous pouvez vous fier aveuglément à ses conseils, il ne prendra jamais de risques inutiles ! Face aux coups du sort, il reste stoïque, appelle rarement à l'aide et garde son sang-froid.
Il se confie rarement. Quand il fait un cadeau, c'est souvent un objet utile. Ses vêtements sont pratiques et fonctionnels, solides avant tout, il faut qu'ils durent longtemps. Sa maison est accueillante, sans fioritures, avec un jardin planté de fleurs et un potager. Il a souvent la main verte et l'âme d'un paysan ! Comme ce dernier, il déteste les champs en friche et les richesses de la terre qui seraient inexploitées !
Il aime les couleurs vives et les tons francs. C'est un gros mangeur qui aime la bonne chère et les vins qui ont du bouquet. Dans le domaine artistique, comme il est très manuel, il aime la sculpture, mais également la

peinture et le dessin. Grand amateur d'opéra, il a lui-même un beau filet de voix et le goût des belles chansons.
Dans le domaine du sport, il aime les sports très physiques (comme la boxe) et, s'il est trop âgé pour pratiquer, il remplit avec bonheur un rôle d'entraîneur et d'encadrement.
Au volant, c'est un conducteur prudent, qui établit avec soin ses itinéraires avant de partir. Plus que la modernité, il privilégie le confort et a souvent une attirance pour les voitures des années trente.
Comme tous les autres natifs des signes de TERRE, il aime les voyages qui lui donnent du dynamisme, mais il a tendance à vouloir retrouver à l'étranger son confort et ses habitudes, ce qui donne lieu, à son retour de vacances, à de savoureuses anecdotes ! Pour cette raison le travail à l'étranger lui est déconseillé.
C'est un travailleur dans l'âme qui vit très mal sa retraite et à qui il faut souhaiter un travail d'appoint, surtout qu'il est promis à une longue vie !

CHIFFRE : 4 6 11.
FLEUR : la pivoine, la violette, toutes les fleurs des champs.
PIERRES PRÉCIEUSES : corail blanc, émeraude, grenat.
SYMBOLE : le scarabée.
CORRESPONDANCE PHYSIQUE : la gorge et les reins.
CES COULEURS QUI VOUS FONT DU BIEN : le vert, couleur de la sève, est votre couleur ! Mais à force, cette couleur exacerbe la jalousie et l'envie, alors n'oubliez pas le bleu, qui fait aussi partie de la nature, et qui est une couleur bien plus généreuse, qui nous ouvre aux autres !

Les Décans du TAUREAU : leur mot-clé (en + et en -)
1er décan du 21 avril au 1er mai : sensé... ou vieux jeu ?
Moteur : la concentration.
2e décan du 2 au 11 mai : fertilité (reproduction) ou possessivité ?
Moteur : l'instinct.
3e décan du 12 au 20 mai : réalisme... ou pessimisme ?
Moteur : l'organisation.

VOUS AVEZ LE SOLEIL EN... (♊) GÉMEAUX !

Quelle vivacité d'esprit ! Merci MERCURE !
Du 21 mai au 21 juin

Le signe des GÉMEAUX est représenté par deux personnages : Castor et Pollux, l'un étant mortel et l'autre pas. Et ce symbole caractérise très bien ce signe qui souffle le chaud et le froid, qui est capable du pire et du meilleur ! Sous ce signe double sont nés de grands savants, mais aussi les plus grandes canailles que la terre aie portées !
Le natif est un grand curieux et c'est de là que découlent les bons et les mauvais penchants !
En effet, curieux de tout, le GÉMEAU essaie tout ce qui le tente, c'est un touche-à-tout génial et plein de possibilités. Mais le deuxième écueil, c'est qu'il est plein de possibilités intellectuelles et qu'il n'est pas à une manigance prêt pour s'enrichir, ou pour s'amuser aux dépens des autres. Quelques fois on peut se demander ce qui est grave pour lui !
En bon signe d'AIR, son intellect vif et toujours en veille est à l'affût de tout et ses neurones captent chaque vibration qui les excite ! Il s'intéresse à tout et à tous et, bien entendu, ce grand brassage de connaissances ne peut que rester superficiel, il n'aurait pas assez de sa vie pour tout explorer à fond. Le GÉMEAU débute plusieurs chantiers et n'en termine aucun et les reproches que les autres ne manquent pas de lui faire à cet égard, le plongent dans la déprime et dans l'anxiété.
Comme les autres signes d'AIR, ses nerfs sont son grand ennemi, sa sensibilité à fleur de peau est souvent mise à rude épreuve.
Son sens de l'adaptation est réel, mais les efforts de diplomatie qu'il déploie pour ne déplaire à personne l'épuisent et c'est sous ce signe qu'on trouve le plus de neurasthéniques. Pour se couper de la réalité, il lui arrive aussi d'avoir recours aux paradis artificiels, dont les bienfaits trompeurs l'attirent.
Si le natif fume et boit plus que de raison, c'est pour oublier les tracas que lui causent son manque de franchise et son incapacité à affronter les gens. Il est très diplomate et plein d'astuces pour différer les entrevues pénibles et ne reconnaît jamais ses erreurs. Ce n'est pas de la mauvaise foi, il a réellement évacué de son esprit les mauvais souvenirs !
Financièrement, il passe par des hauts et de bas aussi imprévisibles qu'inquiétants et a alors besoin qu'on le comprenne, qu'on ne le juge pas, qu'on oublie ses travers et qu'on l'aide ! Il faut qu'il se sente aimé et protégé. Impulsif, il prend très vite ses décisions, qu'elles soient anodines ou qu'elles mettent sa vie en balance. Peu bluffé par les nouveautés, on a du mal à l'étonner et à l'émouvoir. Ce n'est pas un sentimental, plutôt un être charmant, léger et souriant, dont on se demande, une fois qu'il a passé dans une vie, comment il a fait pour y entrer ! On peut dire qu'il est menteur, mais c'est souvent pour se tirer d'un mauvais pas et pour éviter les scènes qui mettent ses nerfs fragiles à rude épreuve.
Même le moins doué des GÉMEAUX est un excellent orateur, volubile et toujours prêt à discuter de tout.

Très attiré par le jeu et les paris, il est capable de jouer sa chemise... et celle des autres!
Dans le domaine sportif, il est attiré par le football et le cyclisme et même s'il n'a aucune connaissance dans ce domaine, il entend que l'on prenne ses commentaires pour parole d'évangile.
En bon signe d'AIR, il aime la musique et la mode qu'il suit souvent, dans sa coiffure et ses vêtements notamment.
C'est un conducteur fantaisiste qui collectionne les petits accrochages et les procès-verbaux.
Bien entendu toutes ces caractéristiques peuvent être le contraire chez le GÉMEAU que vous connaissez (ou vous-même)! La duplicité du signe fait qu'il peut être ange ou démon. Dans cet ordre d'idée nous avons des natifs très généreux et d'autres qui sont d'une avarice crasse!
Il y a aussi des natifs qui sont un subtil panachage des défauts et des qualités inhérentes au signe et qui se reconnaîtront une fois sur deux!
Il faut retenir que le GÉMEAU est le plus souvent du bois dont on fait les flûtes, charmant et poli, gentil et souriant qui hurle avec les loups, mais dont on sait quand il part, mais jamais quand il revient!
Mais c'est rarement un être méchant, il n'est pas assez persévérant pour ça. Il faut éviter les reproches et les humeurs maussades qui le font fuir.
C'est aussi le signe du Zodiaque le plus dur à cerner!

CHIFFRES: 3 12 18.
FLEUR: la marguerite.
PIERRE PRÉCIEUSE: topaze, aiguë marine et le cristal.
SYMBOLE: le triangle.
CORRESPONDANCE PHYSIQUE: les bras.
LES COULEURS QUI VOUS FONT DU BIEN: à l'instar du CAPRICORNE, osez le violet et le turquoise, mais pas pour les mêmes raisons! Étant un signe du printemps, ce ne sont pas tant vos rhumatismes qu'il faut soigner, que votre grande nervosité et votre intellect surmené!

Les Décans des GÉMEAUX: leur mot-clé (en + et en -)
1er décan du 21 mai au 1er juin: intuition... ou fabulations?
Moteur: la difficulté.
2e décan du 2 juin au 11 juin: idéalisme... ou fuite devant la réalité?
Moteur: la nouveauté.
3e décan du 12 au 21 juin: discernement... ou imagination trop fertile?
Moteur: la recherche.

VOUS AVEZ LE SOLEIL EN... (♋) CANCER !

Belle sensibilité ! Merci la LUNE !

Du 22 juin au 21 juillet

Le natif du CANCER est un vrai baromètre qui réagit à la course lunaire. La LUNE le rend flegmatique, facilement impressionnable et hypersensible. Rêveur et extraverti par intermittence, le CANCER est ballotté au gré des flux et des reflux des marées, régis comme on le sait par... dame LUNE !
Le CANCER a le chic de se gâcher l'existence avec mille petits riens qui n'en valent pas la peine. Son imagination très fertile lui fait voir des dangers et des chicanes là où il n'y en a pas, alors il se vexe ou subit des chocs émotionnels comme un enfant !
Il se méfie des personnes de son entourage et n'aime ni les cancans, ni les racontars. Il est très sensible aux variations climatiques et si le soleil brille quand il ouvre ses volets, sa journée est transformée. L'inverse est bien entendu vrai et notre sensible CANCER qui n'attend que çà pour faire grise mine, n'échappe pas à la mélancolie d'un jour de pluie. Par un jour brumeux il est carrément acariâtre et taciturne ! Tout contretemps dans sa vie familiale le déstabilise, un enfant malade le met au comble du désespoir, des parents impotents l'empêchent de s'épanouir, une facture impayée le mine et un ami qui vient lui raconter ses malheurs lui ôte tout goût à l'existence. C'est un des seuls êtres capables de faire grise mine des jours et des jours et subitement un rire d'enfant ou un rayon de soleil l'arrachent à ses idées noires et lui redonnent le sourire.
Toute leur vie est une succession de vicissitudes mineures qui le rongent ! Pourtant les natifs du CANCER, comme les autres signes d'EAU, sont chanceux et rarement dans le besoin. Ils savent très bien s'y prendre avec l'argent, se mettent souvent à l'abri en se constituant une cagnotte secrète et veillent à ne manquer de rien pour leurs vieux jours. Certains natifs se font posséder par des aigrefins qui exploitent leur amour de l'argent, mais souvent leur don naturel de juger rapidement autrui les met à l'abri de ces personnages indélicats.
Les CANCER sont des êtres étranges qui, s'ils aiment leur maison qu'ils entretiennent avec soin et décorent avec goût, aiment aussi les longs voyages. Ils s'y perdent corps et âme et dans ce dessein délaissent facilement le cocon familial qui remplit toute leur vie. Le CANCER a besoin de sa coquille, du milieu familial où il se sent aimé et protégé et pourtant son sens du commandement et la tyrannie (quel doigté !) qu'il exerce parfois, lui font apprécier la place d'aîné dans la famille ! Quoi qu'il dise, tout autre rang le frustre et lui enlève du panache.
Avec un enfant du CANCER, il faut toujours montrer de l'optimisme et les adultes de ce signe (qui ne grandissent jamais tout à fait) sont toujours attirés par les gens qui les font rire ! Cela les rassure !
Ils supportent très mal la tyrannie et sont souvent en opposition avec tout mâle qui s'impose avec trop de poigne. Ils n'aiment pas la violence, ni les cris, ni les éclats de voix.
Ils sont très malheureux quand l'ambiance tourne à l'aigre et franchement

mal à l'aise quand le déjeuner familial du dimanche tourne au règlement de compte. Ce sont de grands enfants qui ont la larme facile et qui savent s'en servir.
Les femmes de ce signe sont de celles qui ont le mouchoir toujours prêt et la voix chevrotante dès qu'elles se sentent agressées ! C'est-à-dire souvent ! Ce sont des collectionneurs méticuleux, des conservateurs farouches ! Ils ne jettent jamais rien, ils apprécient aussi d'avoir leur petit coin à eux où ils se livrent à des activités mystérieuses. Ne leur posez pas de questions, ne les heurtez pas de front, laissez les sortir de leur coquille, ils se livreront d'eux-mêmes.
Ne fouillez pas dans leurs affaires, confiez-leur vos problèmes et s'ils n'arrivent pas à les résoudre, ils vous aideront à passer ce cap difficile. Mais ne les trompez pas, sinon ils se renfrognent et deviennent acerbes. N'oubliez pas que sous des dehors paisibles, ils ont une âme de décideur et de chef, ne sous estimez pas leur combativité.
Comme tous les signes d'EAU, le natif est un meneur d'hommes qui sait reconnaître la valeur des gens et leur donner le rôle qui leur convient. Le CANCER n'aime pas choquer et a horreur de se faire remarquer. Quand il aime un sport, c'est très souvent en rapport avec l'eau, qui le ressource et l'apaise car elle lui rappelle le sein maternel
Dans le domaine religieux, s'il n'est pas pratiquant il a un profond respect pour les croyances et comme il est superstitieux, il ne fait rien pour s'attirer les foudres ! Au volant il est prudent et a une attirance pour les très vieilles voitures. Comme il est assez peureux, il ne monte pas en voiture avec tout le monde et montre son angoisse quand les circonstances le forcent à accepter un chauffeur indésirable.
Ce sont les seuls du Zodiaque à reproduire leur intérieur douillet dans une chambre d'hôtel et à calmer un enfant qui pleure des heures sans qu'on sache pourquoi. L'influence de la LUNE peut être ?

CHIFFRES : 17 30 5.
FLEUR : le coquelicot.
PIERRES PRÉCIEUSES : turquoise, améthyste, topaze.
SYMBOLE : un croissant d'argent.
CORRESPONDANCE PHYSIQUE : la poitrine.
COULEURS : gris, blanc nacré et bleu. Le blanc fait du bien aux os et au squelette et le bleu vous apaise et vous rassure.
Pour votre psychisme fragile, le blanc rappelle le lait maternel et vous enrobe de douceur !

Les Décans du CANCER : leur mot-clé (en + et en -)
1er décan du 22 juin au 2 juillet : émotion... voire alarmisme !
Moteur : l'admiration.
2e décan du 3 au 13 juillet : révélations... ou chimères ?
Moteur : les découvertes.
3e décan du 14 au 21 juillet : sensibilité... voire sensiblerie !
Moteur : l'imagination.

VOUS AVEZ LE SOLEIL EN... (♌) LION !

Quel charisme ! Merci le SOLEIL !

Du 22 juillet au 22 août

Le LION représente la volonté, le succès dans la vie et le travail, ainsi qu'une grande générosité. Le caractère des personnes nées sous ce signe est noble et fier, mais elles peuvent devenir tyranniques et cruelles si l'influence se manifeste négativement.

De toute façon le LION est connu pour sa démesure, c'est le signe le plus brillant du Zodiaque, le roi des animaux et d'un thème astral. Même mal aspecté, le LION n'agit jamais sans panache et sans que même lors de ses agissements les plus cruels on ne reste un peu admiratif. Il cultive ses effets, étudie ses poses et veut toujours montrer son profil le plus avantageux ! C'est avant tout un orgueilleux qu'il faut caresser dans le sens du poil et flatter pour l'amadouer ! Lui tenir tête ne sert à rien qu'à le faire rugir plus fort et on risque, dans tous les sens du terme, de se faire dévorer !

Le LION est profondément sincère quand il se dit parfait, il ne doute de rien et surtout pas de lui-même. Mais au fond c'est un être gentil et bon qui sait faire preuve de grandeur d'âme et de générosité.

Il est bien rare qu'il ne fournisse plus de travail qu'il n'est nécessaire et, à l'instar de l'animal dont il est le symbole, il n'est pas exceptionnel qu'il envoie les autres chasser pour lui !

C'est un être fait pour le luxe et la richesse, il supporte très mal les situations médiocres et la pénurie. Il aime nager dans l'abondance et en faire profiter le plus de monde possible, pour les entendre le remercier et le louer !

Il déteste les critiques et les complications de toute sorte et déploie beaucoup d'énergie pour éviter d'y être mêlé.

Il arrive presque toujours à se forger une situation en vue, tant est grand son besoin de briller et sa phobie de la pauvreté. Mais si par malheur il traverse des périodes noires, il met tout en œuvre pour que personne ne s'en rende compte. Il est le champion du plein la vue !

Il soigne particulièrement son apparence dont il est, à tort ou à raison, très fier. Il a horreur du négligé et des improvisations. Il veut toujours faire bonne impression et vérifie son impact sur l'entourage !

Il veut être le premier partout et a un amour immodéré de l'argent.

Quand il reçoit chez lui, c'est à grand renfort de prodigalités et il devient très généreux ! Il aime faire sensation et veut être le centre d'intérêt. Il est friand de compliments et adore être traité en Roi soleil !

Mais ce n'est pas un rêveur, il est matérialiste et assez terre à terre. Ce n'est pas un intellectuel qui passe des heures à refaire le monde, mais un être pragmatique qui est heureux quand il a de l'argent, une famille unie, et une belle voiture qu'il choisit comme un objet de luxe et non un objet utilitaire. Quand il a la chance de naître riche, il n'a pas de scrupules à étaler le luxe dont il s'entoure, mais il le fait avec tant de naturel qu'on ne lui en veut pas. Comme les autres signes de FEU, c'est un être fougueux et plein de vie qui fait rire quand il rit et pleurer quand il pleure !

À l'instar du SAGITTAIRE, autre signe de FEU, il n'aime pas l'injustice, ni les êtres mesquins, qu'au lieu d'affronter il choisira de fuir. Au volant, il est assez fanfaron et fera des imprudences pour impressionner! Il aime la vitesse et les voitures prestigieuses.
Professionnellement, il a beaucoup d'atouts, il a une volonté farouche pour réussir et devenir célèbre!
L'ARMÉE l'attire souvent, ainsi que les beaux-arts et le cinéma. Il n'a pas d'esprit mesquin, et il recherche plus que la richesse: la gloire!
Il aime beaucoup les longs séjours à l'étranger où il garde des relations qui deviennent des amitiés sincères.
En ce qui concerne la santé, c'est le cœur et la circulation sanguine qu'il faut surveiller.
Quand il fait un sport, il faut que ce soit un sport « royal » ou son public admiratif applaudit à tout rompre et surtout un sport qui est d'actualité, qui fait des envieux et qui nécessite des qualités qu'il est le seul à posséder! C'est un être qui réussit généralement une vie brillante et heureuse.

CHIFFRES: 1 9 10 et les multiples (100, 1000, 10 000).
FLEUR: le tournesol.
PIERRES PRÉCIEUSES: diamant, grenat, rubis.
SYMBOLE: le soleil ou une médaille d'or.
CORRESPONDANCE PHYSIQUE: le dos.
COULEURS: jaune d'or, orange et rouge dans toutes les nuances sont vos couleurs, mais pour éviter de surmener encore d'avantage votre cœur mis à rude épreuve dans votre vie d'excès, n'oubliez pas que le bleu et le vert vous reposent et vous ressourcent!

Les Décans du LION: leur mot-clé (en + ou en -)
1er décan du 22 juillet au 3 août: extrémisme... ou tyrannie?
Moteur: l'ambition.
2e décan du 4 août au 13 août: orgueil... ou susceptibilité?
Moteur: lui donner une responsabilité.
3e décan du 14 août au 22 août: pouvoir... ou despotisme?
Moteur: entrevoir la réussite.

VOUS AVEZ LE SOLEIL EN... (♍) VIERGE !

Quelle humilité ! Merci (?) MERCURE !
du 23 août au 22 septembre (selon les années !)

Le signe de la VIERGE est celui de la propreté (sous toutes ses formes), et de l'ordre. Dans le caractère du natif, toute forme d'exagération est bannie, la précision, la pureté et le sens des limites sont élevés au rang de dogme.
La VIERGE aime la modération, la reconnaissance de sa juste valeur et règle sa vie dans les moindres détails sans être prise au dépourvu par un événement inattendu. S'il lui arrive de sortir des sentiers battus, c'est toujours en accord avec la morale et la bienséance. Le natif déteste l'incertitude, l'exagération, l'excentricité et le désordre. Sa devise est : chaque chose à sa place et une place pour chaque chose.
Il arrive que certains natifs deviennent maniaques de l'ordre et ce qui est au demeurant une qualité, devient sécheresse d'esprit, de comportement.
La plupart des êtres qui passent inlassablement le chiffon à poussière et l'aspirateur sont du signe de la VIERGE ! C'est également sous ce signe que sont nées la plupart des personnes qui surveillent étroitement les autres ; allant jusqu'à s'insurger de leur manque de foi religieuse, leur habillement ou leur façon, en général, de se comporter !
Ils ont un esprit critique très développé et une bonne dose de puritanisme !
Il est bien dommage qu'ils ne se servent pas d'une manière plus spontanée de la vive intelligence conférée par MERCURE, leur planète, mais cette dernière est souvent inhibée au profit de leurs obsessions, leurs principes, leurs idées fixes.
Les natifs de ce signe sont des gens sérieux qui ont le sens du devoir. Ce sont des employés consciencieux et minutieux, de bons élèves appliqués et assidus. Un gros défaut pourtant : un agaçant manque de ponctualité !
Dans la vie de la VIERGE, il est important que le travail accompli soit reconnu : il représente tant pour elle !
C'est dans son travail qu'il concrétise le besoin de se rendre utile, d'aider, bref, d'exister... Mais méfiez-vous : pas de compliments improbables : la VIERGE ne les apprécie que lorsqu'elle est sûre de les mériter.
De toute façon, c'est le signe de la méfiance ! Tout ce que vous affirmez est passé au crible, surtout n'hésitez pas lors de la narration d'une anecdote et n'ayez pas l'air d'inventer. Aussitôt, ce natif se ferme, ou vous questionne à n'en plus finir, demandant force détails. Une de mes plaisanteries favorites est de dire que même quand vous lui donnez l'heure, la VIERGE vérifie l'information !
La VIERGE a le sens du dévouement et il faut qu'elle se sente utile pour que sa vie ait un sens.
Comme tous les signes de TERRE, la VIERGE réussit grâce à son travail, gère son budget avec prudence et parcimonie. Toujours dans la crainte de manquer, elle est souvent plus prudente qu'il ne faudrait. La générosité, d'ailleurs, n'est pas son fort : elle est bien plus prolixe en aides morales et physiques, qu'en dons en espèces sonnantes et trébuchantes.

Grâce à cette prudence matérielle, la VIERGE finit souvent sa vie dans une presque opulence !
Souvent solitaire, car trop sec, trop incapable d'élans, ce signe est souvent incompris : il sait se montrer fort agréable et plein d'esprit quand on a su apprivoiser sa timidité !
Que la VIERGE évite les procès, qu'elle gagne rarement. Ce sont de bons COMPTABLES, GESTIONNAIRES, INFIRMIERS, HOMMES ET FEMMES D'ÉGLISE.
Au volant, ce sont d'excellents conducteurs, des pilotes de ligne chevronnés, qui savent se contrôler et ne prennent jamais de risques inutiles.
Dans le domaine du sport, ils excellent dans ceux qui demandent minutie, précision, réflexion et technique.
Ce sont des êtres qui ne s'extériorisent pas beaucoup, mais qui ont une vie intérieure intense, une vive imagination et une vie parallèle dans leur tête faite de leurs rêves durant lesquels ils perdent toute leur réserve !

CHIFFRES : 10 15 27
FLEUR ET PLANTE : verveine, lavande, valériane.
PIERRE PRÉCIEUSES : topaze, tourmaline, émeraude.
SYMBOLE : le merle.
CORRESPONDANCE PHYSIQUE : l'abdomen.
LES COULEURS QUI VOUS FONT DU BIEN : les nuances de vert et de jaune sont vos couleurs, elles dynamisent votre psychisme et vous rappellent la nature, votre grande amie. Elles stimulent la mémoire et vous aidant à lutter contre les toxines. Osez le bleu et le violet, qui vous aident à vous tourner vers les autres !

Les Décans de la VIERGE : leur mot-clé (en + ou en -)
1er décan du 23 août au 2 septembre : habileté... ou opportunisme ?
Moteur : le travail.
2e décan du 3 au 12 septembre : diplomatie... ou indifférence ?
Moteur : les responsabilités.
3e décan du 13 au 22 septembre : altruiste... ou martyr ?
Moteur : le bon sens.

VOUS AVEZ LE SOLEIL EN... (♎) BALANCE !

Quelle élégance ! Merci VENUS !
Du 23 septembre au 22 octobre

La BALANCE est le symbole de la bonté, la gentillesse, la générosité, l'amabilité et la sociabilité. Elle est sous la domination de la planète VENUS, celle de l'amour de la beauté et des arts. À ce titre, le natif n'aime pas la médiocrité, ni les stigmates de la misère, ni les manifestations trop criantes de tous les désordres. Pacifique et sensible à l'harmonie, la BALANCE fuit toute forme de violence et d'agression. Pour ce faire, dans le monde actuel, elle ne peut, bien entendu, couper à la politique de l'autruche, mais il y va de sa quiétude et de sa survie ! Elle n'annonce les problèmes et les galères qui la concernent que lorsqu'il n'y a plus d'autre solution. Et encore, elle met à le faire tant de doigté qu'on ne la prend pas au tragique !

Elle élève rarement la voix car elle n'aime pas les cris et oppose aux scènes un sourire un peu suffisant, qui prouve combien elle vous méprise pour ces débordements. Quand la moutarde lui monte au nez (çà lui arrive !), elle se fâche avec tant de classe qu'on en est forcément impressionné.

Pour éviter d'en arriver à ce genre d'extrémité, la BALANCE est le signe des compromis ; elle cherchera un terrain d'entente et les choses se clarifient souvent d'elles-mêmes ! On prend volontiers les gens du signe comme confidents.

Son grand ami est le temps, le natif agit rarement dans la précipitation et laisse d'abord tout se décanter. C'est le champion de la facture indésirable oubliée dans un classeur !

Pour ce qui est des bonnes nouvelles, il les annoncera avec plaisir, car c'est avant tout un être gentil.

La BALANCE sait tirer parti de sa silhouette et de ses points forts et masquer ses défauts.

Elle n'aime pas la vulgarité, ni dans les paroles, ni dans l'apparence. Elle choisit ses habits avec soin et si elle en a rarement trop, ils lui vont tous à merveille et s'harmonisent tous entre eux.

Le natif est philosophe et patient ; et s'ils ne sont pas belliqueux, ils sont loin d'être soumis, ils ont même du doigté pour mener leur petit monde à la baguette !

Le cadre dans lequel ils vivent est très harmonieux et s'ils aiment l'aisance que procure l'argent, ils ne sont pas vénaux, ni prêts à faire des mariages d'intérêt, car ils ont un code moral très strict. Assez conventionnels, ils ont une idée très aiguë de ce qui se fait et ce qui ne se fait pas et à ce titre se comportent dans la vie de façon aussi irréprochable que possible.

Ils aiment les divertissements tels que danse, concerts, soirée entre amis et les femmes du signe aiment beaucoup les bijoux qu'elles considèrent comme un placement. Elles adorent les fleurs et les natifs du signe aiment profondément les animaux pour lesquels ils sont des maîtres parfaits !

Ce sont des SECRÉTAIRES pleines d'initiatives, souriantes et très féminines et, bien entendu, dans la DIPLOMATIE ils font merveille, ainsi que dans la POLITIQUE ! Le monde du spectacle compte aussi bon nombre de ce signe de VENUS, quoi de plus normal ! Ils n'aiment pas beaucoup le sport, à part le tennis ou le golf.
Ce sont de bons pilotes qui n'hésitent pas à se lancer seuls dans de grands trajets et qui font de leur voiture un membre à part entière de la famille ! Ils s'y attachent et acceptent toutes les réparations plutôt que s'en séparer.
Les BALANCE, malgré une santé fragile, sont très résistants, il faut qu'ils puissent dormir assez pour se régénérer. Leur paresse (ou plutôt leur langueur) innée explique le désordre qui peut régner chez eux, alors que leur mise est toujours soignée ! Mais il ne faut pas s'y tromper, ils déploient beaucoup d'énergie pour surmonter les caps difficiles.
Ils apprécient les tons délicats (pastels), la non-violence et le charme. Ce sont d'excellents amis qui attendent en retour soutien et compréhension.
Ils sont persuadés que dans la vie tout finit toujours par s'arranger et font leur chemin en s'efforçant, tout au long, d'équilibrer les 2 plateaux de la BALANCE !

CHIFFRES : 2 8 19.
FLEUR : la rose .
PIERRES PRÉCIEUSES : saphir, corail, jade.
SYMBOLE : un cœur.
CORRESPONDANCE PHYSIQUE : zone lombaire.
COULEURS BÉNÉFIQUES : On attribue souvent à VENUS, votre planète maîtresse, la couleur rose, mais cette dernière vous rend un peu languissante ! Je préfère vous conseiller l'orange ou, suprême raffinement, celle qui va avec vos yeux, ou vos habits du jour ! L'orange rétablit l'équilibre et vous donne du bien-être.

Les Décans de la BALANCE : leur mot-clé (en + et en -)
1er décan du 23 sept. au 3 octobre : sociabilité... ou cœur d'artichaut ?
Moteur : l'association.
2e décan du 4 au 13 octobre : libre arbitre... voire permissivité.
Moteur : le sentiment.
3e décan du 14 au 22 octobre : justicier... ou procédurier ?
Moteur : les autres.

VOUS AVEZ LE SOLEIL EN... (♏) SCORPION !

Quel stratège ! Grâce à MARS et PLUTON
Du 23/10 au 22/11 (selon l'année de naissance)

Dynamiques et volontaires, les SCORPION sont en lutte avec tout le monde et surtout avec eux-mêmes. Leur vie sexuelle est très forte, elle dirige toute leur existence, qu'elle soit existante ou non. Si elle l'est, c'est un constant sujet de préoccupations chez eux. Si elle est inexistante, ils sont frustrés. C'est le signe, bizarrement, qui compte le plus de natifs soumis à une chasteté volontaire, à croire qu'ils rejettent sciemment ce domaine qui les guide et qui détermine leurs humeurs !
C'est probablement le signe qui sait le mieux évaluer le potentiel de chacun et, dans une société, ils savent à merveille distribuer les rôles. Ils ont un don certain pour les activités artistiques et commerciales et sont des travailleurs acharnés qui ont le sens du devoir. Ils cachent leur caractère violent et agressif avec habileté, mais si on les affronte, ils piquent, à l'instar de l'animal qui est leur symbole. Ce sont néanmoins d'excellents amis, sur lesquels on peut compter, qui vous soutiennent efficacement et savent trouver les mots qu'il faut. Comme ils sont à même de percer à jour tous les esprits, ils savent dans quel sens vous apporter du réconfort.
Mystérieux et jaloux, ce sont d'éternels anxieux, surtout pour leurs enfants qu'ils surveillent constamment et sur lesquels ils craignent toujours de voir s'abattre le feu de l'enfer ! C'est d'ailleurs souvent une source de conflits avec leur conjoint.
Le natif n'attend d'aide de personne et prend très vite sa vie en main. Très exigeant avec les autres, il ne leur pardonne pas les égarements et les tâtonnements dans l'existence ! Intuitif, intelligent, doté d'une force de travail hors du commun, le SCORPION réussit bien dans la POLITIQUE, la POLICE, la JUSTICE, le milieu MEDICAL et tous les postes qui demandent audace, opiniâtreté et clairvoyance. C'est le champion des plans à longue haleine, minutieusement concoctés où son esprit machiavélique peut donner sa pleine mesure !
C'est un idéaliste dont les plans ne doivent pas être contrecarrés, un individualiste qui vise les places les plus hautes afin de pouvoir organiser son travail comme bon lui semble.
Les femmes du signe placent la barre très haut en matière de conjoint, car dotées d'une solide sexualité, d'un intellect brillant, d'une grande envie de luxe et de vie fastueuse, elles ne trouveront pas cet étalon prolixe (dans tous les domaines) sous le sabot d'un cheval ! Le SCORPION ne s'ennuie jamais et l'on ne s'ennuie jamais avec lui ! Il ne perd pas son temps, et met à profit ses moments creux pour se lancer dans les bricolages les plus audacieux. Il est précis et patient, ingénieux et jamais à court d'idées !
Au volant, ce ne sont pas les plus prudents, mais leurs réflexes rapides les sauvent des accrochages.
Quand ils s'adonnent au sport, il faut que ce dernier comporte un risque, et ait souvent un rapport avec l'eau. La VOILE, par exemple, ou alors l'aviation.

Ils ont besoin de dépenser leur trop plein d'énergie, ce qui explique que beaucoup de militaires sont nés sous le signe du scorpion ! Il faut cependant souligner que les natifs du signe, hyper intelligents et très souvent découragés par l'étendue du marasme, sombrent assez facilement dans la déprime et c'est le signe qui compte le plus de «candidats» aux paradis artificiels. Mais bien sur, la plupart du temps, ils arrivent à une parfaite maîtrise de leur caractère et atteignent des sommets de l'élévation spirituelle !
Bien que très attirés par le sexe, ils sont aussi très spirituels et sont animés dans la vie par une curiosité et une soif de connaissance hors du commun. A l'instar de F. Mitterrand, leur virilité ne nuit en rien à la fougue mise au service de leurs engagements.

CHIFFRES : 4 13 21.
FLEUR ou PLANTE : chardon et piment rouge.
PIERRES PRECIEUSES : cornaline, rubis, corail.
SYMBOLE : le dragon.
CORRESPONDANCE PHYSIQUE : les organes génitaux.
LES COULEURS QUI VOUS FONT DU BIEN : le rouge et le noir vous conviennent à merveille, car ils symbolisent votre esprit de transformation. Mais le pourpre est plus calmant pour vous, il vous apaise et vous rend plus tendre ! Le jaune citron vous relaxe et vous nettoie le corps et l'esprit !

Les Décans du SCORPION : leur mot clé (en + et en -)
1er décan du 23/10 au 03/11 : pulsions... ou répulsions ?
Moteur : l'orgueil.
2e décan du 04/11 au 13/11 : anticonformisme... ou négativisme ?
Moteur : les difficultés.
3e décan du 14/11 au 22/11 : force psychique... ou froideur et indifférence ?
Moteur : les missions impossibles!

VOUS AVEZ LE SOLEIL EN... (♐) SAGITTAIRE !

Que d'idées ! Merci JUPITER !

Du 22 novembre au 21 décembre (selon les années de naissance)

Le SAGITTAIRE est symbolisé par une créature moitié homme et moitié cheval ! Dans son caractère aussi, l'humain et le bestial se partagent ce signe de FEU, qui sait se montrer tour à tour charmant, jovial et sympathique, puis emporté et violent, voire primitif ; il sait alors blesser avec des paroles très dures !

Mais nous allons nous intéresser à l'être bienveillant, à l'élocution claire et à l'intuition prompte, qui aime exposer longuement ses théories. Il est dommage que la patience lui manque pour écouter les autres ! À sa décharge, il faut dire qu'il est si intuitif, qu'il devine ce qu'ils vont dire et ne les écoute plus, son esprit déjà accaparé par le débat suivant. Ce sont d'excellents amis, rarement jaloux ou envieux, très justes et loyaux. Ils sont également très discrets et ne divulguent pas les secrets ; vous pouvez leur faire confiance, ils ne vous trahiront pas !

Quand ils reçoivent, ils soignent tout particulièrement la gastronomie, ce sont des organisateurs accomplis.

Ils ont horreur de la vulgarité sous toutes ses formes et, comme ils sont machos (je parle des hommes du signe, bien entendu), ils pardonnent beaucoup moins ce travers aux femmes, qu'ils aiment féminines et surtout soumises !

Ils ont d'ailleurs sur le rôle des femmes des théories que n'importe quel défenseur des droits de la femme, même le plus tiède, ne pourrait supporter ! Mais ils le disent avec tant d'humour !

Leur amour des flatteries et des compliments leur joue des tours, car ils se laissent embobiner et séduire par la gent féminine et eux qui n'aiment pas le mensonge, les cachotteries et la duplicité, ne résistent pas à l'un ou l'autre hommage à leurs qualités !

Ils n'ont pas trop le sens de l'argent et font alterner périodes de prodigalité et d'avarice sordide.

Ils préfèrent les honneurs à la richesse, même si d'heureux coups du destin leur mettent souvent du beurre dans les épinards. Ils embrassent volontiers des carrières à l'ARMÉE, dans la POLICE, dans la POLITIQUE.

Le SPORT aussi les attire beaucoup et leur sens de la justice et de l'équité, ainsi que leur enthousiasme, en font de bons professeurs et des éducateurs efficaces qui savent dynamiser leurs effectifs ! Bien souvent, ils entrent aussi en RELIGION ; dans ce domaine, ils ont des idées très personnelles, souvent en relation avec la nature et les plantes (monastères). Ils sont également attirés par l'occultisme !

Comme tous les signes de FEU, ce sont des impatients, courageux, emportés et entêtés, qui manquent souvent de tact et de doigté, car pour eux ce ne sont pas des qualités importantes !

S'il se trouve en bonne compagnie, le SAGITTAIRE est un orateur érudit et plein d'humour, mais quand cette dernière lui déplaît, il se ferme

comme une huître, part dès qu'il peut et se montre tel qu'il est : égoïste, égocentrique et nombriliste !
Ce sont de grands amateurs de voyages, que ce soit dans un avion ou dans un livre ou, maintenant, sur Internet, car ils sont innovateurs et toujours à l'affût de la dernière nouveauté
Sa tolérance et sa non-ingérence dans les affaires d'autrui en font un collègue apprécié sur son lieu de travail.
Ils ont un amour profond pour les animaux, avec qui ils sont en quasi-symbiose.
Au volant ce sont de très bons conducteurs, un peu impatients et rapides, qui ont une passion pour l'automobile, la mécanique de précision et l'électricité.
Ils aiment aussi le sport, qui leur permet d'évacuer leur trop-plein d'énergie, surtout ceux qui utilisent les chevaux, leurs grands amis et les courses de lévriers !

CHIFFRES : 9 14 23.
FLEUR : la giroflée.
PIERRE PRÉCIEUSE : turquoise, lapis-lazuli et le saphir.
SYMBOLE : une étoile
CORRESPONDANCE PHYSIQUE : les cuisses.
COULEURS : le bleu cobalt, mais également le violet, sont bons pour vous et font du bien à votre sciatique et autres lumbagos ! ! Ces couleurs contrôlent la formation de la cellulite, et de la graisse. Le violet fait du bien à votre squelette !

Les Décans du SAGITTAIRE : leur mot-clé (en + et en -)
1er décan du 22 novembre au 2 décembre : sagesse... ou indifférence ?
Moteur : l'indépendance.
2e décan du 3 au 12 décembre : esprit d'aventure... ou d'aventures ?
Moteur : l'enthousiasme.
3e décan du 13 au 22 décembre : connaissance... ou prétention ?
Moteur : l'inspiration.

VOUS AVEZ LE SOLEIL EN... (♑) CAPRICORNE !

Quelle rigueur ! Merci (?) SATURNE !
Du 21 décembre au 19 janvier

La qualité primordiale du CAPRICORNE est son grand dévouement pour la famille et le travail. Il a le sens du devoir, de la persévérance et beaucoup de patience. Passant de la plus grande générosité (surtout avec les membres de sa famille) à la plus grande pingrerie ; le domaine financier est chez lui le plus problématique ! Très matérialiste, il sait qu'il faut donner pour recevoir, mais chez lui c'est un problème de dosage ! Volontiers un peu pique-assiette, intéressé et un peu « négrier » quand il est patron, il pense faire la balance avec des cadeaux futiles et dérisoires qui lui laissent la conscience en repos !

Exigeant, rigoureux et ne badinant pas avec la morale, c'est un bourreau de travail très apprécié, surtout comme COMPTABLE, GESTIONNAIRE, CAISSIER, tous les emplois qui demandent rigueur, ordre et précision.

Comme tous les signes de terre, c'est un bon travailleur manuel, résistant et très amoureux de la nature qu'il aime et qui le lui rend bien, car, à son contact, il se ressource et retrouve équilibre et forme. Les femmes du signe sont de bonnes maîtresses de maison que les taches ménagères ne rebutent pas et l'on peut même dire que certaines trouvent dans cette occupation routinière un certain équilibre et une preuve de l'attachement qu'elles portent aux membres de leur famille.

Très influencé par son enfance, le CAPRICORNE baigne toute sa vie dans ses souvenirs et, rancunier, n'oublie rien. Jouissant d'une très bonne mémoire, il remercie pour les joies, mais châtie pour les peines et surtout, il n'oublie jamais aucune offense. Son sens des responsabilités hors du commun fait du natif un père ou une mère de famille consciente de ses devoirs, de son rôle d'éducateur et de guide spirituel. Une volonté de fer lui permet d'atteindre ses objectifs et son besoin d'aisance matérielle l'aide à repousser sans arrêt ses limites. Il aime les postes de DIRECTION, car il travaille replié sur lui-même. Ses immenses qualités suscitent le respect, sa discrétion, sa timidité et sa sensibilité font merveille dans bien des domaines comme la POLITIQUE par exemple. Le CAPRICORNE a peu d'amis, mais ils sont sincères et fidèles.

Il préfère la vérité, même désagréable, au mensonge et tant pis pour vous s'il découvre vos supercheries : vous êtes banni de son lit et de sa vie ! Ne le contredisez pas : il a toujours raison !

Bizarrement, pour ce signe de terre si attaché aux traditions, c'est aussi le plus épris de liberté des signes du Zodiaque, le plus rétif aux contraintes et aux conseils, celui qui prend le plus vite la tangente quand sa vie ne lui plaît plus.

Toujours prêt à faire sa valise, au propre et au figuré, il est très indépendant et ne parvient au bonheur que dans le mouvement. Ce n'est souvent qu'à la maturité qu'il parvient à la sérénité, une fois réglés ses problèmes de succession avec ses frères et sœurs, car c'est le signe qui y est le plus exposé.

Très fidèle, le CAPRICORNE a, malgré sa grande soif d'indépendance, une haute idée des liens affectifs (ne parlons pas de mariage, ce n'est pas sa tasse de thé) et trompe rarement la personne avec qui il vit.
Il vit aussi très mal la solitude, car trouver l'être idéal (qui a souvent le même âge que lui et est issu du même milieu) met du temps ! Sa vie sentimentale mouvementée est plus une constante recherche de l'être idéal que le reflet d'un désir de variété ! Sa grande timidité est un de ses complexes et, pour la dissimuler, il n'hésite pas à crâner et à se prévaloir d'un culot et d'une insouciance qu'il est très loin de posséder ! Aussi se livre-t-il souvent à des « gamineries », comme faire le mariole au volant, se lancer dans des spéculations financières hasardeuses ou soutenir un projet farfelu qui, au fond, le rend vert de peur ! Dans le même ordre d'esprit, il s'essaie aussi à un certain nombre de sports et y met un certain acharnement (surtout pour en rentabiliser le coût !) mais ce n'est pas un sportif dans l'âme.
Il a de temps en temps besoin de solitude et de calme et il s'isole alors pour réfléchir sans être dérangé.
Dans la vie, les CAPRICORNE font preuve de sang-froid, ce qui peut passer pour du détachement, mais ce dernier leur permet de prendre sans précipitation les décisions qui s'imposent.
Il a souvent l'impression d'être enfermé dans une gangue rigide de convenances et dans un certain sens c'est le signe de terre le moins "terrestre" des trois !

CHIFFRES : 3 16 25.
FLEUR ou PLANTE : le lierre.
PIERRES PRÉCIEUSES : perle noire, ambre, onyx.
SYMBOLE : le bouclier.
CORRESPONDANCE PHYSIQUE : les genoux.
LES COULEURS QUI FONT DU BIEN : le violet, qui augmente votre résistance au froid et fait du bien aux rhumatismes et à votre ossature fragile et le bleu turquoise qui vous apportera un peu de répit lors de vos heures de travail.

Les Décans du CAPRICORNE : leur mot-clé (en + et -)
1er décan du 21 décembre au 1er janvier : organisé... ou maniaque ?
Moteur : les projets.
2e décan du 2 au 11 janvier : persévérant... ou obstiné ?
Moteur : la responsabilisation.
3e décan du 12 au 19 janvier : courageux... voire téméraire !
Moteur : les challenges.

VOUS AVEZ LE SOLEIL EN... (♒) VERSEAU !

Quel ami ! Comme SATURNE et URANUS

Du 20 janvier au 19 février

Le VERSEAU est caractérisé par son absence de préjugés. Mais il est aussi versatile, intuitif et, à l'instar des autres signes d'AIR, d'une intelligence très vive ! C'est le signe de la communication et de la communauté, de la chaleur humaine et de la compréhension.

Le maître clé du signe est l'indépendance, il est prêt à tout dans la vie quand il l'a lui-même décidé, ne supporte pas les contraintes et les ordres, ni les conseils trop pressants. Sa force c'est qu'il le sait et qu'il ne fait jamais de reproches à personne quand ses initiatives se soldent par des échecs. Dans sa vie chaotique il en connaîtra plusieurs, car il ne tire que peu d'enseignement de ses revers de fortune et il est toujours prêt, même à un âge avancé, à vendre ses biens (peu nombreux) pour construire avec un copain (GÉMEAU ?) une soucoupe volante !

Mais même si de temps en temps ces idées folles le tentent vraiment, c'est très souvent un être bien plus réaliste qu'il n'y paraît, qui sait concrétiser ses idées et maîtriser à merveille les techniques d'avant-garde !

Il est toujours un peu « géo trouve tout » mais en principe ses trouvailles sont des petits trucs ingénieux pour faciliter la vie de tous les jours. Il aime les machines les plus modernes et sait s'en servir, les démonter et les remonter et la femme du signe a, comme on dit, des doigts de fée !

Le natif est toujours attiré par les choses hors du commun et excentriques et adopte tous les ustensiles et appareils innovants du marché. Résolument moderne et prêt à changer plusieurs fois son mobilier pour être toujours d'avant-garde, le VERSEAU n'a aucun préjugé et, comme ce n'est pas un matérialiste, il s'attache peu aux choses et aux objets !

Dans leur vie ils ont souvent de grands élans humanitaires et, si les circonstances s'y prêtent, ils sont alors capables d'aller au bout du monde pour aider les plus démunis !

Leur indépendance et leur esprit de contradiction en font des collègues chaotiques dont on ne sait trop que penser ! Ils sont lunatiques et fantasques et ont du mal à obéir aux ordres. Tour à tour serviables et gentils, puis taciturnes et renfermés, ils ne font pas l'unanimité ! Très souvent ils se mettent à leur compte, deviennent artistes, comédiens ou chanteurs, car ce sont des touches à tout de génie qui ne craignent pas de concrétiser leurs rêves, ce qui rend l'entourage admiratif.

Dans le milieu MÉDICAL et dans celui de la RECHERCHE (savants un peu fous !) ils s'épanouissent également ! Il traverse de longues périodes de paresse. On ne s'ennuie pas avec un VERSEAU, mais de là à leur conseiller le mariage... Leurs couples sont chaotiques et traversent des hauts et des bas, surtout financièrement !

Sensible, émotif, sentimental et idéaliste, le VERSEAU possède aussi une bonne dose d'orgueil et d'égoïsme ! Instable, il oscille entre désespoir et exaltation, il se suffit à lui-même et demande rarement de l'aide. Fanfaron, il donne libre cours à sa fantaisie, et il lui arrive de confondre

ses rêves avec la réalité ! Il a beaucoup d'amis influents, dont certains à l'étranger. Il est doué pour les langues et s'exprime avec facilité, également par écrit. Il alterne longs discours et silences prolongés, pendant lesquels il rêve tout éveillé ! Les voyages lui apportent beaucoup, car très curieux des gens, il se plonge dans leur culture et réfléchit, au retour, comment aider les plus démunis ! Il préfère les pays riches, qui ne lui donnent pas de remords d'être à l'abri du besoin.
Au volant, il est prudent, mais il lui arrive de disjoncter et de faire des pointes de vitesse !
Il connaît intuitivement sa voiture, on peut dire qu'il est en symbiose avec elle, et se trompe rarement sur l'origine d'une panne.
Le VERSEAU n'a pas trop l'esprit de famille et peut rester plusieurs semaines sans donner de ses nouvelles, mais il aime tendrement les siens. D'ailleurs il ne faut pas s'attendre de sa part de grandes manifestations d'amour, il est finalement secret et très pudique. Ayant la larme facile, il a peur de se donner en spectacle, aussi il évite de se mettre dans des situations ou l'attendrissement le guette ! C'est un ami fidèle, qui défend à quiconque de juger les personnes de son entourage amical !
Ce n'est pas un grand sportif et, s'il se lance dans la pratique d'un sport, il y a une raison étrangère à l'amour de l'effort : la santé, une amie qui l'entraîne, une séance de tarots après ! Et ne perdons pas de vue qu'avec le natif nous tenons les hommes et les femmes du prochain millénaire : celui de l'ère du VERSEAU !

CHIFFRES : 7 14 20.
FLEUR : fleurs exotiques, mimosa.
PIERRES PRÉCIEUSES : zircon, cristal, tourmaline, turquoise.
SYMBOLE : la harpe.
CORRESPONDANCE PHYSIQUE : les chevilles.
LES COULEURS QUI VOUS FONT DU BIEN : le blanc vous aide à développer votre sagesse et votre intuition, mais le bleu et l'indigo vous ramènent la sérénité et vous ouvrent aux autres !
Le violet affine votre sens du paranormal !

Les Décans du VERSEAU : leur mot-clé (en + et en -)
1er décan du 20 au 31 janvier : originalité... ou provocation ?
Moteur : les challenges.
2e décan du 1er au 10 février : inspirations... ou illusions ?
Moteur : la gentillesse.
3e décan du 11 au 18 février : utopies... ou folie (douce !) ?
Moteur : la curiosité.

VOUS AVEZ LE SOLEIL EN... (♓) POISSONS !

Tant d'amour à donner ! Grâce à JUPITER ou NEPTUNE ?

Du 19 février au 20 mars

Le POISSON est constamment tiraillé entre son amour pour les autres et sa propre personnalité. Très bien aspecté pour les biens financiers, le natif a souvent beaucoup de chance dans les domaines directement liés à l'argent et en manque lui-même rarement. Pour les moins fortunés, leur bonne étoile les garantit de la misère et, s'ils sombrent dans la précarité ou la marginalité, c'est par choix ou par stratégie ! Malgré cette faveur des étoiles, ce sont souvent des êtres dénués de joie de vivre, hypersensibles et mélancoliques ! Ce sont rarement des boute-en-train ; ils sont indécis et inconséquents et il leur arrive d'être surpris eux-mêmes par leur propre attitude.

Souvent fatigué et triste, le natif se sacrifie aux autres et ne peut s'épanouir quand il s'engage dans un combat humanitaire ou une quelconque cause désespérée, car il y met toute son âme !

Il panique facilement et a toujours peur de se tromper, mais, très intuitif, il se sort des mauvaises passes dans lesquelles son irrésolution le place souvent.

Ne voulant jamais dire non, ne voulant heurter personne et ayant horreur de la violence et des cris, il ne peut compter que sur les heureux coups du sort pour le sortir des pétrins dans lesquels il se met par faiblesse, voire par lâcheté !

Le natif du POISSON est la personne la plus simple, la plus gentille et la plus douce qui soit, mais aussi la plus indécise et la plus craintive.

Le natif aime son confort dans lequel il se coule avec paresse.

Il a le sens de l'hospitalité et, quand il reçoit, c'est avec générosité ! De santé souvent fragile, il est intarissable sur ses bobos et, si vous le laissez faire, il vous abreuve de bavardages stériles et de jérémiades. Ils sont enclins à la rêverie et à l'introversion et guettés par la dépression, car ils ont les nerfs fragiles.

Les POISSON aiment la musique et la danse, sont sentimentaux et sincères. Ils sont épris de justice et de paix et savent se montrer optimistes et confiants en l'avenir. Professionnellement, ils réussissent très bien dans tout ce qui les met au service des autres : le MÉDICAL, le SOCIAL et les femmes du signe font d'excellentes institutrices, très attachées aux enfants et qui ne favorisent jamais les plus faibles au profit des plus forts. Quand leurs moyens le leur permettent, ils font beaucoup de BÉNÉVOLAT, surtout dans l'humanitaire et n'hésitent pas à partir dans le tiers-monde pour soulager les plus démunis. Leur grande sensibilité leur permet souvent d'embrasser une carrière artistique, surtout dans la MUSIQUE.

Leur esprit fataliste est leur plus grand ennemi, car ils ont souvent l'impression qu'il ne sert à rien de se battre.

Ils sont doués pour les langues et ont bonne mémoire. Ils ont peu d'amis,

mais ces derniers leur sont fidèles. À l'instar du SCORPION, autre signe d'EAU, ils sont autodestructeurs et doivent faire preuve d'une grande autodiscipline pour contrer les pulsions négatives qui les animent. Attirés par les paradis artificiels (le tabac, la drogue, les neuroleptiques...), vu leur grande sensibilité, il faut qu'ils évitent d'avoir recours à autre chose que leur volonté pour oublier les multiples agressions dont ils sont l'objet. Ils sont assez mal à l'aise au volant et ne s'intéressent pas trop à la mécanique.
Ce ne sont pas non plus de grands sportifs à part ce qui a un rapport avec l'EAU, leur élément, la pêche ou la chasse (s'ils ne sont pas engagés dans une lutte pour une espèce animale). De toute façon, réguler la surnatalité de certaines espèces en les exterminant, est insupportable pour eux !

CHIFFRES : 11 5 19.
FLEUR : l'orchidée.
PIERRES PRÉCIEUSES : améthyste, aiguë marine, pierre de lune.
SYMBOLE : l'hippocampe.
CORRESPONDANCE PHYSIQUE : les pieds.
COULEURS : jaune, marron, bleu marine, sont des couleurs très bénéfiques pour vous ! Osez, d'ailleurs, tous les dégradés de bleu et de vert, qui vous ressourcent et vous apaisent. Évitez le jaune qui vous énerve, et dont les vibrations vont à contre-courant des vôtres ; vous êtes sensibles à ces choses !

Les Décans des POISSONS : leur mot-clé (en + et en -)
1er décan du 19 février au 1er mars : clairvoyance... ou satanisme ?
Moteur : la sensualité.
2e décan du 2 mars au 11 mars : grandeur d'âme... ou démagogie ?
Moteur : qu'on ait besoin de lui.
3e décan du 12 mars au 20 mars : réceptivité... ou alarmisme ?
Moteur : l'évolution.

LE SOLEIL DANS LES MAISONS

VOS INSTINCTS, ces penchants que l'on ne peut pas combattre !

LE SOLEIL EN MAISON 1

VOUS RAYONNEZ DANS LA MAISON 1 : L'ASCENDANT : VOTRE PERSONNALITÉ
Chez vous, aucune ambiguïté : l'être et le paraître ne font qu'un !
Rayonnant, voulant séduire tout le monde tout en imposant vos idées, vous êtes un rien arrogant et sûr de vous ! Séduisant donc, et très présent dans la vie sociale, vous ne demandez pas la permission avant de donner votre avis ! Vos instincts assez primaires visent tous à apaiser votre soif de jouissance personnelle. Vous êtes aussi d'une grande vitalité, parfois égocentrique, mais toujours captivant : vous êtes si « présent » !
Vous êtes si sensible à votre personnage, que chez vous l'ascendant prime souvent sur le signe solaire. Vous avez aussi au fond de vous le bizarre regret de ne pas être né sous le signe opposé au vôtre : LE CANCER ! Étrange, en effet !

Si vous avez la chance de vivre selon vos instincts, vous serez heureux.
Sinon, quelle frustration !
Mais il est encore temps :
je viens peut-être de vous dévoiler à vous-même !

LE SOLEIL EN MAISON 2

VOUS RAYONNEZ DANS LA MAISON 2 : LES BIENS MATÉRIELS
Que vous soyez né dans un milieu pauvre ou un milieu riche : peu importe, vous savez tirer le meilleur parti de votre environnement social. Parfois vous avez conscience de cette emprise de votre entourage et parfois pas. Mais de toute façon, les aspects matériels de la vie sont très importants pour vous. Vous savez à merveille faire donner les gens les plus pingres : chez vous c'est une seconde nature. Jamais à court d'arguments pour vous en sortir matériellement, vous êtes de ceux qui font donner leurs derniers sous aux naïfs qui vous croient ! Vous savez attirer à vous les biens matériels. Cet aspect vous rend un peu conformiste, peu enclin à changer vos habitudes. Très souvent aussi, ramasser richesses et biens est pour vous un jeu : selon certains aspects du thème, il se peut que vous ne sachiez pas retenir cette manne !

Si vous avez la chance de vivre selon vos instincts, vous serez heureux.
Sinon, quelle frustration !
Mais il est encore temps :
je viens peut-être de vous dévoiler à vous-même !

LE SOLEIL EN MAISON 3

VOUS RAYONNEZ DANS LA MAISON : 3 : LA COMMUNICATION
Vous êtes un personnage de contact, fait pour partager connaissances et bons moments dans votre milieu social. Aimable et à l'écoute, choisissez les clubs sportifs, les associations en tous genres pour en faire votre profession. On vous trouve sympathique, débrouillard et rayonnant. Ne vous isolez pas, c'est le conseil des astres ! Parfois vous n'êtes pas conscient de l'importance que l'entourage a pour vous. Vous cédez de temps en temps à la mélancolie, vous vous renfermez sur vous-même et faites preuve d'étroitesse d'esprit, englué dans vos habitudes. Luttez !

Si vous avez la chance de vivre selon vos instincts, vous serez heureux.
Sinon, quelle frustration !
Mais il est encore temps :
je viens peut-être de vous dévoiler à vous-même !

LE SOLEIL EN MAISON 4

VOUS RAYONNEZ DANS LA MAISON 4 : LE FOYER, VOS FRÈRES ET SŒURS
Votre désir de fonder un foyer est le centre de votre vie. Mariage, enfants, maison chaleureuse, voilà votre but principal, votre moteur. Aucune vie ne vaut pour vous d'être vécue sans descendance et plus votre foyer parental comptait d'enfants, plus vous êtes apte à en concevoir. Le rôle de chef de famille, pour vous, n'est jamais un passage obligé mais un devoir. Dominant et paternaliste, ce désir est toujours présent chez un natif ayant cet aspect planétaire. Par extension, vous voulez être au centre de toutes les situations et ne détestez pas que l'on vous obéisse. En fait, vous voulez vous sécuriser !

Si vous avez la chance de vivre selon vos instincts, vous serez heureux.
Sinon, quelle frustration !
Mais il est encore temps :
je viens peut-être de vous dévoiler à vous-même !

LE SOLEIL EN MAISON 5

VOUS RAYONNEZ DANS LA MAISON 5 : LES PLAISIRS, LES CRÉATIONS
Pour vous, vivre c'est exister physiquement, jouir de tous les plaisirs de l'existence. Amoureux dans l'âme, vous aimez les autres et toutes les joies qu'ils peuvent vous apporter. Malheureux quand vous êtes seul, dès que l'espace se meuble autour de vous vous sentez mieux. Rien de tel que les rires, les bruits de voix, les verres qui s'entrechoquent : c'est ça, la vie. Toutes les créations, les œuvres d'art, tous les ouvrages humains vous émeuvent : ce sont des preuves de vie, de talent, de génie. Vous

allez beaucoup aimer vos enfants, car ils sont le sel de la terre, le passage obligé de la continuité. Humaniste, humain, bon et généreux, vous avez ce qu'on appelle un cœur d'or!

Si vous avez la chance de vivre selon vos instincts, vous serez heureux.
Sinon, quelle frustration!
Mais il est encore temps:
je viens peut-être de vous dévoiler à vous-même!

LE SOLEIL EN MAISON 6

VOUS RAYONNEZ DANS LA MAISON 6: LE QUOTIDIEN, LES PETITES MALADIES
Votre seule préoccupation est de vivre au mieux le quotidien. Soucieux de votre bien-être et de celui des autres, vous ciselez chaque journée comme une œuvre d'art. Vous avez le sens du détail et de la précision. Vous ne vous souciez que de l'immédiat et donnez à chaque moment son importance. Dévoué jusqu'à l'abnégation, vous avez besoin de vous sentir utile. Les professions de santé sont faites pour vous, ainsi que toutes celles qui requièrent minutie et compassion.
Attention au train-train, à la routine qui plus que tout autre vous guette! Évitez aussi de vous enliser dans mille petits ennuis qui vous gâchent la vie et qui, au fond, ne sont que broutilles!

Si vous avez la chance de vivre selon vos instincts, vous serez heureux.
Sinon, quelle frustration!
Mais il est encore temps:
je viens peut-être de vous dévoiler à vous-même!

LE SOLEIL EN MAISON 7

VOUS RAYONNEZ DANS LA MAISON 7: LES ASSOCIATIONS, LE MARIAGE
Si vous vous imaginez que vous pouvez vous passer des autres...
Que nenni! L'humanité tout entière est votre deuxième moitié de pomme, sans les autres vous êtes sans substance. Vous recherchez LE partenaire, LA personne qui va vous révéler à vous-même et dont vous serez très (trop?) dépendant. Tout ce qui relie les hommes vous plaît, tous les médias vous captivent. Vous vous intégrez dans toutes les manifestations avec bonheur, heureux d'entendre les avis des autres, de sentir, autour de vous, leur présence.
Plus conciliant que vous, c'est dur à trouver. Vous aimez votre prochain, sincèrement, viscéralement!

Si vous avez la chance de vivre selon vos instincts, vous serez heureux.
Sinon, quelle frustration!
Mais il est encore temps:
je viens peut-être de vous dévoiler à vous-même!

LE SOLEIL EN MAISON 8

VOUS RAYONNEZ DANS LA MAISON 8 : C'EST CELLE DE TOUTES LES MORTS
Les circonstances vont vous amener à une totale perte de vos possessions. Il se peut aussi que vous décidiez vous-même de les abandonner, en vous exilant, par exemple, en quittant votre milieu d'origine.
Muni de forces psychiques étonnantes, vous n'attachez, de toute façon, que peu d'importance aux possessions, plutôt préoccupé de sonder l'âme des gens, leurs pensées, leurs désirs.
Vous êtes attiré par l'occultisme, tous les mystères !
Vous êtes très surprenant pour votre entourage, car vous êtes capable de vous dépouiller de tout, contre toute attente, pour mener une vie spartiate dénuée du moindre confort !
Pour vous, ce qui est matériel n'est qu'un support, un passage obligé pour exister. En effet, votre enveloppe charnelle rend à votre vive sensualité bien des services, non ?

Si vous avez la chance de vivre selon vos instincts, vous serez heureux.
Sinon, quelle frustration !
Mais il est encore temps :
je viens peut-être de vous dévoiler à vous-même !

LE SOLEIL EN MAISON 9

VOUS RAYONNEZ DANS LA MAISON 9 : LES GRANDES IDÉES, LES VOYAGES
Vous êtes en quête permanente d'un ailleurs !
Les autres cultures, toutes les idées, tous les pays du monde sont votre raison de vivre.
Les différences vous attirent et vous stimulent.
Vous voulez sans arrêt, au propre comme au figuré, élargir votre horizon.
Vous aimez l'aventure, l'exploration, les nouvelles têtes, les nouvelles connaissances.
Vous aimez aussi toutes les largesses : financières, intellectuelles, culturelles. Les gens généreux et drôles, qui parlent bien et vous apportent un souffle de liberté. Mais les gens mesquins, les actions viles et « petites », vous répugnent.
Vous voulez vivre en grand ou... PAS DU TOUT !

Si vous avez la chance de vivre selon vos instincts, vous serez heureux.
Sinon, quelle frustration !
Mais il est encore temps :
je viens peut-être de vous dévoiler à vous-même !

LE SOLEIL EN MAISON 10

VOUS RAYONNEZ DANS LA MAISON 10 : LA PROFESSION, VOTRE IMAGE
Vous avez un immense besoin de reconnaissance, c'est pour vous plus que nécessaire : c'est vital ! Il vous faut briller et assurer sans arrêts votre suprématie.
Votre image vous obsède, vous ne faites jamais rien dont vous deviez rougir.
Vous avez ce besoin d'expansion sociale, mais bien entendu, ce n'est pas gage de réussite. Disons que vous y êtes prédisposé.
Votre profession n'est jamais banale, vous adorez vous singulariser en sortant des sentiers battus. Votre métier, c'est votre carte de visite. Pas question de faire dans le médiocre !

LES HOMMES : ambitieux et rayonnants : de sympathiques battants !

LES FEMMES : souvent, elles ont un père « puissant », voire tyrannique et cherchent un compagnon « fort », digne d'admiration.

Si vous avez la chance de vivre selon vos instincts, vous serez heureux.
Sinon, quelle frustration !
Mais il est encore temps :
je viens peut-être de vous dévoiler à vous-même !

LE SOLEIL EN MAISON 11

VOUS RAYONNEZ DANS LA MAISON 11 : LE RELATIONNEL
Fondamentalement indépendant, vous n'avez plus rien à prouver, à obtenir à ce niveau. Aussi êtes-vous d'un esprit souple et adaptable, ouvert à tout et à tout le monde !
Tolérant et compréhensif, vous êtes rarement extrémiste, tout juste si, de temps en temps, vous vous montrez un peu indiscipliné !
Vous rayonnez le plus souvent dans votre milieu social.
À moins que votre SOLEIL natal et le reste du thème, ne vous soient pas cléments, dans ce cas-là vous auriez souvent des problèmes psychologiques dus à votre expansion naturelle à rechercher le contact et des aspects astrologiques qui vous pousseraient à agir contre vos intérêts.

Si vous avez la chance de vivre selon vos instincts, vous serez heureux.
Sinon, quelle frustration !
Mais il est encore temps :
je viens peut-être de vous dévoiler à vous-même !

LE SOLEIL EN MAISON 12

VOUS RAYONNEZ DANS LA MAISON 12 : LES ÉPREUVES, LES MAUVAIS PENCHANTS

Vous aimeriez tant être un pur esprit !

Votre goût des situations idylliques, des moments forts, vous pousse à chercher toute votre vie la compagnie de gens qui sortent de l'ordinaire, et qui transformeraient votre vie en conte de fées !

Vous voudriez fuir toutes les contingences matérielles et n'avoir à gérer que des moments heureux. Selon votre signe solaire, vous les fuyez vraiment : vous partez, vous faites l'autruche.

Mais avec un signe de terre, par exemple, vous êtes plus raisonnable : vous rêvez, vous imaginez mille scénarios enchanteurs. Vous êtes bon, fort et votre rayonnement vous attire les sympathies. Vous êtes plein d'abnégation et faites souvent passer le bonheur des vôtres avant votre bien-être personnel, tant l'ambiance compte pour vous.

Les autres sont heureux, « zen » ? Vous êtes heureux de les voir sourire et cela vous suffit. D'ailleurs, vous donnez l'impression d'être facile à « diriger ». Vous voulez éloigner les disputes, les conflits pour vous sentir bien. Du moins, c'est ce que vous pensez.

N'avez-vous jamais essayé de comprendre pourquoi vous vous sentez si seul ?

Si vous avez la chance de vivre selon vos instincts, vous serez heureux.
Sinon, quelle frustration !
Mais il est encore temps :
je viens peut-être de vous dévoiler à vous-même !

La Lune dans les Signes

Je sens ! (l'imaginaire, la vulnérabilité, la vie végétative)

EN BÉLIER

Vous êtes impulsifs (voire explosifs), sensibles (voire susceptibles), indépendants et impatients !

Si votre mère est TAUREAU ou LION, elle vous énerve !

Vous vous lassez vite, êtes ouvert à toutes les nouveautés et si vous vivez en couple, expliquez cela avec doigté à votre partenaire ! Même si vous aimez les vôtres, vous ne savez pas leur dire ! Certains mourront avant de l'avoir compris et il vous arrive de vous fâcher avec les gens que vous aimez le plus. Paradoxal, non ?

Du 21/04 au 20/05 : vous êtes un peu « ours » ! Vous ne supportez pas les gens trop gais !

Du 22/06 au 22/07 : vous n'êtes pas stable professionnellement.

Du 23/07 au 22/08 : vous avez la folie des voyages ! Avec le Soleil en LION, vous êtes de ceux qui s'expatrient

Du 23/08 au 22/09 : vous êtes paniqué pour un rien !

Du 23/09 au 22/10 : si vous avez le Soleil en Balance, vous avez du mal à quitter votre mère. Pour les autres : il n'y a qu'elle qui puisse vous réconforter !

Du 20/01 au 18/02 : vous n'aimez pas les études. Les rapports avec vos frères et sœurs sont tendus !

Du 19/02 au 20/03 : l'argent vous tourmente et vous cause des angoisses, aussi le dépensez-vous plus vite qu'il ne rentre !

EN TAUREAU

Vous êtes assoiffé d'amour et vous avez beaucoup d'imagination. Vous êtes indulgent.

Vous attendez beaucoup (trop ?) d'amour de votre mère et agissez en enfant capricieux. Vous avez des dons artistiques, beaucoup de sensualité et aimez la musique, les arts. Les jeunes enfants, les animaux, vous fascinent, vous aimez en avoir (beaucoup) autour de vous : c'est ça la vie ! Ah le TAUREAU, quel sentimental !

Né du 23/07 au 22/08 et du 20/01 au 18/02 les rapports avec votre mère sont satisfaisants !

Du 21/04 au 20/05 : quel égoïsme ! Pensez un peu aux autres !

Du 19/02 au 20/03 : vous avez, enfant, accaparé vos parents ! Vous auriez tant aimé être le seul !

Du 21/12 au 19/01 : vous aimez dormir et, paradoxalement, mener une vie de noctambule !

Du 22/11 au 20/12 : vous avez une santé fragile. Gare à l'obésité ! !
Du 23/10 au 21/11 : vous aimez faire la cuisine, les mets fins et les bons crus. Gare aux excès !
Du 22/06 au 22/07 : vous êtes commerçant dans l'âme ! Sans être vraiment doué, vous réussissez quand même ! Vous reprochez à votre mère son manque de générosité !
Du 21/05 au 21/06 : vous vous êtes réfugié dans le monde imaginaire : vous êtes un artiste. Le monde réel ne vous apporte pas assez d'amour !

EN GÉMEAUX

Vous êtes curieux, instable, et nerveux. Vous avez un sens artistique développé, mais peu de résistance physique. Un peu menteur, non ? Ou plutôt fabulateur, vous avez tant d'imagination que souvent vous ne savez pas dissocier la vie que vous rêvez et celle que vous vivez. Si vous employiez votre intellect à des causes nobles, vous seriez génial, mais voilà, l'inconstance du GÉMEAUX est son plus grand défaut. Si le reste du thème ne vous y aide pas, vous perdez plus d'une occasion de briller. Quel gâchis !
Vous aviez une mère très tendre, mais petit, vous en aviez peur. Elle savait tout, voyait tout ! Avec les années, vous devenez des amis !

Du 21/05 au 21/06 : vous avez un esprit concret, du bon sens. Et vous êtes si gentil !
Du 21/04 au 20/05 : vous êtes joueur, et parfois vous avez de la chance !
Du 19/02 au 20/03 : vie de famille sereine !
Du 23/10 au 21/11 : vous savez gérer et organiser : un vrai manager !
Du 23/08 au 22/09 : vous savez y faire avec l'argent !
Du 22/06 au 22/07 : vous prenez vos études très au sérieux !

EN CANCER

Votre mère est sûrement complexée et peu sûre d'elle ! Elle élève les enfants avec incohérence, mais beaucoup d'amour ! Elle vous a effrayé avec ses colères et vous la quittez souvent définitivement à l'âge adulte, sauf si son SOLEIL est dans un signe d'eau, cousin du vôtre ; à ce moment-là, vous la comprenez, elle vous ressemble tant ! Vous êtes envieux des biens et de la propriété des autres, car, au fond vous êtes un vrai matérialiste ! Cette configuration est un fardeau plutôt qu'un cadeau, car elle est puissante dans le thème. Mais, à votre crédit, vous avez un sens artistique très poussé, l'envie viscérale de laisser une trace : enfants ou œuvres d'art, peu importe, tant que cela vient de vous ! D'ailleurs des enfants, vous ferez tout pour en avoir, comme on dit dans la bible, ils sont « le sel de la terre » ! Vous êtes très vulnérable dans vos sentiments, vous vivez dans le passé, et vous avez beaucoup d'imagination.

Du 22/06 au 22/07 et
Du 21/12 au 19/01 : toujours agité, jamais content, la sensation de bonheur vous est inconnue ! Aussi êtes-vous dur avec les autres !
Du 21/05 au 21/06 : vous n'êtes généreux que pour la galerie ! En privé, vous êtes un vrai radin !
Du 21/04 au 20/05 et
Du 21/03 au 20/04 : n'attendez rien de vos enfants. Quels ingrats !
Du 19/02 au 20/03 : vous aurez du mal à supporter votre vie professionnelle. Mais c'est ancré en vous, car les astres ne vous sont pas défavorables dans ce domaine !
Du 22/11 au 20/12 : dans cette tranche, vous supportez assez bien votre LUNE-CANCER. Cette configuration fait naître de géniaux inventeurs !
Du 23/09 au 22/10 : Vous êtes un ami loyal, et atteignez souvent le succès dans vos entreprises !

EN LION

Vous êtes un perfectionniste, indépendant et extraverti, sensible aux richesses et aux honneurs ! Votre équilibre est bon et vous avez de la chance. Aussi vous attirez-vous les jalousies des autres et vous le ressentez. Les personnes qui vous entourent, votre partenaire, vos enfants, doivent être irréprochables ! Vous n'acceptez pas les faiblesses, ni les disgrâces physiques. Vous êtes soumis à de multiples épreuves. Dans la vie, vous faites souvent 1 pas en avant et 10 en arrière ! Votre bonheur n'est qu'apparent !
Si votre mère est SAGITTAIRE, soyez indulgent : elle ne pourra jamais vous comprendre !

Du 22/06 au 22/07 : vous aimez les belles choses et souvent vous êtes assez riche pour vous les payer ! Veinard !
Du 21/05 au 21/06 : vous étudiez beaucoup, vous êtes sûr d'avoir un rôle sur terre. Vous voulez mettre toutes les chances de votre côté !
Du 21/03 au 20/05 : vous sacrifiez votre jeunesse, votre argent et votre énergie à l'éducation de vos enfants ! Vous êtes souvent cruellement déçu plus tard !
Du 19/02 au 20/03 : la santé est votre principal centre d'intérêt. Peut-être même en faites-vous votre métier !
Du 20/01 au 18/02 : vous savez tout faire de vos mains et savez convaincre les autres. Vous êtes avocat ou décorateur, commerçant ou ingénieur, vous avez de multiples dons !
Du 22/11 au 19/01 : intelligent et spirituel, vous exploitez vos capacités à fond ! Vous êtes souvent un personnage important !

Du 23/09 au 22/10 : quelle susceptibilité ! Méfiez-vous des faux amis, leurs médisances peuvent vous nuire !

Du 23/08 au 22/09 : luttez contre votre timidité. Elle vous empêche d'accomplir de grandes choses.

EN VIERGE

Vous êtes un être secret qui a le sens du détail et de la précision. Rêveur et introverti, vous vous confiez rarement. Vous avez peu ou pas d'enfants, car vous ne savez (voulez ?) pas vous occuper des autres, sauf si votre profession ou vos convictions religieuses ne vous y poussent.
Méticuleux, vous avez le sens du détail et de la précision. Vous aimez les schémas de vie traditionnels : père, mère, enfants.... Les autres cas de figure vous font peur !
Mais cette conjoncture est faible et change avec les différents astres. JUPITER peut tout arranger !
Vous aimez passionnément votre mère, ce qui ne vous empêche pas d'entrer en conflit avec elle, notamment pour que votre père vous remarque !

Du 23/08 au 22/09 : timide et obstiné, vous êtes très intelligent. Mais sélectif pour accorder votre amitié, votre attitude de repli empêche les autres de reconnaître vos capacités !

Du 23/07 au 22/08 : un peu envieux, un peu jaloux, vous aimez l'argent facile !

Du 21/05 au 22/07 : vous aimez tout le monde et pourtant vous avez manqué d'affection. Mais ceci ne vous empêche pas de dire combien vous avez été choyé.

Du 21/03 au 20/05 : vous êtes un vrai tyran, surtout au travail !

Du 20/01 au 20/03 : vous êtes très efficace et réussissez dans toutes vos entreprises. Les femmes du signe sont d'excellentes maîtresses de maison !

Du 22/11 au 19/01 : vous n'êtes doué que pour le travail intellectuel. Ne négligez pas vos études !

Du 23/10 au 21/11 : même si la solitude vous pèse, elle est votre seule amie ! Méfiez-vous de votre entourage !
Choisissez un métier dans le commerce !

Du 23/09 au 22/10 : vous êtes un angoissé. Tournez ce problème à votre avantage en le couchant sur le papier. Vous avez un don d'écrivain !

EN BALANCE

Vous avez besoin d'harmonie, ce qui ne vous empêche pas d'avoir un esprit critique : vous avez tendance à juger. Dans le milieu professionnel, vous tendez à vous associer, c'est aussi l'aspect des gens de spectacle, des critiques d'art, des dénicheurs de talent! Mais attention : ne poussez pas vos enfants (qui ont cet aspect) dans la voie de la célébrité : il faut qu'ils y viennent d'eux-mêmes! Vous aimez les ambiances « zen », les galeries de peinture et les endroits branchés! Les rapports avec la mère ne sont pas fantastiques (elle a souvent eu du mal pendant sa grossesse) et encore moins si elle est du TAUREAU!

Du 23/08 au 22/09 : vous êtes un bon gestionnaire!
Du 22/06 au 22/08 : vous avez du mal à avoir la vie de famille idéale dont vous rêvez!
Du 21/05 au 21/06 : vous êtes opportuniste, diplomate et observateur.
Du 21/03 au 20/04 : vous transformez toutes vos associations, y compris les unions, en champ de bataille. Vous adorez les guerres psychologiques!
Du 19/02 au 20/03 : vous êtes un chercheur! Mais souvent vous cherchez seulement : la petite bête!
Du 21/12 au 19/01 : vous vous adaptez à tout, êtes à l'aise partout. Veinard!
Du 22/11 au 20/12 : vous n'avez pas les épaules, vos responsabilités vous pèsent, aussi a-t-on du mal à vous faire confiance!
Du 23/10 au 21/11 : vous avez un tempérament de chef d'entreprise. Bon aspect!

EN SCORPION

D'une intelligence aiguë, vous êtes attiré par la mort et par l'occultisme. Vous êtes trop torturé pour vous épanouir. Vous êtes intransigeant et seul le bien-être de vos proches vous préoccupe. Vous manipulez les gens à votre guise, surtout les femmes, car vous savez instinctivement trouver leurs faiblesses! Vous défendez vos biens avec âpreté et devenez méchant et cruel quand vous les sentez menacés.
Vous reprochez à votre mère son manque d'égards à votre encontre, son matérialisme, son énergie!
Si elle est du signe de CANCER, c'est encore pire!

Du 21/03 au 20/04 : vos idéaux : l'égalité sociale et raciale! Vous les défendez sans relâche!
Du 21/04 au 21/06 : vous aimez votre foyer, votre travail : plus pacifique que vous, il n'y a pas!
Du 22/06 au 22/07 : vous êtes animé d'une grande spiritualité : vous êtes chercheur, aventurier, religieux ou financier. Vous aimez toutes les formes d'évasion!
Du 23/07 au 22/08 : votre apparente sympathie cache un goût immodéré pour l'argent et les honneurs. Vous exploitez les gens avec le sourire!
Du 23/08 au 22/09 : vous vendez des idées, les vôtres ou celles des autres! Si vous êtes un homme, vous risquez d'être misogyne, car vous avez eu des problèmes avec votre mère!

Du 23/09 au 21/11 : vous faites fi des obstacles, et venez à bout de tout très facilement. Si en plus vous trouvez un conjoint à votre mesure, vous serez heureux!

Du 22/11 au 20/12 : vous avez une attitude marginale envers l'argent! Tous vos problèmes dans l'existence viennent de votre incapacité à gagner suffisamment d'argent! Clochard, voleur, ou travailleur à la petite semaine, avec vous on peut s'attendre à tout!

Du 21/12 au 19/01 : vous étudiez, étudiez, étudiez! Le reste du thème nous dira le résultat!

Du 20/01 au 20/03 : vous comblez vos enfants de douceur et d'amour. Mais ne leur dispensez pas automatiquement une bonne éducation!

EN SAGITTAIRE

Vous êtes un idéaliste charmant, superficiel et joueur qui recherchez les sensations fortes! Vous êtes épris de nouveautés et un peu (?) égoïste! Vous êtes ambitieux, impatient et, si vous avez des enfants, vous aimeriez bien qu'ils vous ressemblent. Parfois, quand tout va bien, vous avez des bouffées de vrai bonheur; vous êtes le maître du monde! Vous adorez votre mère, qui vous a appris à refuser les compromis, ayant dû elle-même se battre pendant sa grossesse! Si elle est du signe du LION, les rapports sont moins bons.

Du 21/03 au 20/04 : vous ne pensez qu'à vous divertir. Si vous êtes sportif, veillez à ne pas prendre trop de risques!

Du 21/04 au 20/05 : vous feriez un tabac comme vétérinaire! Vous adorez les animaux!

Du 21/05 au 21/06 : vous n'êtes pas à une extravagance prêt! Mais de là à vous marier!

Du 22/06 au 22/08 : vous avez du mal à trouver votre équilibre. Vous vivez souvent en décalage!

Du 23/08 au 22/09 : vous vous intéressez à l'art et à l'archéologie. L'anarchie qui règne dans ces groupes de travail vous convient! Vous êtes chanceux.

Du 23/09 au 22/10 : vous êtes joueur et avez de vous une (trop?) haute opinion!

Du 23/10 au 21/11 : rien ne vous amuse plus que de jeter votre argent par les fenêtres!

Du 21/12 au 19/01 : vous avez été un enfant timide et êtes un adulte timoré. Le monde vous semble cruel!

Du 20/01 au 18/02 : apprenez à aller au bout de vos entreprises!

Du 19/02 au 20/03 : vous êtes très intuitif, mais manquez de diplomatie. Vous êtes revêche! Vous vous gâchez ainsi de bonnes opportunités!

EN CAPRICORNE

La LUNE est en exil. Vous avez peu de rêves et les pieds sur terre ! Votre manque de sentiments vous met à l'abri de la manie de persécution, évoquée par certains astrologues. Vous êtes si raisonnable !

Comme disait le poète : « Ce signe prend tout et ne donne rien, telle une éponge oubliée en plein soleil ! ». À votre contact, la vie reprend des dimensions très réalistes : on a envie de refaire ses comptes et de prendre un rendez-vous chez le dentiste ! Si cela peut vous rassurer, tout le monde a besoin de gens comme vous : ou irions-nous, sans vous ?

Votre mère vous apparaît comme une femme faible, toujours prête à se plaindre ! Avec le recul, vous direz qu'elle a été cruelle, car, au fond, vous en aviez peur !

Si elle est CANCER : vous êtes en conflit, LION : tout va bien (surtout si vous êtes une fille !)

Du 21/03 au 20/05 : dans le milieu familial, professionnel, vous n'avez confiance en personne ! Vos réactions varient selon les phases de la lune.

Du 21/05 au 21/06 : des troubles psychosomatiques sont à craindre, quelles que soient les positions des autres astres.

Du 22/06 au 22/07 : professionnellement, vous êtes très compétitif. Mettez-vous à votre compte !

Du 23/07 au 22/08 : vous avez un caractère difficile ! Vous vous disputez avec tout le monde même avec vous-même, aussi êtes-vous souvent seul !

Du 23/08 au 22/09 : vous êtes mathématicien dans l'âme ! Votre esprit synthétique vous confère beaucoup de sang-froid vis-à-vis des événements.

Du 23/09 au 22/10 : vous voulez qu'on vous admire. Cet aspect vous rend aussi chanceux !

Du 23/10 au 21/11 : vous n'avez pas le sourire facile. En plus, vous fuyez les responsabilités qui vous effraient !

Du 22/11 au 20/12 : vous avez toujours l'impression de ne rien faire de votre vie, aussi, de temps en temps, vous livrez-vous à des actes de bravoure !

Du 21/12 au 19/01 : ne vous laissez pas embobiner par ceux qui vous conseillent ! Vous êtes désorienté devant des situations pourtant simples ! Réagissez !

Du 20/01 au 18/02 : vous êtes très agréable, même vos défauts passent pour de l'originalité !

Du 19/02 au 20/03 : vous demandez trop à vos enfants, surtout sentimentalement, alors forcément vous serez déçu !

EN VERSEAU

Vous êtes un solitaire qui a peu de sentiments. Indépendant, vous faites preuve de froideur et de détachement; dans votre vie, vous changez plusieurs fois de personnalité. Les voyages vous sont indispensables, comme l'air que vous respirez! Il faut que vous caressiez sans cesse de nouveaux projets.

Si vous avez des enfants, vous déléguez volontiers aux autres le soin de s'en occuper: vous êtes si indépendant, parfois vous avez l'impression qu'ils vous volent votre oxygène!

Avec votre mère, vous tissez des rapports plus amicaux que maternels! Vous la décevez souvent sans vous en apercevoir, mais plus vous avancez en âge, plus vous la comprenez. Elle est plus généreuse que vous ne pensez. Si elle est du signe du CANCER, elle ne pourra jamais vous comprendre!

Du 21/03 au 20/05: vous êtes omniprésent dans la vie de vos enfants. Vous voulez tout superviser!

Du 21/05 au 21/06: vous vous mêlez de tout ce qui ne vous regarde pas! Mais vous êtes si gentil!

Du 22/06 au 22/07: vous êtes un parent affectueux. Apprenez la technologie!

Du 23/07 au 22/08: vous êtes arrogant et perméable à la flatterie. Dommage, vous gâchez de réelles capacités!

Du 23/08 au 23/09: vous avez des dons de chef d'entreprise. Mais laissez les autres s'exprimer!

Du 23/09 au 22/10: vos capacités (réelles), à première vue, ne sont pas évidentes! Vos professeurs ont mis du temps à les reconnaître! Vous êtes de ceux qui s'établissent à l'étranger.

Du 23/10 au 21/11: vous aurez du mal à vous imposer professionnellement, surtout en terme de salaire: il ne sera jamais à la mesure de vos prestations!

Du 22/11 au 20/12: abondance d'amis nuit! Sauf si vous êtes dans le milieu sportif!

Du 21/12 au 19/01: apprenez à vous dominer, à acquérir de l'assurance. Vous êtes plus timide qu'il n'y paraît!

Du 20/01 au 18/02: votre esprit de renoncement nuit à vos capacités artistiques! Vous ne tenez pas à vous faire connaître. Dommage!

Du 19/02 au 20/03: vous êtes soit panier percé, soit d'une grande avarice, mais de toute façon dans ce domaine, vous n'avez aucun équilibre!

EN POISSON

Vous êtes hypersensible et avez des dons médiumniques. Mais votre imagination et votre amour des autres vous poussent souvent à fabuler pour ne pas les blesser, vous prenez aussi dans la vie des risques inconsidérés ! Vous êtes un crabe mou, sans coquille, sans défenses. Les autres sont pour vous un refuge et vous n'hésitez pas à demander de l'aide. Vous êtes nerveux. Vous êtes dévoué à vos enfants quand ils sont petits, mais les appelez au secours quand ils sont plus grands. Vous avez un touchant besoin de contact et si vos sentiments n'y suffisent pas, vous donnez de l'argent ! À condition que l'on ne vous en demande pas, surtout en famille ! Votre mère est un être inconstant qui change souvent d'avis. Mais ce trait de caractère n'est pas si éloigné du vôtre !
Les conflits avec elle vous distraient si elle est GÉMEAU ou SAGITTAIRE. Si elle est CANCER, ce sera plus difficile !

Du 21/03 au 20/04 : vous êtes les mieux armés dans cette conjoncture ! L'appât du gain est votre moteur, vous êtes ambitieux !
Du 21/04 au 20/05 : vous ferez un bon enseignant. Ne vous laissez pas exploiter par vos frères et sœurs.
Du 21/05 au 21/06 : une vie heureuse. On vous reproche parfois d'être désordonné !
Du 22/06 au 22/07 : vous fuyez vos responsabilités. Mais quand il vous arrive de les assumer, vous devenez dur et intransigeant !
Du 23/07 au 22/08 : vous êtes de ces timides qui montrent les dents pour le cacher !
Du 23/08 au 22/09 : vous attendez trop de tout le monde ! Aussi êtes-vous souvent déçu, notamment par le mariage !
Du 23/09 au 22/10 : vous êtes aimé de tous et obtenez tout ce que vous voulez !
Du 23/10 au 20/12 : c'est la conjoncture des artistes et des champions sportifs, des couturiers, des religieux ! Vous voyez au-delà des choses !
Du 21/12 au 19/01 : vous êtes perméable aux flatteries, assez mou de caractère.
Du 20/01 au 18/02 : vous fuyez la dure réalité au profit de longs rêves éveillés ! Ne vous étonnez pas si tout le monde vous traite de rêveur !
Du 19/02 au 20/03 : vous avez choisi d'être original : assumez-le ! Refuser son époque comporte des risques : on ne vous prend pas toujours au sérieux et vous êtes souvent seul !

LA PLUS RAPIDE DES PLANÈTES, **LA LUNE** FAIT LE TOUR DU ZODIAQUE EN 28 JOURS, D'OÙ SON EXTRÊME IMPORTANCE DANS UN THÈME !

Elle joue un rôle lors de la conception, pendant la grossesse et lors de l'accouchement. On ne peut pas la dissocier de la mère. Souvent ce sont des situations de conflit larvé avec notre mère qui nous gâchent la vie ! Mais comme elles ont aussi gâché la leur, l'indulgence et l'amour doivent nous montrer le chemin du pardon…

... et la connaissance
celui de la maîtrise de notre destin !

LA LUNE DANS LES MAISONS

☽ : LA LUNE EN MAISON 1 : vous êtes très SECRET dans tous les domaines qui concernent cette maison! Et votre INSPIRATION y fait merveille!
C'est celle : de votre personnalité!
Touchant, sensible et très secret, vous donnez toute votre vie à votre entourage, envie de vous cajoler, de vous protéger.
Vous n'êtes pas sûr de vous, mais vous vous aimez bien! Indulgent avec vos défauts, vous allez votre petit bonhomme de chemin sans jamais parler de vous, de vos ambitions, de vos rêves. Dommage, non? Mais c'est ainsi! La LUNE incite au rêve et à l'introspection! Avec certains aspects négatifs, il se peut que vous vous fassiez des illusions sur vous-même! Mais baste! Tendre et gentil, vous n'ennuyez personne avec vos états d'âme. Faites bien attention de ne pas vous laisser submerger par le blues...

LES HOMMES : vous avez tendance à attendre que l'on vous propose une place de chef et si vous ne rassemblez jamais le courage de la demander, il se peut que vous ne l'ayez jamais!

LES FEMMES : des mères nées! Faites au moins un enfant, ce sera votre porte-parole! Vous n'avez que très rarement le courage de vous affirmer!

VOUS NE PARLEZ JAMAIS : de vous. Quel dommage!
BIEN PLUS CLÉMENTE AVEC LES FEMMES?
C'est normal : La lune est une très vieille dame!

☽ : LA LUNE EN MAISON 2 : vous êtes très SECRET dans tous les domaines qui concernent cette maison! Et votre INSPIRATION y fait merveille!
C'est celle : des biens matériels!
Vous êtes très dépendant des biens matériels. Très intuitif à ce niveau, vous usez de tous vos charmes pour vous assurer le train de vie que vous convoitez. Vous savez faire fructifier vos avoirs de façon fort intelligente et même si vous savez vous montrer insouciant dans le domaine financier et plus dépensier que vous ne devriez, vous saurez toujours tirer votre épingle du jeu et trouver, pour ne manquer de rien, mille et un stratagèmes.
Vous êtes souvent de ceux qui vivent de leur art, mais le succès est tardif. Patience!

LES HOMMES : sous cette configuration, seront éblouis par les femmes riches et dépensières et n'auront pas de scrupules à se faire gâter !

LES FEMMES : elles sauront s'assumer financièrement toute leur vie et ne manqueront jamais de rien !

VOUS NE PARLEZ JAMAIS : de vos problèmes matériels ! FAITES-LE !
BIEN PLUS CLÉMENTE AVEC LES FEMMES ?
C'est normal : La lune est une très vieille dame !

☽ : LA LUNE EN MAISON 3 : vous êtes très SECRET dans tous les domaines qui concernent cette maison ! Et votre INSPIRATION y fait merveille !
C'est celle : de la communication !
Vous cherchez des partenaires raffinés, des gens intelligents et instruits. Les finesses de langage, l'humour, les traits d'esprit : vous adorez ça ! Vous êtes avide de complicité, de connivence. Très au fait de la mode, de la musique « dans le vent » et des technologies nouvelles, vous êtes un intuitif, fin et souvent érudit. Vous n'aimez pas les balourds et préférez aux jeux de mains, les jeux de l'esprit. D'ailleurs vous aimez tous les jeux, vous êtes avide de plaisirs !
Vous ne boudez pas non plus les arts plastiques, la peinture, l'artisanat.

LES HOMMES : vos rapports avec les femmes sont problématiques, vos relations amoureuses et affectives sont instables. Vous chercherez longtemps LA femme !

LES FEMMES : si vous avez une sœur, elle sera omniprésente dans votre vie. Vous aimez séduire et vous y parvenez... souvent !

VOUS NE PARLEZ JAMAIS : ... le premier. Seriez-vous timide ?
BIEN PLUS CLÉMENTE AVEC LES FEMMES ?
C'est normal : La lune est une très vieille dame !

☽ : LA LUNE EN MAISON 4 : vous êtes très SECRET dans tous les domaines qui concernent cette maison ! Et votre INSPIRATION y fait merveille !
C'est celle : du foyer parental !
Quelle que soit l'enfance que vous avez eue, elle vous a profondément marquée ! Au point que tous les traumatismes, tous les faits remontant à votre tendre enfance, déterminent votre personnalité, votre attitude face au travail, à l'amitié, à l'amour. Votre sexualité, pleine de tabous et de frustrations, vous pose souvent problème, vous êtes la victime idéale des complexes d'Œdipe et autre désordre psychologique, du en partie à l'im-

pact qu'avait sur vous le couple de vos parents. Vous ne vouliez jamais leur déplaire et, quand vous avez remarqué quel lien physique l'amour entre eux implique, vous étiez choqué. En fait, vous êtes pur, pudique et désolé d'être tellement animal, charnel. La religion, les sectes, les croyances de tous ordres vous attirent, vous sécurisent, vous calment. Pour tisser avec un être humain de sexe opposé des liens durables, complets et épanouissants, vous êtes obligé de faire beaucoup d'efforts. Vous êtes bien plus à l'aise avec des personnes du même sexe que vous !

LES HOMMES : Vous avez du mal à faire confiance aux femmes. Mais vous avez aussi du mal à vivre sans elles.

LES FEMMES : vous apportez beaucoup d'amour, si vous fondez un foyer. Surtout à vos enfants.

VOUS NE PARLEZ JAMAIS : de vos souvenirs d'enfance. Vous devriez...
BIEN PLUS CLÉMENTE AVEC LES FEMMES ?
C'est normal : La lune est une très vieille dame !

☽ : LA LUNE EN MAISON 5 : vous êtes très SECRET dans tous les domaines qui concernent cette maison ! Et votre INSPIRATION y fait merveille !
C'est celle : des plaisirs, des créations, des enfants !
Avec cet aspect, vous avez un fort esprit de création : œuvres d'art, enfants, bricolage, hobbies divers et variés. Vous voulez laisser une trace ! Vous êtes aussi de grands amoureux. Sensuels, passionnés, dans votre vie de couple, vous faites passer la sexualité avant tout. Même si vous aimez beaucoup vos enfants (c'est le cas), vous ne les préférerez jamais à l'harmonie, à l'entente charnelle avec votre compagnon de route ! Bien sûr votre SOLEIL natal a son mot à dire, et, selon sa force, cet aspect sera atténué... ou exacerbé !

LES HOMMES : vous avez des attitudes très féminines et beaucoup d'amour pour les enfants ! Vous êtes de ceux qui prennent des congés parentaux, sans avoir l'impression d'y perdre votre virilité !

LES FEMMES : vous êtes séduisante et très sentimentale. Bonne mère, certes, mais surtout... quelle courtisane !

VOUS NE PARLEZ JAMAIS : de vos pulsions.
Mais nous ne sommes pas dupes !
BIEN PLUS CLÉMENTE AVEC LES FEMMES ?
C'est normal : La lune est une très vieille dame !

☽ : LA LUNE EN MAISON 6 : vous êtes très SECRET dans tous les domaines qui concernent cette maison ! Et votre INSPIRATION y fait merveille !
C'est celle : du quotidien, de petites maladies !
Avec cette configuration, vous somatisez rapidement et les petites tracasseries quotidiennes, surtout matérielles, monopolisent toute votre attention ! Mais vous ne laissez rien au hasard et voulez régler petits litiges, disputes pour qu'il n'y ait aucun malentendu ; ces derniers vous mettent mal à l'aise, vous gâchent l'existence. Mille petits bobos sont causés par le stress, engendré par la façon quasi maladive de tout prendre au tragique ! Vous êtes anxieux, un peu instable.

LES HOMMES : aiment les femmes minutieuses, nettes et soignées, qui ne laissent rien au hasard.

LES FEMMES : elles sont perfectionnistes !

VOUS NE PARLEZ JAMAIS : de vos phobies. Vous devriez !
BIEN PLUS CLÉMENTE AVEC LES FEMMES ?
C'est normal : La lune est une très vieille dame !

☽ : LA LUNE EN MAISON 7 : vous êtes très SECRET dans tous les domaines qui concernent cette maison ! Et votre INSPIRATION y fait merveille !
C'est celle : des associations, du mariage !
Vous avez du feeling pour vous associer, trouver des amis et, bien sûr, un partenaire pour la vie. Vous ne vous laissez pas submerger par votre subjectivité et vos critères de sélection sont stricts. Pour choisir un ami, il faut qu'il ait les qualités requises et pour un conjoint, c'est pareil ! Vous vous trompez rarement sur les gens, savez comment les appréhender, leur parler, les mettre à l'aise. Votre grande sensibilité fait de vous un ami merveilleux, disponible et compatissant. Jamais à court de mots qui soulagent, vous avez la réputation d'être agréable à vivre, toujours gentil. En fait : vous savez manipuler les gens, leur dire ce qu'ils veulent entendre ; mais cela n'enlève rien à votre gentillesse, elle n'est pas feinte !

LES HOMMES : parfois vous êtes (désagréablement) surpris d'avoir trouvé... ce que vous cherchiez !

LES FEMMES : méticuleuses et adroites, vous avez de multiples talents. Et pas tous artistiques !

VOUS NE PARLEZ JAMAIS : de vos problèmes relationnels.
Et peut-être avez-vous raison !
BIEN PLUS CLÉMENTE AVEC LES FEMMES ?
C'est normal : La lune est une très vieille dame !

☽ : LA LUNE EN MAISON 8 : vous êtes très SECRET dans tous les domaines qui concernent cette maison ! Et votre INSPIRATION y fait merveille !
C'est celle : de toutes les formes de mort, des échéances !
Vous êtes viscéralement dépendant des autres, de votre entourage. Votre mère, même si vous n'en êtes pas conscient et même si elle n'est plus de ce monde, vous influence et vous guide dans toutes vos décisions. Tous les changements sont pénibles pour vous : vous êtes si attaché à toutes vos possessions. Votre matérialisme vous donne la force de vivre vos séparations, car il est tangible : vous pouvez vous y accrocher ! Vous êtes de ceux qui ont des fétiches, des porte-bonheur et pour certains d'entre vous le nounours de leur enfance. Quand vous quittez quelqu'un, vous aimez en garder un souvenir : une photo, une mèche de cheveux, un bijou.

LES HOMMES : une femme exercera sur vous une fascination irrésistible !

LES FEMMES : les désirs de votre entourage ne vous échappent jamais : vous comprenez tout au quart de tour !

VOUS NE PARLEZ JAMAIS : de vos échecs. Osez !
BIEN PLUS CLÉMENTE AVEC LES FEMMES ?
C'est normal : La lune est une très vieille dame !

☽ : LA LUNE EN MAISON 9 : vous êtes très SECRET dans tous les domaines qui concernent cette maison ! Et votre INSPIRATION y fait merveille !
C'est celle : des grandes idées, des voyages !
Des grandes idées, oh oui, vous en avez ! Toujours conquis par la nouveauté, les grands savants, philosophes et penseurs vous fascinent ! Ouvert à tout, jamais dérouté, vous restez cependant un contemplatif. Très rarement vous mettez en pratique vos idées, vos envies d'évasion. On peut dire, sous certains aspects dans le reste du thème, que ces désirs latents restent les grands regrets de votre vie. Au moins, maintenant, votre thème vous fournit une explication !

LES HOMMES : sous cet aspect, vous prenez souvent une femme qui vient de l'étranger ou alors d'un milieu très différent !

LES FEMMES : plus vivement influencées par la lune, vos projets de voyage, de changement de pensée, de marginalisation, sont plus concrets ! Vous êtes de celles qui font souvent leurs valises !

VOUS NE PARLEZ JAMAIS : de vos projets ! Dommage !!
BIEN PLUS CLÉMENTE AVEC LES FEMMES ?
C'est normal : La lune est une très vieille dame !

☽ : LA LUNE EN MAISON 10 : vous êtes très SECRET dans tous les domaines qui concernent cette maison ! Et votre INSPIRATION y fait merveille !
C'est celle : de la profession, de votre image !
Vous ne savez pas dissocier votre milieu social de votre milieu professionnel. Vous êtes CE que vous faites. Vous n'osez pas dire ce qui vous déplaît au travail et ne tapez jamais du poing sur la table. En fait, si vous trouviez une faille dans ce domaine, votre vie en serait trop perturbée. Vous faites l'autruche, pour vous préserver ! Vous entraînez ainsi votre famille dans les choses que vous êtes censé faire seul, pour ne pas en porter l'entière responsabilité. Mais aussi, parce que vous ne faites pas vraiment la différence entre le domaine professionnel et le domaine privé. Votre esprit ne fait pas de détail : quand le bâtiment va, tout va !

LES HOMMES : vous ne vous sentirez jamais libre !

LES FEMMES : vous menez tout de front, avec efficacité !

VOUS NE PARLEZ JAMAIS : de vos désirs réels.
Vous gommez votre personnalité !
BIEN PLUS CLÉMENTE AVEC LES FEMMES ?
C'est normal : La lune est une très vieille dame !

☽ : LA LUNE EN MAISON 11 : vous êtes très SECRET dans tous les domaines qui concernent cette maison ! Et votre INSPIRATION y fait merveille !
C'est celle : du relationnel !
Votre grande sensibilité vous pousse vers les autres et vous êtes si émotif, si dépendant de l'amour que l'on vous donne, que votre vie, en fait, ne sera heureuse que si vous trouvez votre deuxième moitié de pomme.
Compatissant, gentil, tendre et toujours là pour les autres, même si votre SOLEIL natal n'est pas clément, vous ne savez pas être vraiment méchant et trouvez, dans chaque être humain, une raison de vous rapprocher de lui. Vous êtes souvent déçu, certes, mais vous êtes aussi de ceux qui savent être, pour un instant du moins, démesurément heureux !

LES HOMMES : vous recherchez une vraie complice de tous les instants, ni plus, ni moins !

LES FEMMES : vous êtes très rêveuse, idéaliste et, parfois, un peu fragile. Mais si craquante !

VOUS NE PARLEZ JAMAIS : de vos déceptions amicales.
Vous avez raison : ça ne sert à rien !
BIEN PLUS CLÉMENTE AVEC LES FEMMES ?
C'est normal : La lune est une très vieille dame !

☽ : **LA LUNE EN MAISON 12** : vous êtes très SECRET dans tous les domaines qui concernent cette maison ! Et votre INSPIRATION y fait merveille !
C'est celle : des épreuves, de ce qu'il faudrait parfaire !
Vous avez un authentique don de double vue. Pour vous, c'est bien plus que de l'intuition : vous sentez les choses. L'âme des hommes n'a que peu de secrets pour vous, vous percez à jour votre entourage.
Vous savez très bien comment les choses vont évoluer. Cet aspect vous donne beaucoup de charme et vous vous sentez bien : rien de surprenant ne peut vous arriver ! Vous avez un fort pouvoir de régénération, une force morale et des ressources pour rebondir, quoi qu'il arrive, puisque vous y êtes préparé.

LES HOMMES : cette sensibilité quasi féminine s'intègre avec plus ou moins de bonheur dans votre thème. Parfois elle est handicapante, votre virilité est mise à rude épreuve. Et parfois, surtout pour les artistes, un vrai don du ciel !

LES FEMMES : vos dons de voyance, de prémonitions, vous angoissent, vous fragilisent. Il vous arrive de vous isoler, de pratiquer l'introspection ! Mais quel talent !

VOUS NE PARLEZ JAMAIS : des autres.
On ne sait jamais ce que vous pensez des gens…
BIEN PLUS CLÉMENTE AVEC LES FEMMES ?
C'est normal : La lune est une très vieille dame !

☺😐☹ MERCURE : je suis !

(Faculté d'adaptation, de communication, intelligence et ingéniosité) Mercure nous montre dans quel secteur matériel notre intelligence va s'exprimer !

MERCURE fait le tour du zodiaque en 87 jours !

EN BÉLIER : impatience... et jeunesse (d'esprit !) ☺

Impatient et très fécond d'idées originales, vous avez toutes fois intérêt à les mettre en pratique tout de suite ! Si cela est impossible, vous gardez certes l'idée, mais la fougue est absente lors de sa concrétisation ! Pour vous, le dicton « sitôt dit, sitôt fait » est taillé sur mesure. Vos idées concernent le « court terme » ! Vous êtes combatif, ardent.
Il arrive qu'un natif ayant cette configuration ne soit plus entêté, plus obtus qu'il ne serait de mise. De peur de perdre son idée (fixe !) Peut-être ? Vous avez aussi l'art et la manière de changer d'idée au quart de tour ! Bref, toute l'impatience, l'insoumission de BÉLIER domine cet aspect. Mais aussi sa fraîcheur, sa jeunesse : vous aimez tous les médias, sacrifiez à toutes les modes, adorez la jeunesse, la beauté. Souriez, dans votre tête, vous ne serez jamais vieux !

ASPECT RÉTROGRADE : plus réfléchi, vous ne vous lancez pas tête baissée dans les choix dictés par votre intellect survolté. Vous êtes plus raisonnable. De vrais « flashs » vous soufflent de temps en temps des visions fulgurantes...

EN TAUREAU : patience, lenteur... et obstination ! ☹

Tant que l'on n'a pas réussi à vous convaincre, impossible de vous faire saisir un concept. Mais une fois que c'est fait, on peut dire que c'est gravé dans votre disque dur ! Obstiné, lent à la détente, vous avez horreur qu'on vous bouscule ! Petit, vous n'aimiez pas l'école : tout allait trop vite, on vous « malmenait ».
C'est vrai que vous êtes plutôt un manuel, pourtant vous aimez les jeux de l'esprit, car vous êtes souvent rusé et très fin, gourmet de mots et d'alexandrins autant que de petits plats. Les métiers manuels, de nos jours, vous conviennent tout à fait : vous savez aussi prendre en charge la partie théorique. Les langues étrangères vous posent encore un petit souci ?
Maintenant que votre ordinateur prend le relais, vous aurez tout votre temps. Il a toutes les patiences, et vous, un calme légendaire !

ASPECT RÉTROGRADE : pour vous, il n'y a qu'une façon de perdre son temps : c'est de trop réfléchir. Partisan des actes plutôt que des idées, on peut dire que les philosophes de la planète ne vendent pas leurs manuscrits à vos imprimeries ! Matérialiste et attaché à la terre, aux réalités, vous êtes un peu trop obstiné. Un conseil ? Ouvrez-vous aux autres, aux technologies nouvelles. Comment voulez-vous que le monde avance ?

EN GÉMEAUX : vous êtes (vraiment) ... génial... ☺☺☺

C'est-à-dire que vous avez du génie ! Votre intellect survolté concocte mille idées à la seconde, suivies par mille modes d'emploi et de plans pour les mener à bien !
Doté d'un vif sens de l'humour et de la repartie, non seulement vous avez toujours le dernier mot, mais en plus c'est souvent le mot de la fin !
Sympathique et ouvert, vous aimez les gens érudits et les plaisirs de la vie qui mêlent l'intellect et les valeurs matérielles !
Peu intéressé par les mondanités, vous êtes tant sollicité, vous aimez autant les soirées entre amis ou vous tenez le crachoir ! Rarement vulgaire, fin et cultivé, si vous aimez rire, vous n'aimez ni les bagarres, ni les cris, ni la violence. Pour peu que le reste du thème vous soit clément, vous êtes à l'aise partout et ce siècle est taillé pour vous. Quoi qu'il arrive, vous saurez faire face, avec intelligence et un formidable don d'adaptation. Bravo, mais c'est normal ! : MERCURE est la planète des gémeaux...

ASPECT RÉTROGRADE : sous de mauvais aspects, gare aux idées fixes, à l'obstination. Vous voulez parfois imposer vos idées à tout prix, créant des ambiances troubles, malsaines. Gare aussi à la dispersion, aux « chantiers » inachevés. Et n'oubliez pas : pierre qui roule, n'amasse pas mousse !

EN CANCER : introspection, rêve... et culte du passé ! 😐

On pourrait presque dire que votre mémoire vous sert d'intelligence. Intuitif, vous retenez plutôt les impressions que vous laissent les choses que les choses elles-mêmes, d'où une vision assez subjective de la vie. D'ailleurs, votre intelligence n'est pas universelle et se tourne surtout vers votre foyer, vos enfants et l'art : souvent vous êtes doté d'un fort talent artistique. Tendre et maternant, vous avez beaucoup de souvenirs et comme vous êtes un rien mélancolique, ils ne sont pas tous heureux. Vous vivez dans un jardin secret, peu enclin à en ouvrir les portes aux étrangers. Votre entourage familial est très important pour vous, vous êtes capable de grandes choses quand vous êtes soutenu... Mais dans le cas contraire, vous vous fermez et devenez méfiant, d'aucuns diraient même sournois !

ASPECT RÉTROGRADE : vous êtes (trop) lucide. Tout rêve doit trouver un départ dans la réalité. Moins utopique, vous êtes aussi moins artiste : vous savez compter, analyser et vous vous trompez moins sur les gens. Du coup, vous êtes plus ouvert, moins méfiant !

EN LION : originalité... et panache ! ☺

Vos pensées sont innovantes et originales et, surtout, toujours brillantes ! Vous vous imaginez posséder de multiples dons et, bien entendu, parmi tous vous en avez réellement quelques-uns ! Vous voudriez être au-dessus des contingences matérielles et vous admirez les gens qui y parviennent. Car il faut bien dire que malgré de réelles, sincères aspirations à être un pur esprit, le luxe et la richesse vous attirent. Je peux bien vous le dire : vous êtes surtout un matérialiste ! Vous vous cultivez souvent pas autant que vous l'affirmez, étant persuadé tout savoir ! Si vous le faites, il faut que ça se sache, vous faites plus de « pub » que de recherches sérieuses dans les domaines évoqués ! Mais avec tant de bonne humeur, de tapageuses affirmations, on ne demande qu'à vous croire !

ASPECT RÉTROGRADE : vous avez sur vous-mêmes peu d'illusions : lucide et droit vous vous ouvrez aux autres, acceptez leurs idées et vous cultivez davantage !

EN VIERGE : du rêve... et de la réalité ! 😐

Votre esprit enclin au rêve et à l'imagination vous permet de vous mettre très vite au diapason de la planète de l'intellect. Vous êtes rêveur et secret, mais votre cerveau fabrique mille images à la seconde, votre esprit échafaude mille contes fabuleux ! Vous apportez à vos travaux du soin et de la minutie. Vous avez une moralité saine, vous êtes scrupuleux. Vous décortiquez tout ce qu'on vous dit, et ne prenez rien à la légère !
Vous êtes toujours avide d'apprendre, et vous allez au bout des choses. Votre grande imagination vous ouvre bien des portes et votre endurance vous soutient dans l'effort. Économe, vous suivez jusqu'au bout, par exemple, les cours du soir que vous avez payés et vous y prenez même plaisir. Constante, la VIERGE ? C'est un pléonasme !

ASPECT RÉTROGRADE : vous vous focalisez sur les petits détails et ignorez les faits importants : voilà de quoi occuper toute une existence ! Cette façon de vous comporter donne une armature à votre vie, un fil conducteur. Souvent, chez certains natifs, cet aspect est la preuve d'une certaine étroitesse d'esprit. Mais chez d'autres, c'est purement stratégique ! Se casser la tête pour trancher de quelle couleur peindre le couloir est bien plus ludique que de se demander comment combler le « trou » de la sécu ! On ne peut pas tout faire...

EN BALANCE : adaptable... et communicatif ! ☺

Insouciant et aimable, vous vous exprimez bien et très facilement. Vous aimez les gens instruits et intéressants. Vous qui êtes dominé par LE signe de la diplomatie, devenez intolérant dans un seul cas : vous haïssez la bêtise. Les gens qui parlent pour ne rien dire, qui expriment des avis ineptes et qui monopolisent de ce fait la conversation, vous hérissent le poil !

Vous êtes curieux de tout et aucun domaine ne vous rebute. Attiré par les langues étrangères, mais aussi toutes les nouveautés, vous avez un esprit vif toujours à l'avant-garde. Aussi êtes-vous toujours prêt à apprendre ou vous perfectionner dans les domaines les plus divers. Jusqu'à ce qu'une occupation plus ludique ne vous fasse lâcher livres et cahiers !

ASPECT RÉTROGRADE : la vie vous contraint souvent à faire des choix clairs, rationnels, en dépit de votre envie d'arrondir les angles. Des faits déterminants vous dictent votre conduite, et vous êtes obligé, de gré ou de force, à vous y conformer ! Aussi votre destin est-il figé, vous avez souvent l'impression que les choses, les décisions importantes, vous échappent.

EN SCORPION : analytique... et rusé ! ☺

Cette planète exacerbe en vous votre esprit critique et analytique. Vous savez comment prendre les autres et les exploiter avec doigté ! Votre esprit machiavélique est toujours en éveil et contrairement au GÉMEAU qui ne sait pas se fixer, vous n'avez aucun mal à trouver votre terrain de prédilection !

Vous trouvez aussi les collaborateurs qu'il vous faut et savez tirer du plus humble la meilleure part. Fin et rusé, vous menez votre vie tambour battant, bien dans vos neurones, qui ne risquent pas la sclérose avec vous ! Attiré par de multiples domaines, autant les sciences exactes que la médecine ou l'ésotérisme, vous achetez revues et livres spécialisés et vous attelez à de multiples sujets d'études. Votre esprit synthétique tire rapidement la substantifique moelle de vos lectures en diagonale et vous êtes paré pour les débats d'idées !

ASPECT RÉTROGRADE : chez vous, tout le côté maléfique du SCORPION est écarté ! Vous êtes bienveillant et n'utilisez votre sensationnelle intuition que pour faire le bien des vôtres ! Vous ne conservez du signe que sa ténacité, sa grande curiosité, son envie d'aller au bout des choses. Un SCORPION « zen », en quelque sorte !

EN SAGITTAIRE : innovant et boulimique de connaissances ! ☺

MERCURE renforce, si possible, vos idéaux déjà hauts placés. Vous êtes avide de nouveautés et de progrès. Tout ce qui est neuf vous captive, vous avez la bougeotte intellectuelle et physique. Le monde n'est pas assez grand pour vous, vous aimeriez tout voir et tout connaître ! D'ailleurs le cosmos, la science-fiction, vous captivent également et Internet est pour vous une invention géniale. Vous aimez les voyages, vous êtes dynamique et sportif et si vous ne pratiquez pas, vous suivez tous les tournois, aussi bien de foot, que de tennis ou de ski.
Les domaines qui vous intéressent, vous les bûchez à fond, pour tout connaître et tout savoir. Mais seulement ceux-là !

ASPECT RÉTROGRADE : quand vous avez un idéal, vous l'exploitez à fond ! Plus question de vous disperser, de tâtonner. Vous vous spécialisez dans ce domaine, vous devenez incollable !

EN CAPRICORNE : de la réflexion... et de la rigueur ! ☹

Vous êtes intransigeant et rigoriste ! Et si ces qualités font merveille dans le domaine du travail et des finances, ici elles vous limitent et vous donnent des œillères. Pour vous c'est très souvent perdre son temps que de rester des heures à se livrer aux jeux de l'esprit, il y a tant de voyages et de promenades à faire : la nature est votre muse ! Vous n'oubliez rien (sauf ce que vous avez décidé de ne pas mémoriser !), mais assimilez avec lenteur !
Beaucoup de sujets vous intéressent et, comme vous adorez avoir raison, vous voulez savoir un maximum de choses pour clouer le bec à votre entourage. Hélas pour vous, votre intelligence pratique assimile avec lenteur (certes avec efficacité !) et il vous faut plus qu'une lecture en diagonale pour maîtriser la saga des bouilleurs de cru et autres sujets ludiques ! Les langues étrangères aussi vous posent problème et comme vous adorez les voyages vous êtes un peu fâché avec le fonctionnement de vos neurones !

ASPECT RÉTROGRADE : tout en étant méfiant et ayant les caractéristiques dans ce domaine du CAPRICORNE, une certaine foi, une sorte de clairvoyance vous empêche d'avoir ces fameuses œillères si répandues chez ce signe pragmatique. Plus ouvert, plus jovial, vous êtes aussi plus sympathique !

EN VERSEAU : spirituel... et charmant !

Vous êtes un esprit toujours à l'avant-garde, attiré par la nouveauté et les voyages (surtout culturels). Ouvert à tout et surtout à tout le monde, pour vous tous les avis sont bons ou du moins enrichissants. Vous avez beaucoup d'humour, souvent teinté d'ironie et s'il vous arrive d'être caustique, vous êtes rarement méchant. Vous cultivez l'auto dérision avec brio ! À l'écoute et très attiré par l'être humain, vous êtes de ceux qui cherchent vraiment des solutions pour aider les autres. Vos idées, toujours originales, voire marginales, visent à vous procurer, bien sûr, un mieux-être, mais jamais au détriment du bonheur des autres. Vous êtes capable de pas mal d'actes gratuits et heureux de faire plaisir. Un humaniste vous ? Peut être bien !

Vous apprenez ce qui vous plaît avec facilité, mais gare aux sujets imposés. Vous faites un blocage et mettez une mauvaise foi évidente à les assimiler.

ASPECT RÉTROGRADE : vous utilisez votre vive intelligence, votre indomptable esprit à toute heure, tous les jours. Chaque réflexion de votre entourage est pour vous sujet d'étude et vous reclassez inlassablement les gens dans une échelle des valeurs dont vous êtes le seul détenteur ! Au point de perdre pied et de vivre assez mal vos retours sur terre !

EN POISSON : perméable... sentimental !

Vous avez l'intelligence du cœur, attiré par les œuvres humanitaires. Vous aimez les arts et la musique. Très souvent vous gagnez votre vie en tant qu'artiste (et souvent, d'ailleurs dans la musique ou le chant), mais de toute façon vous y trouvez un refuge, c'est plus qu'un hobby : une nécessité !

Votre grande sentimentalité vous donne des envies de bonheur, d'absolu. Vous vibrez à toutes les émotions, elles vous font avancer dans la vie, vous guident dans vos choix. Vous êtes un vrai gentil, tendre doux et compatissant.

Vous avez envie de tout savoir sur tout et une vraie patience pour vous instruire. Vous avez le don des langues vivantes, une vraie attirance pour le domaine artistique et philosophique. Vous êtes, ou avez été un élève studieux et attentif. Oui, vraiment, un vrai gentil, ce POISSON !

ASPECT RÉTROGRADE : vous avez beaucoup de mal à vous exprimer, à communiquer. C'est d'autant plus regrettable que vos intuitions sont bonnes, vos avis très pertinents. La simple conversation est pour vous difficile, alors que votre richesse intérieure et spirituelle est immense. Vous perdez ainsi toute chance de démontrer vos multiples talents, car, dans ces conditions, on vous voit mal déclamer des vers où pousser la chansonnette ! Dommage !

MERCURE DANS LES MAISONS

MERCURE EN MAISON 1 :

VOUS METTEZ VOTRE INTELLIGENCE AU SERVICE DE CETTE MAISON ! C'est celle de l'ascendant, de votre personnalité.

Votre intelligence, votre personnalité et la façon de paraître ne font qu'un ! Votre fort intellect régit tous les domaines de votre vie. D'emblée, vous les englobez tous, c'est-à-dire : vous comprenez une situation dans sa globalité à l'instant même où vous êtes confronté avec elle. Vous en tirez instantanément tous les aspects : matériels, intellectuels et ludiques. On peut dire que vous êtes équilibré, bien ancré dans la réalité, au courant des choses essentielles à la vie. Pour les autres, vous êtes un vrai phare : avec vous, pas question de se perdre dans le brouillard. Vous êtes très précieux, on vous aime pour tout ça !

VOUS NOUS IMPRESSIONNEZ : quelle classe !

MERCURE EN MAISON 2 :

VOUS METTEZ VOTRE INTELLIGENCE AU SERVICE DE CETTE MAISON ! C'est celle des biens matériels.

Vous mettez toute votre intelligence au service de vos intérêts ! Rusé, voire machiavélique pour les défendre, vous avez l'étoffe d'un homme (ou d'une femme) d'affaires ! Vous êtes carrément génial pour améliorer votre milieu de vie, votre maison, votre jardin. Vos conversations favorites n'abordent pas des sujets futiles : vous êtes attiré par les discours qui font avancer les choses, surtout matérielles. Vous êtes efficace, un peu terre à terre et bien plus préoccupé par la réalité que par les utopies.

Vous aurez toutes fois du mal à faire des économies, sauf si vous avez MERCURE dans un signe de TERRE !

VOUS NOUS RASSUREZ : un vrai roc !

MERCURE EN MAISON 3 :

VOUS METTEZ VOTRE INTELLIGENCE AU SERVICE DE CETTE MAISON ! C'est celle de la communication, ça tombe bien !

Viscéralement tourné vers les échanges, vous communiquez par tous les moyens possibles ! Les écrits, le téléphone, le fax, les prises de parole en public et les diatribes entre voisins. Bref, vous faites vôtre la boutade : « Ce n'est pas parce qu'on n'a rien à dire qu'il faut se taire ! ».

Si votre MERCURE est dans un signe...

De TERRE : timide et prudent, vous êtes toutes fois plus prolixe en paroles qu'un signe de terre « habituel ». Vous possédez un beau timbre de voix et chantez souvent fort bien, surtout avec MERCURE en TAUREAU. C'est d'ailleurs une des facettes de votre talent à ne pas négliger. Si si, essayez de chanter sous votre douche, pour voir !

D'EAU : vous ne parlez pas pour ne rien dire, vos discours sont souvent à but éducatif et vous êtes plus bavard en famille, entre amis, que lorsque vous ne connaissez pas votre public. Votre voix, souvent douce, masque le venin de vos paroles, en effet votre langue de vipère est une de vos armes !

D'AIR : à l'école déjà, vous étiez volontaire pour les exposés. Pas timide, vous aimez au contraire vous exprimer et adorez le téléphone : c'est rapide et sans contraintes. Vous aimez raconter des histoires et les mauvaises langues vous trouvent un rien menteur. Ils sont sûrement jaloux de votre grande facilité à vous exprimer ! Il vous arrive de crier, mais vous n'avez pas vraiment de coffre. Les contrariétés vous laissent sans voix, au vrai sens du terme !

De FEU : enthousiaste et volubile, parler ne vous fait pas peur. C'est une de vos façons de convaincre, de vous affirmer. Souvent puissante, votre voix porte loin, vous êtes de ceux que l'on entend arriver, avant de les voir. Vous n'avez pas peur de vous exprimer, ça va de soi, mais êtes capable de vous taire quand on vous contredit. Vexé, vous êtes alors fort capable de ne plus vous manifester !

MERCURE EN MAISON 4 :

VOUS METTEZ VOTRE INTELLIGENCE AU SERVICE DE CETTE MAISON !
C'est le foyer parental.
Sous cet aspect, vous mettez votre intelligence au service de la famille, du foyer. Certainement avez-vous grandi dans une famille où les échanges intellectuels tenaient une place de choix et vous avez gardé le goût des milieux agréables, baignés dans une communauté d'esprit.
De toute façon vous vous sacrifiez (intellectuellement) pour les vôtres, élevez vos enfants dans l'amour d'une certaine culture et entretenez avec votre compagnon de vie des rapports aussi intellectuels que physiques.
Même si ces échanges ne concernent que le quotidien, ils ont le mérite d'exister : vous avez besoin de complicité dans les épreuves qui touchent votre foyer.
Si vos frères et sœurs n'ont pas vos idées, vos relations seront difficiles, mais vous mettrez tout en œuvre pour arrondir les angles.
Avec MERCURE en CANCER, la cellule familiale est le centre de votre vie !

VOUS NOUS DONNEZ LE GOÛT DE LA FAMILLE !

MERCURE EN MAISON 5 :

VOUS METTEZ VOTRE INTELLIGENCE AU SERVICE DE CETTE MAISON ! C'est celle des plaisirs, des créations, enfants y compris.
Vous vivez en parfaite symbiose avec les enfants, les vôtres ou les autres, peu importe ! Ils sont pour vous une source inépuisable d'enrichissement ! Vous apprenez à leur contact et ils s'épanouissent au vôtre ! Vous restez très longtemps jeune, voire enfantin, dans la manifestation de vos plaisirs et de vos joies. Vous aimez rire et vous amuser, les joutes verbales et les gens qui ont du bagou vous plaisent ; mieux : ils vous fascinent ! Jovial et gai, vous donnez l'impression d'être toujours de bonne humeur.
Vous apportez aussi beaucoup de fantaisie à vos relations amoureuses, inventif et mutin vous êtes un partenaire sexuel très prisé ! Vos plaisirs sont intellectualisés et vous avez souvent de vrais dons artistiques, vérifiez-le dans le paragraphe qui suit, selon que votre **MERCURE** est dans un signe...

D'AIR (VERSEAU, GÉMEAUX, BALANCE) : Vos plaisirs sont très intellectualisés, vous êtes d'une intelligence universelle et très vive. Vous avez de l'esprit, et souvent beaucoup d'humour ! Avec MERCURE en GÉMEAUX : vous confinez au génie !

VOUS ÊTES OUVERT ET SOURIANT.

D'EAU (CANCER, POISSONS, SCORPION) : vous raisonnez avec vos sentiments ! Très proche des autres vous voulez avant tout comprendre les choses avant de juger. Souvent doué pour la musique, la poésie, la peinture, vous êtes un sentimental et aimez les messages tendres : l'agressivité est pour vous une arme pour vous défendre ! Il n'y a que le SCORPION qui, emporté par une part de férocité, s'en fait parfois une seconde nature ! Ça n'empêche pas les sentiments !

VOUS ÊTES GENTIL, SOURIANT ET TRÈS MATERNANT !

De FEU (LION, BÉLIER, SAGITTAIRE) : Vous avez des idées brillantes ou au moins êtes-vous persuadé d'en avoir ! Vous savez tout et avant tout le monde, aussi n'ose-t-on pas trop vous contredire ! Vous mettez votre esprit au service de vos besoins matériels très importants, on ne peut pas dire que vous êtes un intellectuel pour le « fun ». Plutôt rusé et malin, vous cultivez les (bonnes ?) idées pour vous enrichir !

VOUS ÊTES SOUVENT GAI ET UN PEU TAPAGEUR !

De TERRE (TAUREAU, CAPRICORNE, VIERGE) : vous êtes l'ennemi juré des gens qui restent les 2 pieds dans le même sabot, même s'ils prétendent cogiter et par conséquent ne pas perdre leur temps !
Vous vous épanouissez dans l'action, le travail, les résultats tangibles.

Vous avez du mal à vous concentrer des heures sur un sujet abstrait et préférez les randonnées pédestres, le travail des champs et la vie au grand air. La VIERGE vous rendra minutieux le TAUREAU ambitieux.

VOUS ÊTES TIMIDE ET MÉFIANT EN SOCIÉTÉ :
IL FAUT VOUS APPRIVOISER !

MERCURE EN MAISON 6 :

VOUS METTEZ VOTRE INTELLIGENCE AU SERVICE DE CETTE MAISON !
C'est le quotidien, la profession, les petites maladies.
Vous vous appliquez à vivre le quotidien avec un maximum de philosophie, ce qui ne vous empêche pas d'être parfois irritable, nerveux. C'est vrai que cette Maison ce n'est pas votre tasse de thé, pourtant vous mettez beaucoup de bonne volonté à accomplir les tâches routinières ! Pour compenser, vous améliorez votre « home », y apportez originalité, confort, modernisme !
Vous changez d'ailleurs souvent d'emploi ! Votre rapidité intellectuelle vous aide à cerner très vite les tenants et aboutissants d'une situation, aussi vous ennuyez-vous très vite et cherchez ailleurs quelque chose de neuf, d'exaltant ! Cette attitude concerne aussi votre cercle amical et amoureux !
La routine vous angoisse et vous ennuie plus que les autres, le métro boulot dodo, ce n'est pas fait pour vous. Pourtant, vous aimeriez bien rentrer dans ce moule, mais MERCURE vous titille et vous pousse ailleurs !
Votre santé, (surtout les poumons, le système nerveux) est fragile. Avec MERCURE dans un signe d'AIR, vous avez encore plus la bougeotte !

VOUS NOUS CAPTIVEZ !

MERCURE EN MAISON 7 :

VOUS METTEZ VOTRE INTELLIGENCE AU SERVICE DE CETTE MAISON !
C'est celle des associations, du mariage.
Vous tissez avec tout le monde des liens pétris d'intelligence, de compréhension, d'amour. Vous n'imaginez pas une vie sans contacts, bref, sans les autres ! Toutes vos initiatives, vous les prenez en tenant compte de vos congénères : vous faites rarement les choses en solo, surtout tout ce qui est culturel : cinéma, théâtre, spectacles divers ; mais aussi cercles de culture, de sport. Vous privilégiez les soirées entre amis, on ne s'ennuie pas avec vous. Votre conjoint a toute votre indulgence : vous vous mettez en 4 pour le comprendre !
Vous essayez, d'ailleurs, de comprendre tout le monde et à vos yeux il n'y a pas de mauvaise idée, d'avis erroné : vous êtes ouvert à tout. Ceci ne vous évite pas d'avoir un esprit critique, mais il est constructif. À votre contact, on se sent grandir !

VOUS NOUS FAITES DU BIEN !

MERCURE EN MAISON 8 :

VOUS METTEZ VOTRE INTELLIGENCE AU SERVICE DE CETTE MAISON !
C'est celle de toutes les morts, physiques et morales.
Cette MAISON, qui est celle de la mort, des transformations, a sur la planète deux influences ! Certains astrologues n'en voient qu'une : un détachement, voire du cynisme face aux épreuves et un manque de sensibilité qui aide les natifs à tout supporter.
Mon avis rejoint les astrologues les plus récents qui voient dans cet aspect une facilité à changer dans la vie plusieurs fois de personnalité. Ces multiples facettes que ce natif dévoile conviennent à la vie actuelle qui ne nous laisse plus nous reposer sur nos lauriers ! Amenés par la conjoncture économique à changer d'emploi, de partenaires, voilà un bon aspect, je n'en démords pas. Plus en phase avec l'idée éthérée que je me suis faite de MERCURE, c'est la manière qu'a cette planète de faire face aux tourbillons de la vie !

VOUS ÊTES TRÈS « TENDANCE » !

MERCURE EN MAISON 9 :

VOUS METTEZ VOTRE INTELLIGENCE AU SERVICE DE CETTE MAISON !
C'est celle des grandes idées, des voyages.
Vous avez de hautes aspirations ! Quel que soit votre domaine de prédilection (la religion, les études les plus diverses, la finance, les voyages…), vous placez la barre très haut et ne souffrez pas l'enlisement. Vous avez un vif besoin d'expansion et mettez votre intelligence au service des sujets d'actualités, sans vous encombrer d'anciens préjugés. Vous voyez loin et prenez par rapport aux faits assez de distance pour ne pas vous laisser influencer. Vous aimez les voyages que vous préparez avec soin et quelle que soit votre façon de voyager, vous en tirez des enseignements. Dans votre tête, vous ne vieillissez jamais, vous avez mille projets et mille idées pour les mener à bien ! Votre seul handicap, c'est de vous laisser entraîner par le dernier qui a parlé, vous allez parfois un peu vite, vous êtes si enthousiaste

VOUS ÊTES UN VIF-ARGENT ! (autre nom pour le mercure…)

MERCURE EN MAISON 10 :

VOUS METTEZ VOTRE INTELLIGENCE AU SERVICE DE CETTE MAISON !
C'est celle de la profession, de l'impact sur les autres.
Selon votre signe solaire, vous êtes un personnage clé dans la société, qui met ses brillantes idées et sa facilité d'expression au service de son ascension sociale.
Les professions libérales, mais aussi les métiers de la plume, des arts mais aussi la politique, le théâtre, le cinéma vous sont ouverts. La légendaire

facilité d'expression conférée par MERCURE est à son apogée, tout votre être tend à s'exprimer, passer aux autres le message de sa personnalité riche, rayonnante, aux multiples facettes. Jouer les « Back street », ce n'est pas votre tasse de thé ! Non pas par coquetterie, mais vous avez réellement l'impression de DEVOIR vous exprimer.
Si votre thème n'est pas clément avec vous, vous savez au moins, avec cet aspect, véhiculer avec brio les idées des autres !

VOUS ÊTES UN PERSONNAGE PUBLIC !

MERCURE EN MAISON 11 :

VOUS METTEZ VOTRE INTELLIGENCE AU SERVICE DE CETTE MAISON ! C'est celle du relationnel.
Vous êtes un autodidacte, original et indépendant. Parfois révolté, vous êtes volontairement en marge des idées et de la façon classique de les inculquer. Rebelle face à la vie, vous ne voulez pas penser comme tout le monde et votre première mesure c'est d'être hyper permissif avec vos proches. Vous voulez laisser votre marque et aimez savoir que vos idées étonnent et amusent, même si elles ne font pas l'unanimité. Vous avez besoin du regard des autres dans tout ce qui touche à l'intellect et même si vos penchants ne sont pas tous humanistes, le bien-être du monde est toujours évoqué ! Si le reste du thème est bon, vous arriverez à trouver un équilibre intérieur, grâce à la souplesse de votre intelligence.

VOUS ÊTES UN MARGINAL, GÉNIAL ET SYMPATHIQUE !

MERCURE EN MAISON 12 :

VOUS METTEZ VOTRE INTELLIGENCE AU SERVICE DE CETTE MAISON ! C'est celle des épreuves, des mauvais penchants, de ce qu'il faudrait changer !
Vous aspirez au sublime, rien de moins, vous vivez au rythme de vos émotions. Vous idéalisez toutes les étapes de la vie : profession rêvée, ménage heureux, enfants parfaits...
Vous ressentez tout très fort et le fait que les autres ne puissent pas capter l'intensité des choses (alors qu'elle n'a pas de secrets pour vous) vous rend agressif. Vous vous sentez mal aimé, incompris ! On peut vous souhaiter de vous consacrer à une tâche qui vous tienne à cœur et la mener à bien. Trouvez votre seconde moitié de pomme : votre bonheur est à ce prix ! Vous aurez alors une sensation de plénitude : vous positiverez !

VOUS ÊTES EXALTÉ ET... EXALTANT !

♥♥ VÉNUS ♥♥

(amour, beauté, sensualité, affectivité)

VÉNUS est une planète rapide,
qui fait le tour du ZODIAQUE en 224 jours.

Très importante dans un thème, au même titre que MARS et MERCURE, elle donne le ton de nos amitiés, de notre facilité de contacts, de nos sentiments. Plus soft que MARS, qui régente nos pulsions sexuelles, cette planète parle d'harmonie, de nos facultés à mettre, ou non, du liant dans nos relations...

En BÉLIER : JE SUIS AMOUREUX. OUI, MAIS CETTE FOIS-CI...

Ou l'amour sur les chapeaux de roues, vite gagné, vite perdu, vite... remplacé !

Dans le domaine des sentiments, le BÉLIER est aussi fougueux que dans tous les autres. C'est un amant inventif et sportif qui vous prouve son amour avec flamme et efficacité. Il privilégie dans sa vie les actes aux grands discours dans lesquels il n'est pas à l'aise.
Ami fidèle s'il en est, vous pouvez compter sur lui s'il vous promet son aide. Rapide à faire connaissance, très attiré par la nouveauté, il est de ceux qui trompent leur partenaire par désir de connaître d'autres voluptés ! En effet, il se lasse vite, il est de ces enfants qui cassent les jouets pour voir ce qu'il y a à l'intérieur, et qui ne tiennent pas en place dans le car d'excursions !
C'est un passionné qui aime impulsivement, sujet aux coups de foudre et aux feux de paille. Un peu naïf, on peut le manipuler pour peu qu'on flatte son orgueil.

ASPECT RÉTROGRADE : Vos sentiments, ceux des autres : pour vous, pas de différence. Vous n'envisagez pas une seconde qu'une personne que vous aimez ne vous aime pas ! Vos sentiments sont aveugles, exigeants et exclusifs. Par prudence, vous devriez attendre que l'on vous dise qu'on vous aime : ainsi votre flamme ne souffrirait d'aucune frustration !

En TAUREAU : À MOI TOUS LES PLAISIRS : JE SUIS AMOUREUX !

Les lettres de noblesse de l'amour !

Dans cette configuration, VENUS est en domicile, donc elle renforce l'amour sous toutes ses formes... de préférence voluptueuses !

Tous vos penchants sont exaltés, que ce soit celui pour la bonne chère, celui pour le sexe opposé ou des choses nettement moins avouables ! Sous un mauvais aspect, nous pouvons aussi dire que VÉNUS vous pousse au stupre et à la débauche.
Souvent les gens aspectés ainsi aiment l'art et chantent même fort bien ! De bonne compagnie, gais et charmants, vous êtes aussi fidèles et bons parents. Tout ce qui touche aux racines est primordial pour vous, que ce soient les racines de la terre ou celles, plus littéraires, de vos origines et de vos pensées. Très peu attiré par les grandes phrases et les promesses en l'air, vous êtes, comme tous les signes de TERRE, l'éternel matérialiste qu'il faut convaincre par des actes… Mais vous êtes aussi de ceux avec qui il est agréable de construire sa vie !

ASPECT RÉTROGRADE : sentimental et excessivement possessif, ce natif est également incapable d'évoluer au sein d'une relation. Sa naïveté, due à sa rigidité de comportement, le place souvent face à de cruelles déceptions. Un conseil au natif : quand vous êtes amoureux, n'oubliez pas le reste du monde. Car le monde, lui, continue de tourner !

DANS LE SIGNE DU TAUREAU VÉNUS EST EN DOMICILE
C'EST-À-DIRE QU'ELLE DONNE SA PLEINE MESURE !

EN GÉMEAUX : CHIC, JE SUIS AMOUREUX !

L'intellect au service des sentiments, si ce n'est pas palpitant, au moins… c'est serein !

Vous êtes plein de tendresse quand vous êtes amoureux, même si vous donnez plus l'impression d'être amical ! Pour vous amour ne rime pas avec souffrance, vous vous comportez plutôt comme un bon ami qu'on mettrait dans son lit : vous ne vous prenez pas la tête !
Légers et pleins d'humour, vous savez comme personne détendre l'atmosphère, vous ne dramatisez pas et ne vous opposez jamais au dialogue. Et quand il n'est plus possible : vous vous éclipsez !
Vous êtes curieux de tout et de tout le monde dans le domaine amour/amitié et certaines mauvaises langues diraient même que vous êtes infidèles : vous voulez goûter à tout !
Dans le domaine des sentiments, vous gardez beaucoup de candeur et de jeunesse. Dans le cas extrême on pourrait vous traiter de coureur de dot, mais vous êtes si charmant. Vous êtes des gendres et de brus très appréciés !

ASPECT RÉTROGRADE : vous avez un grand problème : vous ne vous aimez pas vous-même. Alors bien sûr, dur d'aimer les autres, puisque vous manquez terriblement de confiance en vous. Vous ne savez pas sur quel pied danser et vous n'appréciez pas que l'on vous dise qu'on vous aime. Et vous savez pourquoi ? Vous ne le croyez pas !

EN CANCER : QUEL BONHEUR, JE SUIS AMOUREUX !

Quel romantisme !

Oui, vous êtes, on peut le dire, le vrai sentimental, l'amoureux transi qui aime les romans d'amour, les chansons d'amour et toutes les histoires d'amour qui finissent bien.
Le CANCER étant le signe du logis et des joies familiales vous rêvez, bien entendu, du mariage en blanc avec église et grandes orgues. Les enfants seront pour vous source de bonheur et l'on ne peut que vous souhaiter une union heureuse car vous ne voyez pas la vie autrement. Votre chez vous sera douillet, confortable et accueillant, et vous aimerez recevoir dans l'harmonie et le bon ton. Vous n'aimez pas les soirées trop arrosées qui dégénèrent, les scènes de violence. On vous apprécie pour votre douceur et votre gentillesse. Vous avez la larme facile et le cœur tendre !

ASPECT RÉTROGRADE : vous ne vous sentez pas à la hauteur des sentiments des autres, vous ne vous en jugez pas digne... Aussi courez-vous après des amours impossibles ou faites durer des relations ineptes. Ce faisant, vous serez presque sûr d'avoir raison : vous ne méritez (trouverez ?) pas l'amour subliminal auquel vous aspirez !

EN LION : LE ROI EST AMOUREUX DE LA REINE : BATTEZ TAMBOURS !

Ou l'amour exalté !

À l'instar de l'animal dont vous êtes le symbole, vous êtes royal en tout même en amour ! Vous êtes plus sexuel que romantique et très exigeant avec votre partenaire. Vous le choisissez d'ailleurs avec un physique avantageux, car le souci de votre image vous pousse à briller dans ce domaine-là aussi ! Vous n'aimez pas la médiocrité et souffrez dans votre orgueil si vos enfants ne sont pas parfaits.
Quand vous êtes amoureux, vous ne connaissez aucune mesure et rien n'est trop beau pour sublimer des moments rares que vous organisez avec brio ! À vous les week-ends dans les palaces et les croisières romantiques ! Vous êtes fidèles et attentifs à votre famille que vous aimez nombreuse et admirative. Vous aimez la flatterie et, à condition que l'on ne vous déçoive pas, on peut tout vous demander ! Avec l'âge vous devenez un patriarche jamais à court de conseil et d'écoute. Plus vous vieillissez, plus on vous apprécie !

ASPECT RÉTROGRADE : vous ne savez pas choisir, vous êtes en décalage avec l'image que vous avez de vous, donc, par ricochet des autres ! Vous vous inventez des affinités, vous forcez à des sentiments que vous êtes loin d'éprouver avec des créatures prestigieuses qui vous conviennent rarement. Malheureux, déçu, votre isolement vous fait toutes fois réfléchir et si un brin de lucidité vous reste, vous finirez par trouver l'amour sans ors ni parures qui vous convient !

C'EST AUSSI L'IMPACT QUE NOUS AVONS SUR LES AUTRES !
ET L'IMPACT POUR UN LION, C'EST VITAL !

EN VIERGE : QUELLE GALÈRE, JE SUIS AMOUREUX !

Ou la méfiance dans les sentiments les plus beaux !
Hé oui ! VÉNUS en VIERGE est peut-être la configuration la plus cruelle, car vous avez beaucoup de mal à faire confiance. Vous vous méfiez de tout, de tout le monde et quand on évoque la douce VÉNUS, il en va de même ! Comme vous êtes très rêveur, vous imaginez des scénarios féeriques et quand le monde réel s'impose à vous dans toute sa cruauté, vos idéaux s'écroulent comme un château de cartes !
Réaliste et lent à changer, les peines de cœur sont chez vous longues à guérir et vous laissent de profondes cicatrices. Tour à tour libertin puis très chaste, vous êtes dur à contenter en amour. Vous êtes bien trop idéaliste. Quand on vous dit qu'on vous aime, vous vous demandez tout de suite ce que ça va vous coûter en ennuis et en temps perdu !
Rêveur et plein d'imagination, vous avez pourtant souvent songé à ce moment, mais vous avez l'art et la manière de faire fuir vos prétendants. À force de leur demander de montrer patte blanche et de vérifier leur emploi du temps vous venez à bout des plus coriaces. Par conséquent vous êtes souvent des solitaires, plongés dans vos livres et votre monde en vase clos.

ASPECT RÉTROGRADE : Vous vous refusez le bonheur d'aimer et d'être aimé par peur d'être déçu. Aussi, frustré, frustrant et mal dans votre peau, vous ne faites pas que des heureux. À votre décharge : vous n'êtes pas heureux non plus !

EN BALANCE : MON AMOUR, comme je t'AIME !

Ou le raffinement en amour !
Rêveur, romantique, sentimental, vous êtes en plus délicieusement sensuel ! Vous donnez à l'amour ses lettres de noblesse, car tout en étant avec l'élu de votre cœur d'une exquise politesse, vous ne sombrez pas dans le platonique !
Vous êtes un amant (ou une amante) inventif et tendre, qui n'oubliez ni le bouquet de roses, ni le compliment qui fait tant plaisir et que tant d'autres oublient ! Vous aimez que votre partenaire soit élégant et vous n'aimez pas la vulgarité. On vous dit un peu aguichant, mais c'est par amour de l'amour que vous agissez ainsi, c'est pour cela que vous êtes aimable et ouvert avec tout le monde ! Le flirt et les béguins superficiels vous comblent d'aise : vous faites tant plaisir sans vous engager ! Et si les esprits chagrins vous trouvent léger, dites leur qu'ils sont sinistres !

ASPECT RÉTROGRADE : vous n'êtes jamais sûr ni de vos sentiments, ni de ceux des autres ! Vous avez beaucoup de mal à vous laisser aller, cette méfiance vous ronge et vous empêche de vous épanouir.
Vous êtes de ceux qui préfèrent être choisis, que de choisir, tant votre crainte de vous tromper est grande. Dommage !

EN SCORPION : AU SECOURS, JE SUIS AMOUREUX !

Ou bien l'amour souffrance !
Vous vous plaisez à voir dans l'être aimé le coupable de tous vos tourments. Jamais rassasié de déclarations enflammées et de nuits blanches, vous vous torturez à plaisir et, bien entendu, souvent sans raison. Vous êtes un amant passionné et dur à satisfaire qui n'a de limites dans l'amour physique que celles qui sont dictées par son partenaire ! En amitié aussi, vous demandez tout, aussi avez-vous peu de vrais amis, vous êtes bien trop exigeant ! C'est peu de dire que vous êtes jaloux et possessif !
Vous êtes rarement heureux car vous êtes bien trop inquiet et tendu ! Vous savez que vous demandez beaucoup, mais c'est bien plus fort que vous !
L'amour déçu peut vous amener à des excès regrettables, essayez plutôt de canaliser vos forces dans les œuvres sociales et charitables qui vous apporteront plus de joie. Ou alors vers votre famille que, en digne signe d'eau, vous aimez tendrement.

ASPECT RÉTROGRADE : quand vous êtes amoureux, vous l'êtes corps et âme. Votre désir fusionnel est poussé à son paroxysme et à part quelques personnes capables de se donner entièrement, vous avez du mal à vivre sereinement une relation amoureuse. Vous voulez tout, tout de suite, sans conditions...

EN SAGITTAIRE : JE SUIS AMOUREUX D'UN ÊTRE EXCEPTIONNEL !

Ou comment regarder quelqu'un avec les yeux de l'amour !
Vous êtes très généreux avec l'être aimé, vous le placez sur un piédestal à la démesure dont vous faites souvent preuve quand les sentiments sont en jeu.
Amant fervent et fougueux vous prouvez votre attachement par tous les gestes de l'amour !
Comme tous les signes de FEU, vous êtes fier de l'élu (e) de votre cœur et n'êtes pas de ceux qui se cachent pour aimer. Sincère et loyal, vous êtes capable de fidélité, malgré votre forte libido. Rien n'est trop beau pour l'amour de votre vie et vous aimez longtemps avec l'enthousiasme propre aux signes de feu !
On peut quand même dire que vous êtes assez dragueur, beau parleur et n'êtes pas à un bon mot près pour séduire !
Vous êtes aussi un ami plein d'humour, un père (ou une mère) qui attache à l'instruction de ses enfants beaucoup d'importance et un grand amateur d'animaux que vous comprenez et aimez profondément.

ASPECT RÉTROGRADE : quelle que soit votre vie amoureuse, vous n'en êtes pas content ! Il se peut, avec cette configuration, que vous soyez un dragueur invétéré, ou au contraire que vous vous condamnez à une chasteté forcée ; mais de toute façon, vous n'avez pas la vie sentimentale qui vous convient !

EN CAPRICORNE : ENFIN, JE SUIS AMOUREUX!

Ou le sérieux au service de l'amour!

On ne pourra pas vous reprocher de choisir la personne de votre vie avec trop de détachement: bien au contraire! Il est vrai que pour vous convenir il faut réunir un certain nombre de qualités avant de faire battre votre cœur! Pour vous le mariage est une chose trop importante pour la prendre à la légère et vous choisissez avec soin la mère ou le père de vos futurs enfants (car qui dit amour dit mariage avec, bien sûr, des enfants!), avec des critères physiques, moraux et... financiers!
D'ailleurs c'est pour cette seule (?) raison que, jeune, vous changez souvent de partenaire: une fois que vous êtes fixé et sûr de votre choix, vous êtes fidèle jusqu'à la mort!
La vie de famille est la seule qui pour vous vaille la peine d'être vécue! C'est pour cela que vous ne voulez pas faire fausse route. Vous faites beaucoup de sacrifices pour maintenir la cellule familiale!
Vous aimez beaucoup vos aïeux et il n'est pas rare que vous les preniez en charge dans leurs vieux jours.
Vous travaillez inlassablement au bonheur des vôtres, avec le sérieux que vous mettez en toute chose!

ASPECT RÉTROGRADE: austère et ascétique dans vos sentiments, vous adoptez vis-à-vis des autres une attitude qui décourage les élans! C'est pour vous une garantie contre les attachements éphémères.
Un jour, il vous arrivera peut-être d'éprouver un sentiment étrange, grisant et... encombrant! Mais oui: c'est ça l'amour!

EN VERSEAU : AMOUR OU AMI?... DÉCIDEZ-VOUS!

Ou l'amour amitié dans toute sa splendeur!

Un VERSEAU dira plusieurs fois dans sa vie qu'il vous aime et il ne mentira pas. Il existe tellement de formes d'amour et ce touche-à-tout de VERSEAU le sait mieux que les autres. La preuve, quand il vous quitte, il est capable de vous rappeler un soir pour vous inviter à dîner et vous expliquer que, à sa façon, il vous aime encore!
C'est certain qu'il est préférable l'avoir comme ami car en amitié il est très fidèle et capable de tout. Il faut éviter de critiquer un ami en sa présence, il prend instinctivement sa défense.
Très indépendant, il ne supporte pas les contraintes. S'il se marie, c'est tard dans sa vie. Sa tasse de thé c'est l'union libre. Ce n'est pas un grand sentimental et il est parfois d'une froideur vexante vis-à-vis de ses partenaires, parents et amis!
Il n'a aucun a priori, d'aucune sorte, ni de tabou dans sa vie sexuelle! Il se penche sur les problèmes des autres en oubliant les siens. Quand il a des enfants, il les élève avec respect et amour en les laissant libres de choisir leur voie tout en les guidant! C'est un être charmant, mais changeant et versatile...

ASPECT RÉTROGRADE : pour vous l'amour n'implique rien d'autre que d'agréables moments avec une personne qui, bien sûr, vous plaît. Aucune obligation, aucun lien, aucune attache d'aucune sorte. Avouez que vous osez à peine vous imaginer trouver ainsi l'âme sœur. Ce n'est pas ce que vous voulez ? Vous êtes sûr ?

EN POISSON : ANNULEZ MES RENDEZ-VOUS : JE SUIS AMOUREUX !

Ou la vénération amoureuse !

Quasi mystique en amour, le fragile POISSON entre en amour comme en religion, avec une foi et une ferveur touchante ! Très préoccupé par le bien-être de ses proches, il va jusqu'à l'abnégation pour les rendre heureux. Il est de ceux qui font les taches les plus ingrates pour assurer le superflu à sa famille tant il est dévoué. Moins généreux qu'il n'y paraît, il réserve sa prodigalité aux membres de sa famille. Hé oui ! S'il est compatissant, ce natif n'est pas bonne poire : pour emprunter de l'argent, allez voir ailleurs !
Très romantique, il voit en ses sacrifices la preuve de son amour, et à défaut d'être très sensuel, il est très efficace !
Beaucoup trop imbibé de pensées philosophiques et empreint de dévotion, l'amour physique est rarement la première préoccupation de ce signe.
Très émotif, il a la larme facile et le pardon à toutes les offenses en bandoulière !

ASPECT RÉTROGRADE : vous vous bercez d'illusions quant à vos conquêtes ; vous les idéalisez et fantasmez plus que vous ne vivez vos passions. Quand il vous arrive de redescendre sur terre et de prendre pied dans la réalité, cette dernière vous effraie par son réalisme ! Bien vite vous remontez sur votre nuage, pour rêver et sublimer ces sentiments qui gouvernent toute votre vie.

♥♥ VÉNUS dans les MAISONS ♥♥

(amour, beauté, sensualité, affectivité)

♥♥VÉNUS EN MAISON 1 :
VOUS ÊTES RAYONNANT DANS CETTE MAISON !

C'est celle de l'ascendant, votre personnalité.
Charmeur, charmant et gentil, vous êtes contre la violence et aspirez au bonheur. Bien sûr, tout le monde aspire au bonheur, mais vous, vous faites tout pour ça ! Vous évitez les écueils et apportez à vos relations douceur, amitié et humour, car vous êtes très gai. Vous aimez plaire et accordez à votre personne une touchante attention. Vous aimez aussi l'art, les belles choses, les objets décoratifs. Vos sentiments guident votre destinée. Sociable et ouvert, vous aimez le contact et vous épanouissez dans les ambiances chaleureuses ou vous vous sentez aimé. Ce sont pour vous des moments privilégiés !

CARNET DE SANTÉ : vos déceptions et vos chagrins se lisent sur votre visage : vous avez les traits très mobiles. Le stress occasionne des troubles de la vue et de violentes migraines.

♥♥VÉNUS EN MAISON 2 :
VOUS ÊTES RAYONNANT DANS CETTE MAISON !

C'est celle des biens matériels.
Ceci est un bon aspect, car la maison 2 est celle du TAUREAU, dont VENUS est la planète. Votre prise de possession est absolue : vous vous emparez des gens, des choses et vous fondez dans toutes les situations avec volupté et efficacité. Pour vous, les biens matériels, la beauté et les arts, aucune différence : que vous soyez comptable ou artiste, vous vous adonnez à votre travail avec passion et beaucoup de talent. Vous savez rendre plaisant un bilan de société : vous êtes si agréable !
Bien entendu, l'argent joue dans votre vie un grand rôle. Mais avide de plaisirs tangibles, votre grande sensualité peut vous amener à côtoyer des partenaires exceptionnels, pour lesquels vous saurez, toujours à bon escient, vous montrer fort généreux !

CARNET DE SANTÉ : en cas d'émotion, vous avez cette fameuse « boule » dans la gorge ! Aphtes, abcès et autres réactions cutanées sont aussi une réaction de votre corps pour manifester sont désaccord quand vous êtes contrarié, stressé, déçu !

♥♥VÉNUS EN MAISON 3 :
VOUS ÊTES RAYONNANT DANS CETTE MAISON !

C'est celle de la communication, de vos frères et sœurs.
Vous avez besoin de nouer des liens d'amitié dans les différents milieux ou vous évoluez. Vos frères et sœurs sont traités sur le mode amical. On peut vous reprocher de papillonner et de cultiver l'adage : loin des yeux, loin du cœur. Pourtant cette attitude plaît à votre entourage, vous vivez, avec les gens que vous côtoyez, de grands moments de complicité et de plaisirs partagés. Doué pour les doubles vies, les liaisons, vous savez vous organiser pour glisser dans votre agenda (même surbooké) des plages de détente, de joie, de sensualité.
Très coquet, vous aimez plaire et séduire, exerçant sur le sexe opposé une attraction certaine... Souvent vous vous exprimez bien et facilement. Vous avez aussi un don pour les langues étrangères. Vous êtes charmant, serviable, en un mot... adorable ! On recherche votre compagnie. Ah VÉNUS ! quand tu traverses un thème !

CARNET DE SANTÉ : les chocs émotionnels vous rendent nerveux, susceptible. Vous avez un sentiment d'étouffement, vous respirez mal et les contrariétés peuvent révéler des prédispositions asthmatiques.

♥♥VÉNUS EN MAISON 4 :
VOUS ÊTES RAYONNANT DANS CETTE MAISON !

C'est celle de la famille, l'hérédité.
Vous êtes sentimentalement très attaché à votre cocon familial. Tout ce qui s'y passe vous touche, vous êtes vulnérable dans ce domaine. Quand vous fonderez vous aussi un foyer, il sera pour vous primordial, votre conjoint et vos enfants seront votre seule préoccupation. Il faut vous souhaiter que, dans ce domaine, vous connaissiez l'épanouissement et la stabilité pour le bien de votre équilibre mental et physique ! Mais comme tous les signes de terre, vous acceptez les brimades jusqu'au point de Non-retour ! Vous êtes alors capable de partir, sans vous retourner.

CARNET DE SANTÉ : en cas de choc émotionnel, votre foie (et votre système digestif en général) accuse le coup ! Une déception affective, une situation de crise, peuvent engendrer chez vous un état morbide et dépressif.

♥♥VÉNUS EN MAISON 5 :
VOUS ÊTES RAYONNANT DANS CETTE MAISON !

C'est celle des plaisirs, des créations, des enfants.
Vous faites passer votre plaisir, surtout si vous êtes amoureux, avant toute autre considération ! Les astrologues voient dans cet aspect beaucoup de choses positives : vous êtes souvent l'homme (ou la femme) d'un

seul amour, sublime et qui vous agrémente la vie ! Vous aimez également les enfants, les rires et les bons cotés de l'existence. Vous êtes heureux de vous sentir beau et désirable et la vie, quand elle vous sourit, vous la croquez à belles dents !
Moi j'y vois, bien sûr, tout ça, mais aussi beaucoup de frustrations en cas de déceptions, vous n'oubliez jamais un amour déçu, bannissez un enfant ingrat et les cicatrices aussi bien physiques que morales vous font horreur ! Même si vous cachez bien vos blessures sous le rire ou la gaieté, en cas de coup de sort vous restez définitivement meurtri !

CARNET DE SANTÉ : vos vertèbres accusent le choc de vos déceptions sentimentales, ainsi que votre diaphragme : les émotions vous coupent le souffle, au vrai sens du terme !

♥♥VÉNUS EN MAISON 6 :
VOUS ÊTES RAYONNANT DANS CETTE MAISON !

C'est celle du quotidien, du travail, des petites maladies.
Vous n'avez qu'une envie : être bien dans vos baskets dans la vie de tous les jours. Vous n'avez rien contre le train-train, au contraire, il vous rassure. Serein quand l'harmonie règne dans votre foyer ou sur votre lieu de travail, vous ne demandez, en fait, pas grand-chose d'autre à la vie.
Vous êtes le champion des plannings et des listes en tout genre.
Le problème, c'est que toute tension subie dans votre petit monde a sur vous de fâcheuses répercussions. Disons que vous manquez d'un peu de « largeur » d'esprit !

CARNET DE SANTÉ : les chocs émotionnels causent chez vous des problèmes intestinaux : constipation ou colique ! Vous êtes aussi sujet à la boulimie ou bien sur, à l'anorexie. Alors, un conseil : restez « zen ».

♥♥VÉNUS EN MAISON 7 :
VOUS ÊTES RAYONNANT DANS CETTE MAISON !

C'est celle des associations, du mariage.
Assoiffé d'amour, vous avez du mal à vivre, à travailler, bref, à exister, avec des gens que vous n'aimez pas ! Bien entendu, cela pose bien des problèmes dans votre vie, car si cette configuration convient pour votre conjoint et vos enfants, au travail et dans la vie en général, on ne choisit pas ! Vous faites intervenir vos sentiments dans tous les domaines, demandez qu'on vous aime et aimez en retour. Un îlot d'amour dans ce monde de brutes !

CARNET DE SANTÉ : un choc émotionnel et vos lombaires, vos reins se font cruellement sentir. Je sais que c'est plus facile à dire qu'à faire, mais blindez-vous contre les déceptions sentimentales (faites du yoga, pensez à la philosophie « zen »), car elles occasionnent chez vous un déséquilibre profond !

♥♥VÉNUS EN MAISON 8 :

VOUS ÊTES RAYONNANT DANS CETTE MAISON !
C'est celle de toutes les morts : physiques ou morales.
Vous compatissez avec ceux qui sont seuls, exilés ou mis en quarantaine ! Souvent vous-même faites beaucoup de sacrifices pour améliorer la vie des autres, surtout dans votre vie amoureuse. Vous vous sacrifiez bien sûr pour vos enfants, dès qu'ils sont là vous faites tout pour eux, oubliant souvent que vous avez, vous aussi, un cerveau, un corps et des droits au bonheur ! Vous êtes de ceux qui n'abandonnent pas frères et sœurs orphelins, au détriment d'une vie de couple à laquelle vous aspiriez pourtant !
Vous ne savez pas trop vous positionner dans la vie des autres, car la MAISON 8 vous pousse au détachement et VENUS au plus agréable des attachements. Une position inconfortable donc, qu'un SOLEIL natal clément peut adoucir !

CARNET DE SANTÉ : les déceptions affectives vous causent des éruptions, des protubérances étranges...
Mais il y a pire : vous ne supportez plus les contacts physiques, ils vous révulsent ! Vous mettez longtemps à guérir d'une rupture et votre partenaire suivant devra s'armer de patience pour bénéficier de vos faveurs !

♥♥VÉNUS EN MAISON 9 :

VOUS ÊTES RAYONNANT DANS CETTE MAISON !

C'est celle des grandes idées, des voyages.
Vous avez des idées à caractère humanitaire et tout ce qui se passe hors de vos frontières vous captive ! Vous aimez les gens qui sont différents de par leur race, leur religion et qui n'appartiennent pas au même milieu social que vous. Profondément attiré par l'aventure, les voyages, vous trouvez souvent l'âme sœur lors de vos périples et êtes alors capable, pour améliorer la condition des siens, d'accomplir des prodiges.
Marginal et exalté par le genre humain, vous ne ménagez ni votre peine, ni votre temps, quand vous sentez que votre présence plaît et rassure. La différence, les difficultés d'adaptation vous rendent génial !

CARNET DE SANTÉ : votre impatience vous rend imprudent et vous faites de multiples chutes.
Les chocs émotionnels peuvent occasionner des blocages des hanches, du bassin. Relaxez-vous !

♥♥VÉNUS EN MAISON 10 :

VOUS ÊTES RAYONNANT DANS CETTE MAISON !

C'est celle de la profession, de notre rôle sur terre.
Sous cette configuration, vous devez souvent votre succès, votre

carrière à une personne du sexe opposé. Souvent aussi, vous êtes dans le commerce, car vous êtes doué pour les relations humaines, aimable et souriant. Les boutiques de luxe, les objets d'art, le show-biz, voilà des domaines privilégiés où vous vous sentez bien. Les salons de coiffure, les instituts de beauté, vous plaisent par leurs ambiances : vous aimez le beau, le propre, le net !
Si vous exercez une profession dans un domaine très différent, ce n'est sûrement pas par choix ! Mais, parmi vos collègues, vous êtes celui ou celle qui plaît par sa gentillesse, sa mise soignée, son sens de la diplomatie et sa charmeuse présence ! Vous nouez souvent vos contacts privés sur votre lieu de travail !

CARNET DE SANTÉ : l'herpès et autres éruptions cutanées peuvent survenir lors d'un choc émotionnel, d'une contrariété. Une grande déception peut aussi être le déclencheur d'une maladie chronique jusque-là non déclarée !

♥♥VÉNUS EN MAISON 11 :
VOUS ÊTES RAYONNANT DANS CETTE MAISON !

C'est celle du relationnel.
Vous privilégiez vos liens amicaux au détriment de votre vie sentimentale. Vous êtes le champion de l'amour amitié, moitié par conviction et moitié par peur d'être déçu par des engagements profonds à sens unique ! Par contre, il vous arrive de transformer une amitié en flirt d'un soir si vous avez le blues : vous n'avez pas de préjugés.
Plus à l'aise avec vos amis qu'avec vos amants ou amantes, vous savez garder avec vos ex des liens de sympathie. Malgré l'apparente légèreté de cet aspect, un amour déçu dans votre jeunesse peut vous gâcher le reste de votre vie amoureuse !

CARNET DE SANTÉ : les déceptions sentimentales, les chocs émotionnels peuvent causer des désordres psychologiques, rien de moins ! C'est normal, vous aimez tant les autres. Leurs trahisons vous meurtrissent durablement !

♥♥VÉNUS EN MAISON 12 :
VOUS ËTES RAYONNANT DANS CETTE MAISON !

C'est celle des épreuves, de ce qu'il faudrait changer.
Vous sublimez vos sentiments : vous n'aimez pas comme tout le monde ! Vous donnez à l'amour une autre dimension, tout dans la démesure. Vous êtes soit indifférent, « blindé » et inaccessible, soit corps et âme dévoué à vos amours. Mais les choses, dans ce domaine, ont peu ou pas d'antécédents : vous avez une attitude innovante, vous êtes de ceux que l'amour rend aveugle et sourd : vous vous laissez submerger et l'amour,

l'amitié, représentent pour vous autant de joies que de souffrances ! En fait, la phrase de Francis Cabrel qui dit que la vie est une bague à chaque doigt est faite pour vous !

CARNET DE SANTÉ : chez vous les chocs émotionnels engendrent des maux étranges, difficiles à diagnostiquer, à classifier. Rougeurs diffuses, crampes diverses, nausées, vous êtes tellement pétri de sentiments que lorsque votre âme souffre, votre corps a mal !

MARS

(la guerre, les conflits, la capacité de vaincre)

MARS est une planète rapide
qui fait le tour du ZODIAQUE en 686 jours.

Elle est aussi importante que VÉNUS et donne à votre thème toute son importance.
Elle est également le miroir de notre sexualité, c'est moins connu !

EN BÉLIER : AGRESSIVITÉ : omniprésente !
SEXUALITÉ : oh la là !

Ici MARS est en domicile. Avec cette configuration vous êtes courageux, voire téméraires.
Vous accomplissez votre tâche avec fougue et dynamisme. Par contre, vous êtes du genre à ne pas subir longtemps un patron ou un travail qui ne vous plaît pas. Vous êtes très capable de partir en claquant la porte !
D'ailleurs, il n'y a pas que sur le lieu de travail que cette attitude s'applique : vous êtes du genre à laisser tomber femme et enfants quand vous sentez que ces liens vous pèsent !
Un travail dans l'automobile, le sport et, en règle générale, dans tout ce qui bouge est fait pour vous.
Vous êtes performant tant que vous avez la foi et devenez méchant voire aigri quand vous êtes coincé dans une situation que vous n'aimez pas ou que l'on vous impose.
Le changement et le progrès sont votre moteur et vous partez du principe que qui n'avance plus recule !
Comme les autres signes de FEU, vous n'évitez pas les conflits et y prenez même un certain plaisir.
La planète de la guerre et de la rébellion est faite pour vous !

LIBIDO : dévoreuse !
ATOUTS : des yeux qui parlent pour vous !
À FUIR : les intellos, les artistes et...
si vous êtes une femme : les gros bras, les frimeurs
un homme : les coquettes, les superficielles !

ASPECT RÉTROGRADE : vous intériorisez vos pulsions, tant vous êtes conscient de votre violence ! Si vous arrivez à trouver le moyen de canaliser votre énergie, vous trouverez un équilibre. Sinon, vous allez brûler comme une torche !

EN TAUREAU : AGRESSIVITÉ : et comment !
SEXUALITÉ : et comment !

Votre agressivité est au service du travail : ce dernier est pour vous un exutoire, un moyen de dépenser votre formidable énergie. Vous êtes plein de vigueur refoulée dont vous ne savez que faire, parfois vous avez envie du vous cogner la tête contre les murs !
Certains d'entre vous savent que le seul moyen de canaliser ce trop-plein d'énergie c'est, nous l'avons dit, de travailler, mais si possible de vos mains, car les tâches qui monopolisent vos neurones ne sont pas vraiment faites pour vous.
MARS est ici en exil, c'est-à-dire pas très bien dans ses baskets ! Cette frustration engendre chez vous, dans tous les autres domaines, des tensions et de l'agressivité que vous pouvez utiliser en faisant du sport, par exemple ! Vous êtes aussi de ceux qui se sentent mieux après l'amour : encore une façon fort agréable de dépenser votre surplus de tonus !
Vous ressentez très bien la force de cette planète, mais pour vous c'est de l'énergie perdue. Vous vous sentez tiraillé par des conflits intérieurs, vous voudriez agir, car la guerre à coup d'idées et de concepts, ce n'est pas fait pour vous, mais vous êtes freiné par des pulsions contradictoires. Vous êtes un agité qui ne sait pas toujours canaliser son énergie !

LIBIDO : voluptueuse.
ATOUTS : charme, savoir-faire, efficacité, self contrôle.
À FUIR : les speedés, les excités, les mal élevés.

ASPECT RÉTROGRADE : vous, pour vous faire bouger, il faut que votre vie soit en danger ! Statique et lent à réagir, vous êtes souvent bloqué par une santé précaire, un organe déficient. Ou alors simplement vous dites-vous que rien ne sert de vous précipiter, vous arriverez bien assez vite... vous ne savez trop où ! Mais vous êtes animé d'un goût de la possession et très conservateur !

EN GÉMEAU : AGRESSIVITÉ : pourquoi ?
SEXUALITÉ : ça dépend !

Ou bien l'énergie tous azimuts ! Vous êtes un touche à tout plus intellectuel que matériel, il est dommage que vous ne vous accrochiez pas à un seul domaine !
Vif et impatient, vous voulez tout connaître, mais n'oubliez pas cette sentence pleine de sagesse : la culture générale n'est pas de savoir un peu de tout mais de tout connaître à fond !
De l'énergie, vous en avez à revendre et, si vous avez la chance de pouvoir vous consacrer à une tache qui vous plaît, vous faites des étincelles au vrai sens du mot ! En amour vous êtes tout aussi inconséquent : entreprenant à un moment, indifférent à d'autres, on a bien du mal à vous cataloguer.

La recherche dans tous les domaines, le show-business et tous les métiers qui mettent vos talents d'orateur en avant sont indiqués pour vous, vous aimez avoir un public.
Légers, aériens et aimables, vous voulez plaire et charmer. C'est votre façon de désamorcer les conflits.

LIBIDO : intermittente.
ATOUTS : humour, piquant et vivacité.
À FUIR : les pessimistes, les déprimés, les possédés.

ASPECT RÉTROGRADE : susceptible dès que l'on vous contrarie, vous ne récoltez pourtant que ce que vous semez. Vous confondez en effet ce que vous dites et ce que vous faites, avec une attitude responsable !

EN CANCER : AGRESSIVITÉ : ou la la ! SEXUALITÉ : waouh !

Quelle agressivité ! Le tendre CANCER avec cette configuration devient hargneux et peu sur de lui, ce qui le rend agressif et batailleur !
Il n'est pas du tout à l'aise dans ce cas, car ce DIEU guerrier qui engendre le conflit et la discorde dans le bruit et la fureur est à l'opposé de ses propres convictions.
Toute sa vie durant, le natif essayera de tenir les siens à l'écart des tensions qu'engendrent la vie professionnelle et les obligations y afférent et, plus qu'à tout autre, il est déconseillé de travailler en famille. C'est un domaine où il est trop vulnérable.
Par contre, il aura une sexualité plus intéressante que les natifs de ce signe en général, car MARS éveillera en lui de nombreux fantasmes. C'est sûrement la façon qu'a trouvée cette planète pour se faire remarquer !
Très matérialiste, mais pour mieux gâter ses proches, tout problème financier le mine et l'empêche de dormir la nuit. Cette configuration est mieux vécue par les femmes que par les hommes, ces derniers étant plus sensibles à une image de dureté et de self contrôle.

LIBIDO : fantasmatique
ATOUTS : aura mystérieuse, grâce juvénile et allure de dieu intouchable !
À FUIR : Pour vous Madame : les machos, les sportifs.
Pour vous Monsieur : les MLF, les femmes frigides !

ASPECT RÉTROGRADE : vous vous rendez compte que votre libre arbitre est tronqué et qu'il dépend trop des opinions des vôtres.
Vous devenez violent, car cette attitude de dépendance vous vexe et vous frustre : en réponse, vous mordez... la main qui vous nourrit !

EN LION 💣💣 : AGRESSIVITÉ : la bonne dose !
SEXUALITÉ : vous prenez... et vous donnez !

Ou le roi de la jungle au service du combat et de la guerre ! Celui qui vous fera peur n'est pas encore né. Courageux et téméraire, vous croquez la vie à pleines dents.
Vous n'épargnez rien ni personne et professionnellement vous n'avez aucun scrupule à occuper dans la société qui vous emploie la place de choix qui vous revient.
Mais chaleureux, jovial et généreux vous savez vous faire aimer et respecter.
Tant que votre confiance n'est pas trahie vous êtes un meneur qui fait confiance à votre entourage professionnel. Cependant vous ne pardonnez aucun manquement aux règles et savez-vous montrer tyrannique à l'occasion. Vous ne fuyez pas les conflits et y prenez même un certain plaisir !
Royal avec votre entourage vous êtes aimé, respecté, et on vous admire pour votre équité !

LIBIDO : exigeante.
ATOUTS : allure sexy, grand cœur, sens de la mise en scène.
À FUIR : les timorés, les fauchés, les transsexuels.

ASPECT RÉTROGRADE : vous voudriez tant être fort et invincible, mais hélas, vous ne l'êtes pas. Une certaine lâcheté guide vos actes, sous des dehors bravaches, vous fuyez vos responsabilités. Tant que vous savez donner le change, vous sauvez l'honneur. Mais il y aura toujours des petits malins pour vous mettre au pied du mur !

EN VIERGE... : AGRESSIVITÉ ? : bof...
SEXUALITÉ ? : c'est vous qui voyez !

Ou la guerre... virtuelle ! La VIERGE est aussi désarmée que le TAUREAU devant cette planète, mais elle réagit par une imagination bien plus fertile !
Aussi au lieu d'être agressifs, vous vous contentez de vivre des tensions dans le monde du travail et de votre entourage. Vous êtes un peu en décalage car vous êtes des plus pacifiques, mais votre effacement et votre discrétion vous garantissent des foudres de ce DIEU guerrier !
Pourtant votre efficacité et votre sens du détail vous servent beaucoup et vous arrivez à vous tailler la part du lion en toute discrétion. Comme vous êtes d'un naturel méfiant, vous ne vous laissez pas berner et ne vous bercez pas d'illusions.
Méticuleux et besogneux, vous travaillez dans votre coin, mais les taches qu'on vous confie sont toujours menées à bien !
Quels que soient votre profession et votre SOLEIL natal vous avez une grande imagination qui vous permet de vous évader et si votre entourage

vous admire de mener à bien les taches les plus routinières sans vous plaindre, ils ne se rendent pas compte que vous êtes à mille lieues de là! Quel que soit votre travail, vous ne lui préférez jamais votre vie de famille et votre confort: un matérialiste dévoué aux siens?.... une VIERGE, en somme!

LIBIDO: soumise.
ATOUTS: air de madone, esprit critique, sens de l'économie.
À FUIR: les dentistes, les avocats et les notaires!

ASPECT RÉTROGRADE: votre méfiance est poussée à son paroxysme, tant et si bien que vous finissez par en oublier votre serviabilité, votre disponibilité pour les opprimés. Persuadé que l'on vous exploite et, qu'au fond, on se moque de vous, vous n'aidez plus personne... par orgueil! Un comble!

EN BALANCE : AGRESSIVITÉ: bien sûr que non!
SEXUALITÉ: à la tête du « client »!

Ou la façon de gérer les contraires! Comment ce parangon de diplomatie qu'est la BALANCE peut-il s'accommoder du DIEU de la discorde? En l'ignorant! Dans ce cas, MARS n'est pas très opérant dans le thème.
Tout juste donnez-vous parfois l'impression de vous laisser porter par les faits sans réagir. Dans le milieu professionnel on peut vous accuser de ne jamais prendre parti et en général, dans la vie, il vous arrive de vous comporter en touriste. On apprécie toutes fois votre diplomatie et cette façon qui vous est propre d'arrondir les angles. Vous entendez aussi faire un métier qui vous plaît et en attendez honneurs et richesse. Ce n'est qu'à ce prix que vous vous levez chaque matin! Et vous êtes capable de vous surpasser pour arriver à une situation brillante.
Dans votre vie amoureuse vous êtes charmant et câlin, prêt à tous les compromis pour sauvegarder la cellule familiale! Très sensible aux compliments et avide de plaire, si vous trompez votre partenaire ce sera avec un beau parleur. Plus sensible que vous à la flatterie, c'est dur à trouver!
Dans ce type de configuration, on dit que MARS est en exil et on peut souligner que, vu l'importance de la planète, le thème est chamboulé par cette configuration. Heureusement qu'il y a 11 autres planètes pour sauver la situation!

LIBIDO: alternative.
ATOUTS: compassion, idées d'avenir, conversation charmante.
À FUIR: les affairistes, les mondains.

ASPECT RÉTROGRADE: Vous vous croyez tout permis! En effet, comme vous avez du mal à vous décider, vous avez tranché une fois pour toutes: ce qui vous plaît vous appartient. Et il en va des choses matérielles, comme des gens! Tant pis pour nous!

EN SCORPION : AGRESSIVITÉ : oui, c'est elle qui vous fait avancer
SEXUALITÉ : avec vous, ne rime plus avec simplicité !

Ou la ténacité au service de la vie ! Vous vous accrochez à vos idées et à vos projets. Tenace et opiniâtre, vous ne suivez les conseils de personne, d'ailleurs vous jouissez d'une clairvoyance certaine. Vos projets, tôt ou tard, voient tous le jour et vous ne lâchez pas la proie pour l'ombre. Dans la vie vous savourez toutes les étapes et vous sentez en vous une force qui vous aide à mener toutes les taches à bien. Il vous arrive d'être violent, quand vos droits sont bafoués, vous en surprenez alors plus d'un, surtout si votre signe solaire vous rend plutôt cool !
Dans le secteur professionnel vous arrivez toujours à obtenir le travail que vous convoitez.
Au fond de vous, vous sentez que vous avez tout le temps pour y arriver, car dans cette configuration le succès vient souvent sur le tard.
Vous êtes animé de fortes pulsions sexuelles, irrégulières et anarchiques qui parfois vous font dévier du cap et mener une vie pour le moins mouvementée !

LIBIDO : compliquée.
ATOUTS : énergie, goût du pouvoir, esprit rusé.
À FUIR : MADAME : les pantouflards, les nounours, les boys band.
MONSIEUR : les coincées, les mères au foyer, les pimbêches.

ASPECT RÉTROGRADE : vous repoussez toutes les limites, pour vous dans la vie, il n'y a rien d'impossible ! Ce qui est extraordinaire, c'est que le jour ou une situation d'exception se présente, vous tenez vos promesses : vous relevez cet invraisemblable défi !

EN SAGITTAIRE : AGRESSIVITÉ : ponctuelle
SEXUALITÉ : vous nous faites rougir !

Ou l'art de souffler le chaud et le froid !
Avec MARS, vous n'êtes pas toujours en phase ! Épris de justice, il vous arrive de vous insurger contre cette manie de la controverse que vous donne cette planète guerrière et vous réagissez par une apathie inhabituelle de votre part, surtout quand vous êtes conscient que vous seriez de mauvaise foi !
Par contre, l'aspect dynamique de cette planète ne vous déplaît pas et, selon les aspects, selon les situations, il vous arrive d'être très à l'aise et de donner votre pleine mesure.
Pour votre entourage, vous passez pour un être cyclique et changeant, surtout dans le milieu professionnel.
Dès qu'il y a conflit, vous brandissez le code civil, car vous avez horreur du non-respect des lois.
Si vous êtes volé ou trahi vous êtes excédé, vous ne supportez aucune

forme de délinquance. Scrupuleusement honnête, vous mettez un point d'honneur à défendre votre réputation à laquelle vous attachez une grande importance. Vous êtes à cheval sur les principes !
Si vous avez embrassé un métier religieux, vous le faites avec fougue et passion, vous êtes attiré par le mysticisme !

LIBIDO : affranchie.
ATOUTS : audace, sens et goût de l'amitié.
À FUIR : les plaintifs, les poules mouillées, les ronds de cuir.

ASPECT RÉTROGRADE : Pour vous, le plus difficile est de trouver une motivation valable pour vous extérioriser, car en fait votre enthousiasme, votre esprit d'entreprise font plaisir à voir ! Alors, ne vous trompez pas de but, ciblez vos projets et je vous garantis succès et lauriers... tout ce que vous aimez !

EN CAPRICORNE 💣 💣 : AGRESSIVITÉ : non ! persévérance !
SEXUALITÉ : s'il le faut...

Ou l'art et la manière de persévérer ! Vous êtes admirables de constance, de ces employés qu'on ne lâche pas, qui sont indispensables. Rigoureux et un peu austère, vous ne plaisantez pas avec ces sujets de fond : vous perdez tout votre humour ! Vous prenez tout çà tellement au sérieux que vous manquez de recul : souvent vous réagissez mal.
Au travail, non seulement vous abattez inlassablement la besogne, mais en plus la qualité est au rendez-vous. Pour vous, la persévérance est une seconde nature et le seul reproche que l'on peut vous faire, c'est d'être têtu et parfois maniaque. L'ordre et la propreté font partie de votre vie et vous êtes très méticuleux : le CAPRICORNE donne beaucoup de rigueur !
Peut-être êtes-vous juste un peu réticent aux innovations, car vous êtes plutôt conservateur.

LIBIDO : détachée.
ATOUTS : esprit concret, discipline, aptitude à se mettre au service.
À FUIR : les superficiels, les gagne-petit, les fonctionnaires.

ASPECT RÉTROGRADE : les freins que vous mettez à vos impulsions vous frustrent et vous rendent rancunier ! Vous aimeriez agir plus spontanément, mais voilà, il y a comme un blocage... vous en voulez à la terre entière d'être si... entier !

EN VERSEAU 💣 💣 : AGRESSIVITÉ : mais non !
SEXUALITÉ : vous avez dit bizarre ?

Ou le sang-froid personnifié ! Hé, Oui ! MARS n'arrive pas à déstabiliser le VERSEAU qui reste froid comme la glace, mais lucide, tolérant et ouvert.

Simplement il arrive à fixer un peu ce signe volatile, mais le VERSEAU y perd en charme et y gagne de la stabilité ; évitez quand même de trop le chatouiller, vous savez que ce signe est très susceptible : il se vexe très vite !
Professionnellement, il est à craindre que le côté versatile du VERSEAU ne rende le natif un peu paresseux, ce qui me fait dire qu'il faudrait choisir un métier ou une certaine langueur est de mise. Car vous n'êtes pas fainéant ! En tout cas, cet aspect vous confère beaucoup de mal à vous fixer. Vous êtes de ceux qui changent facilement d'orientation professionnelle, votre intellect vous aide à tout comprendre très vite, la nouveauté ne vous fait pas peur !
Vis-à-vis des autres, vous passerez pour un être détaché des contingences matérielles et peu intéressé par l'entourage, surtout quand vous passerez par vos phases d'introspection !

LIBIDO : ambivalente...
ATOUTS : rébellion, énergie forte et crises créatives : donc profitables.
À FUIR : play-boy, gommeux, les sûrs d'eux.

ASPECT RÉTROGRADE : vous avez de multiples projets et comme vous êtes très désordonné, vous les entamez tous, sans mener aucun à son terme. Vous manquez de méthode, de persévérance et de but réel. En plus, quand on vous en fait la remarque, vous vous fâchez. Soupe au lait (en plus !), le VERSEAU !

EN POISSONS : AGRESSIVITÉ : le vilain mot !
SEXUALITÉ : à découvrir !

La crise de larmes est assurée en cas de conflit : c'est votre meilleure défense, votre réponse en cas de litige (signe d'eau oblige !) !
Comme le CANCER, le POISSON ne comprend pas les motivations de MARS et ce signe, qui est celui de l'humanitaire à tout prix, ressent comme une attaque personnelle cette configuration !
Vous n'êtes absolument pas sur la même planète c'est le cas de le dire ! Pour les autres, vous passez pour quelqu'un qui a les nerfs fragiles et qu'il faut protéger ; en fait, pourquoi être agressif, quand on peut avancer dans la vie avec d'autres moyens. Vous avez bien entendu raison, mais avouez que votre MARS fort mal aspecté vous donne souvent une impression de frustration, du vague à l'âme. Mais inutile de vous suggérer un bon « coup de gueule », vous en êtes incapable ! Si vous saviez comme ça soulage ! Vous êtes bon, sensible, vous avez le cœur sur la main et toujours envie d'aider et de surprotéger votre prochain ! Tendre et un peu naïf, vous regardez les autres avec des yeux candides. Vous êtes reposant parmi ce monde de brutes !

LIBIDO : irrésolue.
ATOUTS : candeur, regard bienveillant, douceur.
À FUIR : les forts en gueule, les maffieux, les Héritiers (familles célèbres)

ASPECT RÉTROGRADE : votre extrême sensibilité vous pousse à vous tromper de cible, d'ennemi. Aveuglé par une haine dictée par votre grande fragilité, vous seriez prêt à commettre des actes irréversibles, sur la seule indication de vos intuitions. Cet aspect est dangereux. Vraiment, sincèrement, contrôlez vos pulsions…

MARS DANS LES MAISONS

MARS EN MAISON 1 :

EXPLOSIF POUR : l'ascendant : votre personnalité !

Impulsif et rapide à la détente, vous aimez vous battre : vous êtes courageux.
Cette configuration vous donne une certaine virilité dans l'attitude, et, bien entendu, c'est meilleur pour un homme que pour une femme, car cette dernière y perd un peu en fragilité, donc en féminité !
Robuste et imposant, vous avez une forte capacité d'action et votre personnalité ne laisse pas indifférent ! Votre agressivité à l'égard des autres n'est que le reflet de votre implication dans le rôle que vous avez dans l'entreprise ou en famille, mais elle peut être mal perçue, choquer voire déranger.
Hélas, c'est bien plus fort que vous : réactif et spontané, vous faites d'abord et réfléchissez ensuite !

CE NATIF-LÀ NE S'EN LAISSE PAS CONTER !
LE MAÎTRE DE LA GUERRE VOUS DONNE…
UNE PERSONNALITÉ… OMNIPRÉSENTE !

MARS EN MAISON 2 :

EXPLOSIF POUR : les biens matériels !

Vous mettez toute votre énergie à vous emparer (et à garder) des biens matériels que vous convoitez.
Vous voulez tout ce qui vous plaît, tout de suite et sans vous préoccuper des priorités, c'est-à-dire de la hiérarchisation de ces possessions. Vous brûlez les étapes, grillez la politesse à ceux qui briguent les places de tête, notamment sur le lieu de travail !
Vous aimez l'argent, mais aussi le prestige, la reconnaissance de vos mérites. Dans ce désir d'accumuler les possessions rentre une part de défi, car vous aimez les luttes et les combats !
Vous êtes, finalement, assez belliqueux et passeriez, comme on dit, sur des cadavres pour arriver !

CE NATIF-LÀ EST VRAIMENT MATÉRIALISTE !
LE MAÎTRE DE LA GUERRE VOUS DONNE…
LE GOÛT DES POSSESSIONS !

MARS EN MAISON 3 :

💣💣 EXPLOSIF POUR : la communication, les frères et sœurs !

Vous aviez l'impression d'avoir été évincé de votre milieu familial, de n'avoir pas eu voix au chapitre, maintenant vous cherchez à vous imposer partout en exerçant votre ascendant sur les autres.
On ne peut pas vous reprocher d'être vraiment dirigiste, simplement vous manquez de temps en temps de tact et de doigté, bref : de patience, pour faire valoir vos idées.
Votre violence verbale en surprend plus d'un et vous en premier : vous essayez ensuite de rattraper le « coup » ! Il se peut que vous mettiez votre frustration originelle au service d'une noble cause et vous militez alors avec conviction et opiniâtreté.
Vous aimez les discussions houleuses, les échanges d'idées, et ne fuyez pas la polémique !

SI VOUS CHERCHEZ CE NATIF, VOUS LE TROUVEZ !
LE MAÎTRE DE LA GUERRE VOUS DONNE...
LE GOÛT DE LA POLÉMIQUE !

MARS EN MAISON 4 :

💣💣 EXPLOSIF POUR : le foyer parental !

Vous avez viscéralement envie d'être indépendant, mais quelque chose de très fort vous reliera toute votre vie à votre foyer parental ! Aussi vous arrive-il de temps en temps de partir en claquant la porte, sans savoir comment revenir. Vous y exercez une réelle emprise et à l'aise et sécurisé, y développez vos dons de manager, de chef d'entreprise.
Si vous êtes à votre tour chef de famille, vous saurez mener tout le monde à la baguette ! C'est vous qui faites les comptes du ménage, le planning des vacances, les invitations entre amis. On ne peut pas parler de tyran domestique, car vous êtes efficace et agissez dans l'intérêt de tous.
Mais avec cette configuration, on peut dire que, très rarement, votre sens du commandement et votre aptitude à diriger dépasseront les limites de votre foyer.
Si, d'aventure, vous passez manager dans votre entreprise, votre bonté et votre humanité vous empêcheraient de sévir, d'être répressif. Vous êtes paternaliste !

CE NATIF DIT : ET VOUS FAITES !
LE MAÎTRE DE LA GUERRE VOUS DONNE...
UNE ÂME DE PATRIARCHE !

MARS EN MAISON 5 :

EXPLOSIF POUR : les plaisirs, les créations (enfants y compris).

Vous êtes très énergique, créatif, ardent et passionné. Avec le DIEU de la guerre dans la maison des plaisirs, on n'en attendait pas moins ! Possessif et exclusif, vous êtes de ceux qui considèrent les enfants comme des biens personnels et avez du mal à les « partager ».
Vos désirs et vos pulsions vous rendent parfois excessif, jamais méchant. Jamais agressive, non plus, votre énergie opère avec douceur et opiniâtreté.
Mais on l'aura compris, les choses qui vous attirent : vous les voulez. Souvent gai et jovial, vous n'avez rien d'un personnage discret. Haut en couleurs, fort en gueule, la vie, vous la croquez à pleines dents. Même si un soleil natal vous poussait à la discrétion, vous êtes de ceux qui surprennent les amis lors des soirées : on n'entend plus que vous !
Quelques baisses de tonus peuvent parfois vous gâcher la vie et vous traversez des périodes de « spleen ».
Vous êtes bon prince, loyal et franc !

QUEL BON VIVANT, CE NATIF !
LE MAÎTRE DE LA GUERRE VOUS DONNE...
LE SENS DE LA FÊTE !

MARS EN MAISON 6 :

EXPLOSIF POUR : le quotidien, les petites maladies.

C'est dans la vie quotidienne, dans votre foyer, sur votre lieu de travail que vous donnez votre pleine mesure.
Vous aimez que vos actes soient utiles, dans un cadre bien défini. Vous êtes énergique dans vos occupations, bien sûr, mais vous avez tendance à en exagérer les difficultés, à vous épuiser inutilement.
Toujours paniqué de ne pas être là où il faut, quand il faut, vous prenez rarement du repos et ne vous accordez un répit que lorsque vous tombez d'épuisement.
Vous avez tendance aussi à exagérer vos petits bobos et comme vous avez toujours peur de manquer d'efficacité, vous paniquez à l'idée d'être physiquement ou mentalement handicapé.
Vous, on peut dire que vous donnez de l'importance à chaque jour qui passe !

EFFICACE, CE NATIF ET TOUJOURS LÀ QUAND IL FAUT !
LE MAÎTRE DE LA GUERRE VOUS PERTURBE...
À CHAQUE JOUR SA PEINE !

MARS EN MAISON 7 :

EXPLOSIF POUR : les associations et le mariage.

Vous adorez vous mesurer aux autres, c'est pour vous une manie !
Vous aimez les rapports de force qui vous stimulent et vous n'aimez pas la tiédeur dans vos relations avec votre entourage !
Provocateur et volontiers taquin, vous attisez les susceptibilités, ce qui vous vaut une réputation de hérisson : à ne pas prendre avec des pincettes !
Vous n'hésitez pas à dire ce qui vous déplaît, pas seulement par franchise, mais aussi en vous régalant d'avance des esclandres que vous allez provoquer.
Contrairement à bien des gens, vous n'êtes pas d'avis de vous taire et n'avez pas peur de la polémique !
Avec vous les choses sont claires, vous n'êtes, de ce fait, pas rancunier, sauf si votre soleil natal ne vous y pousse. Les rapports de force sont votre piment, votre façon de révéler votre puissance, mais aussi de vérifier que vos partenaires sont à la hauteur !

SI CE NATIF VOUS A CHOISI : GARE À VOUS !
LE MAÎTRE DE LA GUERRE VOUS DONNE…
UNE ÂME DE CONQUÉRANT !

MARS EN MAISON 8 :

EXPLOSIF POUR : toutes les morts.

Vous avez tant de maîtrise de vous, de self-control, qu'il vous arrive (inconsciemment ?) de provoquer les crises pour vous mettre à l'épreuve.
Votre pouvoir de régénération est immense et vous puisez dans chaque épreuve de la vie des forces supplémentaires.
Provocateur, vous aimez finalement les situations de crise où vous pouvez donner votre pleine mesure.
Pour vous tout changement est source d'énergie, vous adorez les modifications : elles vous excitent ! Toujours à l'affût des dernières transformations, des chamboulements à venir, vous êtes un vrai phénix : inlassablement vous rejaillissez des cendres !
Vous aimez les transformations radicales et définitives et n'avez aucun mal à « ressusciter », plus grand, plus fort !

CE NATIF-LÀ EST STUPÉFIANT !
LE MAÎTRE DE LA GUERRE VOUS DONNE…
DU SANG-FROID !

MARS EN MAISON 9 :

EXPLOSIF POUR : les voyages, les grandes idées.

Sous cet aspect, vous aimez physiquement et moralement changer d'horizon. Vous aimez les voyages, bien sûr, mais aussi les défis de toutes sortes, y compris les compétitions sportives.
Souvent aussi vous militez pour une cause humanitaire et idéologique. Selon votre signe solaire, vous êtes plus ou moins fougueux, exalté, ardent voire sauvage.
Plein d'enthousiasme, très ardent, il ne fait pas bon se frotter à vous, surtout si l'on ne partage pas votre avis ; en plus, vous adorez les joutes verbales, difficile de ne pas entrer dans votre jeu.
Il ne reste qu'à vous souhaiter de ne pas trouver (trop souvent !) plus fort que vous.
La bonne nouvelle, c'est que vous vous défoulez volontiers physiquement, lors, notamment, d'expéditions périlleuses, des safaris, de jeux de pistes non tracées !

CE NATIF-LÀ, C'EST DE LA DYNAMITE !
LE MAÎTRE DE LA GUERRE VOUS DONNE…
LA BOUGEOTTE !

MARS EN MAISON 10 :

EXPLOSIF POUR : le milieu de ciel, la profession.

Sous cet aspect, vous voulez conquérir votre indépendance financière et sociale à la force de vos poignets !
Vous voulez être autonome, mais parfois votre impulsivité vous pousse à agir par à coups, sans discernement et finalement vous retombez dans le fossé de la dépendance.
Les positions subalternes, l'infériorité, les petits boulots frustrants : plus que tout autre, vous devriez les éviter. Vous êtes souvent à l'étroit dans votre vie professionnelle et l'image que l'on a de vous vous déplaît. Mais vous ne savez pas pourquoi.
En fait, vous êtes un insatisfait… astral ! Il est à noter que souvent, sous cet aspect, vous ne partiez battu d'avance, dans le style : « à quoi bon, je ne suis bon à rien ». Courage, il y a un potentiel !

CE NATIF A BESOIN D'ÊTRE RASSURÉ !
LE MAÎTRE DE LA GUERRE VOUS DONNE…
UNE PERSONNALITÉ MOUVANTE !

MARS EN MAISON 11 :

💣💣 EXPLOSIF POUR : le relationnel.

Vous avez besoin de dominer, de vous affirmer et ce n'est pas toujours facile à gérer car c'est épuisant.
Mais vous auriez l'impression de faillir si vous baissiez la garde ! Aussi vous entourez-vous de gens brillants, un rien tapageurs, qui prennent le relais, vous dynamisent et vous sécurisent quand il vous arrive de manquer d'assurance (hé oui !). Vous êtes un être sain, qui peut mener de front plusieurs activités. C'est peut-être un peu dommage, car « pierre qui roule n'amasse pas mousse », c'est bien connu !
Mais, dans la vie, vous ne vous ennuyez jamais, tout est « défi » pour vous et vous les relevez tous.
Selon le reste du thème : gare à la dispersion !

CE NATIF-LÀ NE LAISSE RIEN PASSER !
LE MAÎTRE DE LA GUERRE VOUS DONNE...
UNE PERSONNALITÉ... OMNIPRÉSENTE !

MARS EN MAISON 12 :

💣💣 EXPLOSIF POUR : les épreuves, ce qu'il faudrait changer dans une autre existence.

Selon votre ASCENDANT, vous êtes peut-être un être qui a toujours recours aux solutions extrêmes en cas de problème (découragement ou violence injustifiée).
Épidermique et chatouilleux, une mauvaise nouvelle vous fait démarrer au quart de tour ! En effet avec de mauvais aspects, vous réagissez aux coups durs de l'existence avec violence, en vous en prenant aux autres quand tout ne va pas pour le mieux. Avec un SOLEIL en BÉLIER, vous en venez rapidement aux mains !
Mais il se peut aussi que vous soyez un personnage qui donne le meilleur de lui-même et dans ces cas-là, vous vous surpassez. On peut même dire qu'alors les épreuves vous aident à montrer votre vrai visage !
Cet aspect-là vous offre, de toute façon, des ressources pour rebondir et revivre de vos cendres, tel un phénix !

CE NATIF-LÀ EST INDESTRUCTIBLE !
LE MAÎTRE DE LA GUERRE VOUS DONNE...
LA HANTISE DE L'ÉCHEC !

☺ JUPITER DANS LES SIGNES ☺

(L'expansion dans tous les domaines, la chance)

EN BÉLIER : excessif en tout!
CHANCE : oui, matérielle surtout!
VOTRE PLUS GRAND PLAISIR : mener tout le monde à la baguette : et que ça saute!

Indépendant et autoritaire, vous adorez n'en faire qu'à votre tête et que les autres vous obéissent! Vous êtes optimiste, extraverti et chaleureux. Vous voulez tout, tout de suite! Vous êtes avide de nouveautés, de confort, de relations étonnantes et variées. Impétueux et courageux, voire téméraire, rien ne vous rebute, rien ne vous fait peur. Vous vous liez vite, à toutes sortes de gens, sans a priori ni arrière-pensée. Violent lors des accrochages, vous n'êtes pas que brutal en mots, vous passez parfois aux mains! Vous croquez la vie à pleines dents, laissant derrière vous ceux qui n'ont pas compris votre intense soif de vivre, votre impatience chronique. Bon ami, bon amant, vous, ne vous vous fatiguez pas en promesses que vous ne voulez pas tenir. Mais on peut compter sur vous, quand vous êtes là vous êtes travailleur, efficace et débrouillard. Votre chance est fluctuante, plutôt matérielle, car, pour les sentiments, vous n'êtes pas des mieux lotis : vous vous lassez vite. Et vous êtes enclin aux excès dans tous les domaines!

Ah, ce BÉLIER, quelle fougue!

ASPECT RÉTROGRADE : ici point de violence, ni de cette impatience un peu excessive. Vous respectez les autres, ne vous imposez pas et restez même en second plan sur la scène de la vie. Mais au fond de vous vous en concevez du regret : vous sentez bien que ce n'est pas votre vraie pulsion!

EN TAUREAU : plus vous êtes riche, plus vous êtes heureux!
CHANCE : n'y comptez pas!
VOTRE PLUS GRAND PLAISIR : avoir beaucoup d'argent et une grande famille!

Votre bonheur réside dans les biens matériels : il est conditionné par vos comptes en banques, vos possessions! Mais vous êtes aussi affectueux, traditionaliste et très tendre avec vos proches. Sain de corps et d'esprit, gourmet et gourmand, vous êtes un bon vivant, un bon amant, un personnage gai et chaleureux auprès duquel il fait bon vivre. Paternaliste et

protecteur, vous rassurez par votre présence: vous inspirez confiance. Mais gare à l'obésité et à l'abus d'alcool et de plaisirs... !
Ainsi, jovial et sympathique, vous n'êtes jamais rassasié, dans aucun domaine: plus vous mangez, plus avez faim; plus vous gagnez d'argent: plus vous en voulez. Vous êtes un boulimique de biens matériels, de bien-être physique et moral.
Votre solide appétit s'exerce aussi dans le domaine amoureux ou vous donnez sans mesure, alors sachez trouver un partenaire à votre (dé)mesure !

Ah, VÉNUS, comme tu t'éclates dans le TAUREAU !

ASPECT RÉTROGRADE : certes votre sensualité est grande et votre sens de la famille aussi. Pourtant, vous aimez sortir des sentiers battus. À la personne qui vous proposera de vivre des moments exaltants, voire marginaux, quelle que soit votre situation de famille, vous direz oui, tout de suite !

EN GÉMEAUX : vous êtes génial, vous frôlez parfois la folie (douce) !
CHANCE : bof... mais vous y croyez !
VOTRE PLUS GRAND PLAISIR : les soirées où l'on refait le monde !

Vous avez vos lettres de noblesse dans le domaine de l'intellect: vous êtes génial au vrai sens du terme: vous avez du génie ! Vous êtes sociable, éternellement jeune et sympathique.
Gare aux utopies, aux chimères, pour vous rien n'est jamais trop beau pour être vrai !
Les mots d'esprit, les bonnes blagues, l'ironie: vous ADOREZ ! Aussi vous rapprochez-vous des gens qui ont de l'humour et c'est malheureusement souvent votre seul critère. Influençable, vous suivez n'importe qui au bout du monde.
Vous êtes un vrai naïf, un grand enfant qui recherche toute sa vie l'enchantement de ses premières années, ses jeux et ses plaisirs. D'ailleurs vous gardez toujours un esprit jeune, ouvert à tout, vous avez peu ou pas de préjugés.
Avec vous tout est possible, vous êtes mieux qu'intelligent: vous êtes ouvert à tout !

Ah, ce GÉMEAUX, quel « risque tout » !

ASPECT RÉTROGRADE : votre bavardage n'a rien de superficiel, d'artificiel. Au contraire, vous aidez comme vous pouvez, sans narcissisme ni affectation. Vous éprouvez dans la vie des joies profondes, même si vous êtes plus intellectuel que sensuel. Vous savez vous montrer proche des autres et bienveillant !

EN CANCER : vous comprenez vite, êtes intuitif!

CHANCE : oui, mais vous ne l'avouerez jamais!

VOTRE PLUS GRAND PLAISIR : réussir pour gâter votre famille!

Cet aspect vous donne un esprit de synthèse, rapide et pratique. Vous vous faites des choses une image réaliste. Contrairement au signe solaire, le CANCER étant surtout réputé pour sa gentillesse, ici nous rencontrons une configuration où les aspects matériels sont forts : vous êtes un vrai « pro » en fait et aimez les challenges, l'argent, même si toutes vos réussites sont réalisées pour plaire aux vôtres! Vous êtes sensuel, passéiste, voire nostalgique, car vous savez que dans bien des domaines, les choses perdues ne se rattrapent pas et vous avez laissé passer tant d'opportunités! Persuasif, vous avez sur les autres un réel ascendant, mais de temps en temps vous êtes trop flegmatique pour exercer votre pouvoir! Dommage!

Un peu mollasson, le CANCER!

ASPECT RÉTROGRADE : vous vous savez sensible et vulnérable et vous prenez le contre-pied. Vous vous blindez, interdisant aux émotions de vous submerger. Vous êtes moins enclin à vous pencher sur les malheurs des autres et par ricochet, les autres ne vous font plus de cadeau. Pour vous, dans la vie, c'est chacun pour soi et vous êtes le premier à en faire les frais!

EN LION : vous vous aimez, mais vous aimez aussi les autres!

CHANCE : de formidables coups de pouce du destin!

VOTRE PLUS GRAND PLAISIR : juste être le... Roi!

Expansion du domaine de l'ambition : vous n'avez aucun frein dans vos projets, vos désirs. Vous vous sentez l'âme d'un conquérant, auquel rien ne résiste bien longtemps! Mais vous êtes aussi généreux, fier de vous, avec des goûts de luxe. Dans tous les domaines, vous voulez du beau, du neuf, du solide! Vous aimez avec générosité et bonté et pour vous et pour les gens que vous aimez rien n'est jamais trop beau, trop luxueux. Vous reculez autant que possible les frontières de ce qui est réalisable et grâce à de formidables coups de pouce (surtout matériels) du destin, vous rétablissez la balance de vos finances! Dans la vie, vous ne supportez pas le tiède, en rien! Avec vous ça passe ou ça casse, mais de toute façon, nul ne peut vous oublier. Comme tous les gens bons et qui le savent, vous êtes volontiers tyrannique!

Ah, ce LION, quel phénomène!

ASPECT RÉTROGRADE : vous sentez que pour aider les autres, il ne suffit pas de les inonder de bienfaits. Adapter votre aide aux circonstances, voilà une de vos grandes qualités : au lieu d'offrir du poisson, vous enseignez l'art de la pêche!

EN VIERGE : vous êtes précis... voire maniaque de l'ordre et du détail !
CHANCE : vous n'y comptez pas, et vous avez raison !
VOTRE PLUS GRAND PLAISIR : que chaque détail « colle » !

Cet aspect vous donne, en effet, le goût du détail ! Vous, c'est peu dire que vous êtes précis, vous êtes la précision même. Vous cultivez cet art et ciselez votre vie comme un sculpteur. Maniaque et peu accommodant avec la morale, vous voulez toujours que tout soit, dans la vie, comme dans le grand-livre de la loi ! Malgré une certaine rigueur, vous savez vous montrer serviable, à condition qu'on ne vous exploite pas et que la personne qui bénéficie de votre aide en ait vraiment besoin. C'est pour cela que vous avez une préférence pour les gens âgés, les jeunes enfants, les populations défavorisées : méfiant comme vous l'êtes, là au moins vous êtes sûr d'être indispensable !

Ah, cette VIERGE, quelle moraliste !

ASPECT RÉTROGRADE : au fur et à mesure que vous atteignez vos objectifs, vous en reculez les limites ! Comment réussir à être heureux, de cette manière ? Je ne sais pas non plus. En tout cas, vous ne serez jamais satisfait !

EN BALANCE : vous exigez le bonheur universel !
CHANCE : oui, mais très irrégulièrement !!
VOTRE PLUS GRAND PLAISIR : admirer et qu'on vous admire !

Vous êtes un esthète raffiné : à vous les belles choses, les gens beaux, les animaux majestueux, les belles voitures, les belles maisons. Vous êtes épris de justice, mieux : vous haïssez l'injustice ! Vous vous insurgez contre cette dernière et comme vous êtes, nous l'avons vu, un esthète raffiné, c'est le manque de confort matériel, d'harmonie et de sérénité chez les gens nécessiteux qui vous dérange. Vous voudriez que tout le monde soit propre, net et bien soigné : bref, que les apparences soient sauves. Vous êtes par contre handicapé par une indécision chronique : vous n'arrêtez pas de demander l'avis de tout le monde, vous n'arrivez jamais à vous décider. Mais vous aimez tant rendre service, êtes si gentil, que ce défaut fait sourire : on vous pardonne ! Mais, tout de même, quelle indécision !

Ah, cette BALANCE quelle coquette !

ASPECT RÉTROGRADE : il se peut que vous ayez l'impression que tous les bienfaits (matériels) qui vous étaient dus ne vous ont pas été accordés ! Tournez-vous vers des domaines plus ludiques, tels l'art, le sport, les sorties amicales, pour trouver épanouissement et bonheur !

EN SCORPION : vous cataloguez tout de suite, tout le monde !
CHANCE : oui, mais vous pensez que c'est de la clairvoyance !
VOTRE PLUS GRAND PLAISIR : mettre les autres à genoux !

Dans le domaine du magnétisme personnel et individuel, vous n'avez de leçon à recevoir de personne ! Vous êtes anticonformiste, charnel et original : un personnage qui dérange, mais qui attire !
Diabolique, cruel et méchant à vos heures, vous avez de fortes pulsions. Ces dernières sont opérantes dans tous les domaines et quand elles vous prennent, vous allez au bout des choses : le démon vous y aide ! Bourreau des cœurs, des corps et de l'esprit, vous vous révélez un machiavel sulfureux et pétri de luxure à vos heures. Comme vous avez de l'intuition, vous ne vous trompez pas de partenaire : aussi ces débordements sont-ils partagés par les initiés !

Ah, ce SCORPION, quel manipulateur!

ASPECT RÉTROGRADE : bien plus sentimental que le SCORPION « habituel », vous goûtez certes tous les plaisirs, mais d'une façon plus saine, plus naturelle. Vos élans sont pleins de joie de vivre, de franche gaieté !

EN SAGITTAIRE : vous voulez tout, tout de suite !
CHANCE : oui, vous pouvez y compter !
VOTRE PLUS GRAND PLAISIR : réaliser vos projets !

Dans le domaine de la communication vous êtes passé « pro » ! Vous avez de grandes idées et ne fuyez pas les discussions qui les concernent. Vous voyez grand, vous êtes ambitieux, vous aspirez à de grands espaces, bref : vous êtes idéaliste ! Autant vous dire que lorsque vous réalisez l'un de vos plans « sur la comète », vos pieds ne touchent plus le sol ! Et cela arrive de temps en temps, car vous êtes aussi conformiste, moraliste, loyal et fin pédagogue. Vous savez organiser, dynamiser, optimiser et moderniser aussi bien le matériel que le conceptuel. Vous aimez bien qu'on vous consulte pour toute chose, mais pensez toujours d'abord à vous : vous vous aimez tant !
Un peu arriviste, vous cultivez le « moid'abord » avec un bel aplomb ! Mais vous êtes si sympathique !

Ah, ce SAGITTAIRE, quel meneur d'hommes!

ASPECT RÉTROGRADE : la vie se charge de vous poser des barrières, car votre dynamisme naturel vous pousse à agir sans freins ni tabous ! Vous êtes bien obligé, ainsi, de réfléchir et de refréner votre ardeur. Dommage, dites-vous ? Ce n'est pas sûr !

EN CAPRICORNE : vous voulez tout gérer!
CHANCE : non, pas vraiment!
VOTRE PLUS GRAND PLAISIR : tenir un registre de tout, sur tout!

Dans le domaine de la rigueur professionnelle (et morale), vous ne badinez pas. On vous confie une mission : vous la menez jusqu'au bout, malgré les pleurs et les grincements de dents. Vous manquez singulièrement d'humour, notamment dans les finances : pour vous un sou est un sou. Malheureux quand vous êtes désargenté, vous êtes alors prêt à tout, même à taper les copains, vous inviter chez eux, pour subsister. Le CAPRICORNE sait être pique-assiette à ses heures, mais la bonne nouvelle, c'est qu'il ne laisse personne dans le besoin! Vous avez aussi la légendaire prudence des signes de terre, leur pragmatisme et leur sérieux. Quelle autorité en plus! Vous, on peut dire que vous savez commander. Vous n'êtes pas marrant, marrant, mais si efficace!

Ah, ce CAPRICORNE, quel triste sire!

ASPECT RÉTROGRADE : même si vous réussissez à accomplir dans la vie ce qui vous importe le plus, ce ne sera pas suffisant! Tiraillé par le sentiment de devoir constamment vous surpasser, vous êtes tout, sauf serein!

EN VERSEAU : vous avancez les yeux grands ouverts!
CHANCE : oui, heureusement!
VOTRE PLUS GRAND PLAISIR : Innover, tenter des choses nouvelles, vous donner une apparence originale!

Vous vous ouvrez à toutes les idéologies, sans aucun préjugé. On peut tout vous dire sans vous choquer, car votre esprit universel essaie d'abord de comprendre, puis de comprendre les autres et il y a peu de chance d'être mal jugé avec vous! Très souvent vous aimez parler, vous exprimer, non seulement pour faire part de vos idées nombreuses et originales, mais aussi pour convaincre. Plus opiniâtre qu'il n'y paraît, vous aimez que l'on se range à votre avis et quand vous avez réussi à transformer la mentalité d'un groupe de personnes : vous atteignez le paroxysme de la félicité! Vous êtes diplomate, adaptable et sobre dans vos besoins, vous ne briguez pas la grande vie, et n'êtes pas snob!
Superficiel et indifférent? Non, c'est une cuirasse pour faire face aux vicissitudes!

Ah, ce VERSEAU, quel hurluberlu!

ASPECT RÉTROGRADE : vous vous tenez en marge des événements et ne savez pas profiter de ce que les gens pourraient vous apporter. Vous êtes tout le contraire d'un opportuniste et c'est bien dommage! Profiter ne serait-ce qu'un peu d'un coup de pouce providentiel, vous apporterait le bonheur nécessaire pour assurer votre épanouissement!

EN POISSON : tout vous émeut!

CHANCE : matérielle, surtout!

VOTRE PLUS GRAND PLAISIR : les bonnes nouvelles!

Votre esprit universel se tourne vers de multiples sujets, vous avez des idées, mais vous êtes trop émotif pour en concrétiser la plupart. Un peu indolent, un peu mou, vous laissez souvent passer les coches.
Vous êtes sensible, enfantin, et rêveur. Mais aussi fragile de corps et d'esprit! Vos nerfs sont faciles à ébranler, ne vous montrez pas plus fort que vous n'êtes. Gentil et toujours prêt à aider les autres, vous êtes franchement ému par la misère et l'indigence, mais qu'y pouvez-vous? Ce signe d'EAU, surtout si c'est aussi votre signe solaire, vous garantit, vous, de la médiocrité (financière) mais ne vous enlève pas pour autant vos autres préoccupations : vous êtes trop inquiet pour être heureux.

Ah, ce POISSON, quel sentimental!

ASPECT RÉTROGRADE : vous vous êtes depuis longtemps rendu compte que votre excessive sensibilité vous nuit. Alors vous vous êtes forgé une carapace! Souvent, vous décidez de vous atteler à une tâche bien précise, vous forgez un idéal, un but à votre vie. Opiniâtre et déterminé vous allez alors au bout de vos convictions, mais toujours avec gentillesse et sensibilité!

JUPITER EST UNE PLANÈTE LENTE QUI PASSE DANS LES SIGNES TOUS LES DOUZE ANS. CE QUI VEUT DIRE QUE LES GENS NÉS DANS CE PASSAGE ONT LES MÊMES CARACTÉRISTIQUES OU PLUS EXACTEMENT LES MÊMES IDÉES DANS CERTAINS DOMAINES. C'EST EN PARTIE POUR CETTE RAISON QUE LES GENS D'UNE MÊME GÉNÉRATION ONT PLUS DE FACILITE À S'ENTENDRE.

EN FAIT, ILS ONT LES MÊMES DONNÉES ASTRALES!

☺ JUPITER DANS LES MAISONS ☺

(L'expansion dans tous les domaines, la chance)

JUPITER EN MAISON 1 :

VOUS VOUS « ÉCLATEZ » (!) dans : l'ascendant, la personnalité, c'est-à-dire avec vous-mêmes !

Vous êtes optimiste, heureux de vivre et sympathique. Votre jovialité, votre esprit débonnaire ne sont pas dénués de naïveté ! Vous vous aimez bien et ça se voit ! Mais vous aimez aussi les autres : aussi êtes-vous généreux, parfois trop. Toutes fois, vous ne prenez que des engagements superficiels et dans des domaines ludiques, ainsi vous êtes à l'abri des retours de bâton. Tout cela reste bon enfant et léger !
Selon votre thème, il se peut qu'une joie de vivre refoulée ne vous conduise à la gourmandise.

VOTRE PRINCIPAL ALLIÉ : ... VOUS-MÊME !

JUPITER EN MAISON 2 :

VOUS VOUS « ÉCLATEZ » (!) dans : les biens matériels !

Vous avez l'art d'attirer l'argent et les richesses à vous ! Saurez vous les garder, les faire fructifier ? Ceci dépendra bien sûr des autres aspects de votre thème qui, sous certaines conjonctures, peut aussi vous pousser à jouer vos gains !
Mais de toute façon, votre grande préoccupation dans la vie est surtout matérielle, c'est un domaine qui est primordial pour vous : riche, vous êtes heureux et pauvre, vous ne l'êtes pas ! Ce schéma apparemment simpliste est le canevas de votre vie et n'a rien de ludique : vous iriez très loin au propre comme au figuré pour vous enrichir !
JUPITER étant le signe de la prodigalité, on peut aussi craindre que vous ne viviez au-dessus de vos moyens !

VOTRE SEULE PRÉOCCUPATION : VOTRE COMPTE EN BANQUE !

JUPITER EN MAISON 3 :

VOUS VOUS « ÉCLATEZ » (!) dans : la communication, les frères et sœurs !

Vous avez besoin de vous épanouir dans un cadre sympathique et agréable. Si dans votre enfance vous avez été lésé au profit d'un frère ou d'une sœur, notamment au niveau des études, vous en gardez des séquelles. Votre besoin de vous valoriser en communiquant est très fort, vous en tirez un réel plaisir ! Si vos parents, vos proches n'en tiennent pas compte, selon votre signe solaire, vous risquez de vous enfermer dans un mutisme contraint, très frustrant, débouchant parfois sur des troubles psychologiques. Sociable et ouvert, vous manquez parfois de discernement et d'objectivité dans le choix de vos relations. Vous vous intéressez à quantité de choses, plus dans le dessein d'en tirer profit, d'en jouir, d'en parler, que dans celui d'aller au fond des choses pour des raisons culturelles.

VOTRE PRINCIPAL ALLIÉ : ... VOTRE TÉLÉPHONE !

JUPITER EN MAISON 4 :

VOUS VOUS « ÉCLATEZ » (!) dans : le foyer parental !

Dès votre naissance, vous vous êtes senti à l'aise chez vous, dans votre foyer. Ce qui fait qu'à l'âge adulte, vous vous sentez bien partout, ayant une grande facilité à vous installer où vous allez. Vous prenez physiquement, moralement possession des lieux et êtes très paternaliste. Dès que vous arrivez quelque part, vous êtes le ROI de ce lieu, vous voulez le rendre agréable et faire le bonheur de vos « sujets ».
Il vous arrive de vous inquiéter au sujet de vos collègues, comme si vous déteniez le moyen de leur rendre la vie plus simple ! Mais ceci signifie aussi que si vous ne retrouvez pas le bien-être auquel vous êtes habitué ou que quelqu'un vous contrarie dans cette démarche, vous êtes très mal dans votre peau !

VOTRE GRANDE VOLUPTÉ : ... LA CHALEUR DU NID !

JUPITER EN MAISON 5 :

VOUS VOUS « ÉCLATEZ » (!) dans : les plaisirs, les liaisons, les créations !

Vous êtes plein de vitalité, expansif et tapageur ! Un peu envahissant, vous êtes une joyeuse nature qui entend goûter tous les plaisirs ! Débordant de générosité, chaleureux et convivial, la recherche des plaisirs est d'ailleurs, votre principale préoccupation. Vous êtes affectueux avec les enfants. Vous poussez parfois votre goût du plaisir jusqu'à l'égocentrisme. Dans ce cas (extrême), certaines situations qui n'amusent que vous, vous les faites subir au reste de l'entourage, à la famille.
Mais selon certaines positions astrales, certaines contingences familiales (religion, maladie, pauvreté), un frein quel qu'il soit à exprimer vos pulsions, à vous exprimer, pourrait vous rendre perpétuellement insatisfait, boulimique et frustré !

VOTRE PRINCIPAL SOUCI : ... ORGANISER REPAS ET FÊTES !

JUPITER EN MAISON 6 :

VOUS VOUS « ÉCLATEZ » (!) dans : le quotidien, la routine !

Veinard ! Vous avez l'art de trouver du plaisir dans la routine, les travaux mineurs, les gestes de tous les jours ! Vous êtes équilibré et si on ne peut parler de bonheur absolu à ce stade du thème, on comprend que votre manque d'ambitions démesurées est gage d'un bon caractère, d'une nature sereine. Vous vous épanouissez partout et vous avez le don d'agrémenter la vie au jour le jour !
Bien sûr, parfois vous vous sentez un peu à l'étroit dans le monde où vous évoluez ! Vous jouissez d'un bon état de santé.

VOTRE PLUS GRANDE JOIE : ... LE BONHEUR DES AUTRES !

JUPITER EN MAISON 7 :

VOUS VOUS « ÉCLATEZ » (!) dans : les associations, le mariage !

Votre âme sœur vous apporte le plein épanouissement ! Toutes vos associations sont placées sous de bons auspices, votre chaleur et votre sens inné du relationnel vous ouvrent toutes les portes ! Vous avez aussi le talent de dénicher les personnes originales, celles qui servent le mieux vos desseins. Si vous êtes chef d'entreprise, vous devriez vous occuper du recrutement, de la formation. Vous ne perdez pas de temps avec les incapables, savez les orienter dans un domaine où ils seront plus à l'aise (et vous aussi !). Votre sens du relationnel est votre point fort, on peut, sans vous connaître, vous affirmer que dans votre vie vous avez probablement fait les bons choix et êtes entouré des bons partenaires ! Même si vous n'en êtes pas conscient, vous avez votre vie bien en main !

VOTRE RAISON DE VIVRE : ... VOTRE ENTOURAGE !

JUPITER EN MAISON 8 :

VOUS VOUS « ÉCLATEZ » (!) dans : la mort physique et morale, l'argent du partenaire !

Surtout dans le sens : mettre fin à des situations pénibles, qui ne vous apportent rien. Dans cette configuration, on parle souvent de chance pure, d'héritages, (ce qui n'enlève en rien le chagrin de perdre un être cher !) et d'envie constante de se renouveler. Même si vous vous sentez, a priori, heureux, vous recherchez toujours plus, ailleurs ! Vous traversez aussi des périodes de marginalité, d'originalité à tout prix et d'autres où vous vous complaisez à vivre aux crochets (moraux ou financiers !) des autres. Bref, un méli-mélo de sensations fortes, mais on n'en attendait pas moins de la MAISON 8 !
Dans cette configuration, les étoiles vous protègent contre une mort violente !

VOTRE GRAND ATOUT : ... SAVOIR TOURNER LA PAGE !

JUPITER EN MAISON 9 :

VOUS VOUS « ÉCLATEZ » (!) dans : les voyages, les grandes idées !

Vous aspirez spontanément à élargir vos horizons, dans tous les domaines, vous êtes attiré par les grands espaces, les grandes idées !
Vous voulez sortir de votre milieu naturel, chercher mieux, plus haut, plus fort !
Selon le reste du thème, vous êtes de ceux qui vont vivre à l'étranger ou encore qui voyagent beaucoup pour affaires et bien sûr pour élargir les connaissances !
Bien entendu avec de mauvais aspect, vous êtes tout le contraire : vous refusez de bouger physiquement et moralement !

VOUS ASPIREZ AU BONHEUR : ... MAIS AILLEURS !

JUPITER EN MAISON 10 :

VOUS VOUS « ÉCLATEZ » (!) dans : la profession, l'impact sur les autres !

Sous cet aspect, vous aspirez à l'indépendance et à l'aisance matérielle et arrivez très souvent au succès !
Vous aimez l'abondance, les « jobs » qui vous valorisent, qui donnent de vous une image optimisante !
Les métiers de la justice, du social, mais aussi la médecine, les soins corporels sont pour vous de formidables moyens de faire aux autres ce bien que vous prônez ! Même si ce n'est pas toujours retentissant, vous vous forgez à votre échelle une réussite, une notoriété. Vous êtes ambitieux, tardivement parfois, afin de vous assurer cette aisance matérielle, qui est la condition de votre bonheur.
Même si vous pêchez parfois par excès d'optimisme, vous êtes généralement protecteur et bienveillant à l'égard de votre entourage !

VOTRE SEULE AMBITION : ... VOLER DE VOS PROPRES AILES !

JUPITER EN MAISON 11 :

VOUS VOUS « ÉCLATEZ » (!) dans : le relationnel !

Sous cet aspect, vous êtes heureux à une condition : faire des projets !
Tant que vous caressez des idées à développer, des choses à réaliser, à entreprendre, vous êtes à votre aise et avez vraiment l'impression d'exister. Les projets, même utopiques ou irréalisables, sont votre moteur, le piment de votre existence. Que ce soit à longue haleine ou pour la soirée, il faut que vous puissiez vibrer pour un but et perdez le moral quand rien ne se précise à l'horizon.
Vous êtes un être sympathique et ouvert à tout et, avec JUPITER dans un signe d'AIR, un excellent ami, fidèle et disponible !

LA QUESTION DE VOTRE VIE : ... ET DEMAIN ? ET ENSUITE ?

JUPITER EN MAISON 12 :

VOUS VOUS « ÉCLATEZ » (!) dans : les épreuves, les mauvais penchants !

Avec cet aspect, vous avez besoin de vous isoler. Vous ne vivez pas seul, bien sûr, mais des périodes de repli sur vous-même sont nécessaires à votre épanouissement. Les autres sont parfois surpris par vos absences, vous ne vous en rendez pas compte ! Livré à vous-même, vous puisez au fond de vous de nombreuses ressources et vous vous sentez bien. Vous n'avez pas toujours besoins des plaisirs extérieurs, du secours des autres pour être heureux.
Selon la position de SATURNE (en maison 1, 6 ou 12), vous tendez à être misanthrope, apathique ou asocial ! Mais c'est très rare !
Avec cet aspect, vous bénéficiez au cours de votre vie de protections providentielles !

VOUS ASPIREZ À : TROUVER LE BONHEUR... AU FOND DE VOUS !

☹ SATURNE : je sais ☹

(vie intérieure, réflexion)

EN BÉLIER :

Vous, réfléchir ? Pas le temps...
Vie intérieure ? Ca ne sert à rien !

Cette planète, qui est lourde et pas gaie, gaie, ne vous apporte qu'un soupçon d'influence ! En fait, vous avez compris depuis longtemps que vous devriez vous calmer, prendre les problèmes à bras-le-corps au lieu de claquer les portes, de calmer cette fichue impatience qui vous enlève toute sérénité ! Cet aspect n'est pour vous qu'une brimade de plus : de temps en temps elle vous donne des remords !
Les gens qui s'adonnent à la réflexion intensive, à la méditation, n'ont-ils pas un peu raison ? Le bonheur réside-t-il vraiment dans cette fuite en avant ? Violent et réactif, vous n'écoutez rien et passez trop peu de temps à repenser vos actes. Il n'y a que la famille, les jeunes enfants, qui réussissent à vous émouvoir : pour eux, parfois, vous posez vos valises et... votre cœur !

ASPECT RÉTROGRADE : la vie finit quand même par vous donner des leçons qui portent leurs fruits ! Malgré votre impatience, votre grande mobilité, vous savez rester dans les normes d'un comportement optimal, qui vous assurera succès et réalisation de projets...

Pas marrant, marrant SATURNE ?
Il vous met du plomb dans la cervelle !

EN TAUREAU :

Vous réfléchissez ... longtemps.
Vie intérieure ? Du temps perdu !

Lent à démarrer, vous êtes aussi lent à vous arrêter : quand la machine de votre cerveau s'est mise en branle, vos réflexions tournent à l'obsession. Quand un sujet vous tracasse, il vous ôte le sommeil, l'appétit, votre légendaire joie de vivre. C'est vrai que pour vous il vaut toujours mieux agir et vous n'avez que mépris pour les penseurs, les phraseurs, les tireurs de plans sur la comète. L'action vous stimule : en travaillant de vos mains, vous donnez le meilleur de vous-même.
Vous n'aviez pas besoin de cette planète lourde et pessimiste : vous n'avez jamais négligé vos arrières. Elle vous donne du vague à l'âme et mauvaise conscience quand tout va trop bien. Dans les soirées où tout le monde s'éclate, vous êtes de ceux qui, soudain, s'assombrissent : tant de bonheur : l'avez-vous vraiment mérité ?

ASPECT RÉTROGRADE : vous ne vous rendez pas compte, dans votre jeunesse, que vous n'êtes pas fait pour les projets à court terme. Influencé par les copains, vous essayez de vous disperser, comme eux. Mais très vite, vous vous apercevrez que vous avez toujours su pourquoi vous étiez fait !

Pas marrant, marrant SATURNE ?
Ce n'est pas une raison pour l'imiter !

EN GÉMEAUX :

Vous réfléchissez ... après !
Vie intérieure ? Vous avez tant de rêves !

Cette planète, vraiment, quelle galère ! Non seulement elle vous dit sans arrêt que vous êtes trop bavard, mais en plus elle donne mauvaise conscience : vous sentez bien que parfois vous manquez de profondeur. Bien trop subtil pour ignorer vos défauts, vous avez choisi d'en rire ! Mais SATURNE ne l'entend pas de cette oreille ! Aussi, avec cet aspect, êtes-vous devenu plus rêveur, plus secret, plus inventif : vous brassez moins de vent. Ainsi, vous avez l'impression d'échapper à cette emprise handicapante : vous qui aimez tant les contacts, la fête, ne perdez pas le sens des réalités. Bon ami, on peut compter sur vous pour parler de tout, vous trouvez les solutions. Vous avez aussi la faculté de bien vous exprimer : cette planète, qui n'est aimable avec personne (sauf peut-être avec le CAPRICORNE), vous doit beaucoup : vous êtes son porte-parole !

ASPECT RÉTROGRADE : il se peut que votre manque de sérieux vous pose un jour un gros problème, au courant de votre vie : n'ayez aucune crainte, vous en sortirez enrichi et conscient de l'énorme potentiel que vous avez !

Pas marrant, marrant SATURNE ?
Essayez de changer ça !

EN CANCER :

Vous réfléchissez ... avec le cœur
Vie intérieure ? Plutôt « intérieur » !

Cette planète n'a rien à vous apprendre. Sérieux et très proche des difficultés de la vie : vous êtes en fait très en phase avec elle. Elle vous apporte son soutien : vous sentez bien que vous avez raison quand vous pensez que tout va mal. Gentil et plein d'amour pour les autres, vous savez compatir et trouver les mots du réconfort. Toutes vos réflexions ne tendent qu'à un seul objectif : adoucir le sort de vos congénères, de votre famille et de vous-même. Vous êtes sans arrêt à la recherche de l'idée qui les rendra heureux et vous aussi, par ricochet. Maternant et plein d'amour, la misère et le manque de confort vous font peur : c'est pour les améliorer que vous vous creusez la tête. On peut vous reprocher de ne penser qu'à votre famille, à votre confort, pour tout le reste, vous avez des œillères. Mais reprocher ça à un CANCER : c'est du temps perdu !

ASPECT RÉTROGRADE : vous refusez de vous soumettre à vos émotions, préférant afficher une indifférence que vous êtes loin de ressentir. Parfois, un fait marquant dans votre vie vous révèle à vous-même et vous vous rendez compte, alors, combien votre sensibilité peut vous servir, combien elle vous rend intuitif...

Pas marrant, marrant SATURNE ?
Ça tombe bien, vous non plus !

EN LION :

Vous réfléchissez ... comme un miroir !
Vie intérieure ? Elle ne le reste pas longtemps !

Toutes vos idées sont tournées vers un seul objectif : vous mettre en avant, vous valoriser. Oh ! pas dans des choses futiles, SATURNE ne l'admettrait pas, mais au contraire dans tous les domaines importants : la profession, la famille et, bien entendu, votre image ! Tous vos projets, votre imagination, œuvrent dans ce sens : comment faire pour qu'on parle de moi, qu'on m'admire ? Vous aimez que vos actions d'éclat soient reconnues, que vos initiatives vous attirent éloges et reconnaissance. Incapable de mystère, de fomenter des projets dans l'ombre, chaque étincelle de votre cerveau vous semble géniale et digne d'être révélée. Aussi, malgré tout, vous n'êtes pas antipathique, au contraire. Prévisible comme un enfant, on vous aime pour votre spontanéité : ce n'est jamais vous qui faites des « enfants dans le dos » ! Généreux et bienveillant, vous faites des miracles : SATURNE en deviendrait presque sympathique !
ASPECT RÉTROGRADE : vous êtes orgueilleux, certes, mais incapable de vous faire obéir, de donner des ordres. Dans votre tour d'ivoire, vous réfléchissez pourtant et souvent vous revenez sur scène plus tard, avec bien plus de poigne !

Pas marrant, marrant SATURNE ?
Vous savez l'amadouer !

EN VIERGE :

Vous réfléchissez ... vous n'agissez pas !
Vie intérieure ?...très riche !

Vous êtes plein de rigueur et de sécheresse d'esprit, méfiant et scrupuleux. On peut dire qu'à vous on ne la fait pas, vous découragez les aigrefins ! Méfiant, un peu timoré, vous avez vos idées et dur dur pour en changer ! Vous avez l'entêtement des signes de terre, leur bon sens pragma-

tique, leur lenteur, aussi a-t-on envie de dire que vous n'agissez pas. Vous préférez laisser se décanter les choses, l'agitation vous épuise! Votre vive imagination, toujours en éveil, vous garde de la mélancolie et du stress, aussi êtes-vous la plupart du temps souriant, ou au moins détendu. Selon votre signe SOLAIRE, la position de MERCURE, vous savez ou non exprimer cette imagination, cette part de rêve qui dort en vous.
Vous feriez un merveilleux écrivain de livres d'enfants!

ASPECT RÉTROGRADE: la première partie de votre vie ne sera pas facile, vous vous sous-estimez! Il se peut qu'une maladie chronique, une disgrâce physique, ne vous donne des complexes, vous coupe les ailes. Ensuite, tout ira mieux, vous saurez vous soigner, vous mettre en valeur, et votre intelligence pratique fera merveille!

Pas marrant, marrant SATURNE?
Vous, encore moins!

EN BALANCE:

Vous réfléchissez ... au bonheur de tous!
Vie intérieure? ... pour embellir l'extérieur!

Vous êtes secret et plein de vie intériorisée, pacifique et épris d'harmonie. Rarement violent, jamais vulgaire, vous préconisez l'harmonie et la vie facile pour tous. Si vous avez du temps, vous militez pour des causes un peu futiles, mais qui en y regardant de plus près, tendent toutes à bonifier la vie.
Comme vous êtes très émotif, vous préférez chasser de votre esprit les réflexions trop sérieuses, et abordez rarement les faits divers cruels et morbides: les guerres, les épidémies, les enfants faméliques couverts de mouches: insoutenable pour vous! Vous êtes fragile, mais si gentil, aimable et souriant!
Philosophe et plus profond qu'il n'y paraît, votre amabilité souriante vous fait un écran de fumée: souvent vos larmes et votre mélancolie ne sont pas loin. SATURNE est votre ennemi: sans lui, vous seriez plus détendu, plus heureux. Car votre gentillesse, de toute façon, vous mettait à l'abri de la légèreté, de l'indifférence.

ASPECT RÉTROGRADE: vous ne vous rendez pas toujours compte de ce que votre attitude a d'antipathique! Aussi, votre solitude vous pèse, vous trouvez les autres injustes. Et vous avez tellement besoin d'eux... La solution: analysez-vous quand vous êtes en public et travaillez votre relationnel!

Pas marrant, marrant SATURNE?
Souriez-lui, vous êtes si charmant!

EN SCORPION :

Vous réfléchissez, vous analysez,
vous faites des plans...
Vie intérieure ? Y en a-t-il une autre ?

Vos pensées sont profondes, votre sens de la réflexion exacerbé. Vous avez une vie intérieure très riche, très féconde. Vos pensées, pas toujours joyeuses, sont pleines de bon sens et de lucidité. Clairvoyant et un peu sorcier, vous ne vous trompez pas souvent et l'âme de l'être humain n'a que peu de secrets pour vous.
Mine de rien, c'est pour votre famille que vous donnez votre pleine mesure, pour elle que vous échafaudez mille stratagèmes pour réussir, elle encore qui vous enlève le sommeil, quand tout va mal. Vous cernez rapidement les gens et ne vous laissez pas abuser par des promesses fallacieuses. Vous voyez loin. C'est parce que vous vous attendez toujours au pire, que vous avez souvent le meilleur : vous êtes si prévoyant ! Et en plus, vous êtes assez fin pour en profiter, vous connaissez vos pouvoirs. Quel Machiavel, ce SCORPION !

ASPECT RÉTROGRADE : pourquoi ne pas vider votre cœur, dire ce que vous pensez, au lieu de ruminer des rancœurs et des idées fixes, ça ne vous ressemble pas ! Utilisez au contraire votre esprit critique à des fins constructives, dialoguez. Toutes les choses ne sont pas faciles à dire, c'est vrai ! Mais quelle victoire quand on y arrive !

Pas marrant, marrant SATURNE ?
Vous en faites quand même ce que vous voulez !

EN SAGITTAIRE :

Vous réfléchissez ... pour élever le débat !
Vie intérieure ? ... elle ne le reste pas longtemps !

Cette planète vous confirme dans vos choix : vos idéaux sont renforcés. Vos pulsions sont exacerbées, quelles qu'elles soient et vous cultivez le tout, tout de suite. Tapageur et communicatif, vous livrez vos trouvailles intellectuelles dès que vous les avez conçues, parfois même un peu prématurément !
Peu soucieux des autres, vous êtes aussi partisan du moi d'abord et vous servez largement de tout ce qui vous plaît, sans vous soucier s'il en reste assez pour les autres ! Mais vous êtes si sympathique, que la pilule passe plus facilement. Plein d'humour, vos idées, vos élans ont la fraîcheur de l'enfance, vous restez longtemps jeune et ouvert à tout ! Franc et loyal, on ne peut pas vous reprocher de prendre les gens en traître : vous annoncez haut et fort le teneur de vos ambitions !
Vous avez mille idées à la minute et vous servez largement des nouvelles technologies pour avancer dans la vie. Vous préparez l'après-internet et le réveillon de l'an 2015 !

ASPECT RÉTROGRADE : vous êtes rebelle à tous les conseils : un caractère impossible ! Souvent, l'isolement dans lequel vous placent vos accès de colère vous aide à réfléchir et vous réapparaissez, détendu, souriant ! Mais pas toujours !

Pas marrant, marrant SATURNE ? Mais vous, si !

EN CAPRICORNE :

Vous réfléchissez... et vous mettez en pratique !
Vie intérieure ? Plutôt « intérieur » !

Ici SATURNE est en domicile, les qualités de sérieux du signe sont bien soutenues par celles de la planète ! Il ne manquerait d'ailleurs plus que ça : c'est la planète maîtresse de ce signe !
Toutes vos idées ont un seul but : accroître votre patrimoine, vos biens au soleil et le bien-être des vôtres.
Professionnellement, on ne peut rien vous reprocher : vous êtes d'équerre ! Ailleurs non plus, d'ailleurs, plus responsable que vous, c'est dur à trouver !
Rarement souriant, jamais léger, vous savez que la vie n'est pas une partie de rigolade et qu'il n'y a pas de hasard : chaque travail mérite salaire, tous les actes sont pesés sur la balance de la vie. Alors pourquoi se plaindre, c'est une perte de temps, il faut vivre selon les lois, les usages. Fonder une famille, avoir des enfants et libérer son esprit des futilités, des idées trop éthérées. Bon ami, loyal et fidèle, bon époux et père (ou mère) dévoué, que dire de plus ? Sinon que d'aucuns vous trouvent un peu austère ! Mais bah !

ASPECT RÉTROGRADE : vous êtes bien plus désordonné, plus brouillon, que vous ne devriez. Vous avez de vos dons une idée fausse et vous vous faites des illusions sur vous-même. Je vous souhaite de trouver dans vos échecs la lucidité qui, en même temps que l'humilité, vous donne la possibilité de mieux appréhender les obstacles !

Pas marrant, marrant SATURNE ?
C'est le CAPRICORNE qui dit ça ?!

EN VERSEAU : Vous réfléchissez... vous échafaudez...

et vous laissez faire les autres !
Vie intérieure ? Oh oui, et parfois, vie extérieure
(mais pas souvent !)

Saturne renforce la réflexion et se mettra au service des sciences d'avant-garde et de la réalisation des projets. Et souvent, c'est comme ça que ça se passe ! Mais n'oubliez pas que notre versatile VERSEAU, toujours attiré par mille utopies, n'aura pas toujours la constance

nécessaire pour mener à bien ses géniales inventions, ses plans mirifiques. Profondément, viscéralement attiré par le progrès, la nouveauté, mais aussi le surnaturel, la preuve de l'existence des OVNIS, ce natif n'aura pas assez de toute sa vie pour tout concrétiser. À moins que MARS en SCORPION, ou un ascendant CAPRICORNE, ne le rende opiniâtre et travailleur!
Bien entendu SATURNE est ici fort mal aspecté et il se venge comme il peut! Un certain vague à l'âme, des remords tardifs rongent ce natif qui est souvent plus torturé qu'il n'y paraît.
La voix de la raison lui souffle mille évidences déplorables: manque de constance, de sérieux, futilité, esprit volage, dépensier, infidèle... que de reproches!

JUSTE POUR VOUS : Comment s'épanouir, avec cet empêcheur de tourner en rond? En réalisant de temps en temps un de vos nombreux projets. Si si, vous pouvez!

ASPECT RÉTROGRADE : vous voulez à tout prix faire preuve d'originalité, vous faire remarquer. Résultat, à force de ne pas vouloir faire comme les autres, vous ne faites rien de bien. Essayez donc d'être naturel, d'écouter la petite voix au fond de votre esprit: c'est elle qui a raison!

Pas marrant, marrant SATURNE?
Il a tout de même beaucoup de sagesse!
VOUS VOYEZ CE QUE JE VEUX DIRE?

EN POISSON :

Vous réfléchissez... vous aimez... vous souffrez...
Vie intérieure?...vous réfléchissez, vous aimez, vous souffrez!

Vous êtes un grand altruiste, on peut même parler de renoncement de soi. Vous voulez améliorer la vie des autres, de vos proches, de vos collaborateurs.
Dans l'existence des autres vous voulez jouer un rôle positif: leur apporter joie et bien être. Vous êtes capable de vous laisser gâcher la journée par une nouvelle qui ne vous concerne pas, ou peu, du moment qu'elle touche quelqu'un dans votre entourage.
Sensible, sentimental, vous réfléchissez avec votre grande émotivité, vous êtes un intuitif, inquiet et jamais vraiment épanoui. Seule consolation: les POISSON sont rarement des gens exubérants, ils sont bien trop proches de la misère des autres!
SATURNE ne peut rien vous reprocher: vous êtes de ceux qu'il apprécie. Aussi est-il pour vous plutôt bénéfique, si l'on peut dire cela de cette planète si austère. Mais en fait, malgré tout, vous êtes souvent en phase avec vous-même, conscient de vos réelles aptitudes à gérer les problèmes. Bref, vous savez que vous êtes mélancolique et pourquoi! Si si, c'est une bonne nouvelle!

ASPECT RÉTROGRADE : trop d'émotivité vous nuit : vous ne savez pas comment orienter votre destin. C'est dommage, vos intuitions sont bonnes : ayez le courage de les écouter, puis de les mettre en pratique !

Pas marrant, marrant SATURNE ?
Ça tombe bien, vous non plus !

☺ SATURNE DANS LES MAISONS ☺

(L'expansion dans tous les domaines, la chance)

SATURNE EN MAISON 1 :

QUELLE AUSTÉRITÉ, ENVERS : l'ascendant

C'est-à-dire vous-même ! Sous cet aspect, un écran de lucidité se dresse entre vous et les autres ! Vous donnez l'impression d'être dur et froid, de ne faire confiance à personne, de ne jamais vous laisser aller !
Votre auto discipline est sévère, vous vivez dans la crainte de faillir à vos engagements !
Perfectionniste, pointilleux, vous ne faites de cadeau à personne et surtout pas à vous-même. Vous avez toujours peur de mal faire, de déplaire. Même si vous sentez que les ordres que l'on vous donne, que les choses que l'on vous dit, sont ineptes, vous êtes de ceux qui y obéissent quand même : et si c'était vous qui aviez tort ? Réagissez : vous avez des qualités, des talents et votre propre opinion des choses.
Votre constante tension risque de vous mener à la dépression.

VOUS ÊTES TROP DUR AVEC : VOUS-MÊME !
NE VOUS FORMALISEZ PAS, SATURNE EST AINSI :
IL NE FAIT DE CADEAUX :
À PERSONNE !

SATURNE EN MAISON 2 :

QUELLE AUSTÉRITÉ, ENVERS : les biens matériels

Ici votre rigueur et votre prudence s'appliquent à vos biens matériels ! Le moins qu'on puisse dire est que vous tournez deux fois l'argent entre vos mains avant de le dépenser. Dans votre entourage, vous êtes réputé pour ça, on vous trouve un rien radin !
Vos biens s'accroissent lentement, mais sûrement, vous êtes si économe et en plus vous êtes prudent : pour vous il n'y a pas de petits profits. Vous faites vôtre, l'adage des petits ruisseaux qui font de grandes rivières ! Vous dépensez votre argent à bon escient et investissez dans la pierre, plutôt que dans des placements hasardeux. Si le reste du thème le confirme, vos acquis sont rarement menacés !
Mais votre esprit petit et un rien mesquin vous garde de la vraie richesse, par peur de perdre vous n'osez pas les coups d'éclat !

SATURNE VOUS FAIT PASSER POUR UN RADIN
NE VOUS FORMALISEZ PAS, SATURNE EST AINSI :
IL NE FAIT DE CADEAUX :
À PERSONNE !

SATURNE EN MAISON 3 :

QUELLE AUSTÉRITÉ, ENVERS : la communication, vos frères et sœurs

Vous êtes un être doué pour la réflexion, logique, précis et sérieux ! Même si vous avez quelques dons pour la diplomatie, vous manquez de chaleur humaine et de spontanéité.
Vous ne vous fiez pas aux apparences, êtes sélectif dans vos relations et possédez un jugement mesuré et sûr. Vous êtes doué pour le calcul de précision, la résolution des problèmes complexes dans tous les domaines.
Souvent timide et peu à l'aise avec les autres, votre orgueil (que vous cachez bien !) vous rend peu sociable. Vous possédez moins d'ambition qu'il n'y paraît !

SATURNE VOUS FAIT PASSER POUR UN VRAI GLAÇON !
NE VOUS FORMALISEZ PAS, SATURNE EST AINSI :
IL NE FAIT DE CADEAUX :
À PERSONNE !

SATURNE EN MAISON 4 :

QUELLE AUSTÉRITÉ, ENVERS : la famille (foyer parental)

Vous avez très vite voulu voler de vos propres ailes, mais maintenant il vous arrive de le regretter : vous avez parfois l'impression d'avoir « loupé » votre enfance ! Très indépendant, vous avez fait comprendre à vos proches que vous n'aviez besoin de rien, d'où un isolement, certes voulu, mais pas pour autant facile à oublier ! Vous êtes certainement un chef de famille qui sait prendre ses responsabilités et qui cherche souvent la solitude, le recueillement.
Seul en début de vie, bien souvent vous serez aussi seul en fin de vie et les grandes décisions de votre existence, vous les prendrez à l'ombre de votre petit coin secret !

SATURNE MET UN MUR D'INCOMPRÉHENSION
ENTRE VOUS ET VOS PROCHES !
NE VOUS FORMALISEZ PAS, SATURNE EST AINSI :
IL NE FAIT DE CADEAUX :
À PERSONNE !

SATURNE EN MAISON 5 :

QUELLE AUSTÉRITÉ, ENVERS : les plaisirs, les créations, les enfants

Vous êtes très sélectif dans le choix de vos amis, de vos relations. Sceptique et méfiant à l'égard des sentiments que l'on vous porte, vous ne vous attachez vous-même que difficilement et après avoir fait passer aux malheureux postulants de nombreux tests de fiabilité ! Ce qui (peut)

rassurer, c'est qu'une fois que vous avez adopté quelqu'un dans le cercle (restreint, donc!) de vos amis, il y est admis à vie! Vous restez toujours sur vos gardes en société et ne vous offrez aucun débordement. Vous manquez un peu de tonus vital et vous en êtes conscient.
Si vous avez des enfants, vous êtes sévère avec eux, mais juste et bon. Disons que vous voulez qu'ils soient les meilleurs à l'école et qu'ils aient, plus tard, une brillante situation! Quand ils auront atteint l'âge adulte, vos rapports avec eux vont s'épanouir!

POUR UNE MAISON DES PLAISIRS... SACRÉ SATURNE!
NE VOUS FORMALISEZ PAS, SATURNE EST AINSI:
IL NE FAIT DE CADEAUX:
À PERSONNE!

SATURNE EN MAISON 6:

QUELLE AUSTÉRITÉ, ENVERS: le quotidien, la routine

Vous avez le goût de l'ordre et du travail bien fait. Vous abordez chaque jour avec rigueur et méthode et beaucoup de lucidité. Exigeant avec vous-même comme vous l'êtes avec les autres, vous êtes comme on dit un bourreau de travail. Aimé dans votre profession pour votre sérieux et votre sens de l'organisation, pour vous le hasard n'a pas de place dans les plannings! Vous êtes ambitieux, malgré votre grande discrétion et réussissez dans la vie grâce à votre travail. Sévère, austère, critique envers vous-même et envers votre entourage, vous n'avez pas que des amis et vous êtes finalement assez isolé. Cette rigueur vous occasionne des troubles de santé, qui souvent vous handicapent pour mener à bien vos projets.

SATURNE VOUS AIME POUR VOTRE SÉRIEUX... VEINARD...
NE VOUS FORMALISEZ PAS, SATURNE EST AINSI:
IL NE FAIT DE CADEAUX:
À PERSONNE!

SATURNE EN MAISON 7:

QUELLE AUSTÉRITÉ, ENVERS: les associations, le mariage

Vous vous entourez de gens plus mûrs que vous, voire plus âgés: vous avez besoin d'être rassuré. Votre conjoint, qui, on s'en doute, est rarement choisi sur un coup de tête, doit correspondre à tant de critères que vous vous liez souvent tardivement. Mais dès que vous avez déniché l'oiseau rare, vous tenez bon: le divorce est pour vous un crève-cœur, bien plus encore que pour les autres! Vous êtes méfiant, votre cercle d'amis est restreint, trié sur le volet! Vous n'accordez que difficilement votre confiance, votre amitié, votre amour. Si d'emblée on a la chance de figurer parmi les heureux élus, on est tranquille: vous êtes alors fidèle et constant!

D'un abord froid et sec, vous annoncez tout de suite la couleur : vous n'aimez pas les plaisantins, les amis d'un jour, les gens superficiels. Lucide et objectif, vous savez choisir vos associés, sur des critères forgés dans l'austérité et le professionnalisme ! Sacré SATURNE !

ÉPOUSEZ DONC SATURNE, VOUS ÊTES TOUT AUSSI GAI !
NE VOUS FORMALISEZ PAS, SATURNE EST AINSI :
IL NE FAIT DE CADEAUX :
À PERSONNE !

SATURNE EN MAISON 8 :

QUELLE AUSTÉRITÉ, ENVERS : la mort, toutes les fins

Pour mettre fin à vos engagements, quels qu'ils soient, vous êtes froidement déterminé ! Vous ne vous embarrassez pas de scrupules pour dénoncer les contrats, rompre les liens et vous sortir sans états d'âme des situations qui ne vous conviennent plus !
D'une logique sans failles, vous concluez qu'un pacte qui ne vous rapporte plus rien, dans tous les domaines, ne mérite plus d'être honoré ! Vous êtes fort, psychiquement et inflexible. Selon le reste du thème, vous mettez plus ou moins longtemps à refaire surface après une de vos légendaires volte-face, mais de toute façon, vous y parvenez toujours ! Un des aspects étranges de cette configuration est qu'il vous arrive parfois, dans la vie, de vous accrocher malgré les difficultés à une situation. Vous mettez alors la même force à tenir qu'à courir, au mépris des dangers ou du bien-être... des autres !

SATURNE VOUS DONNE UN CŒUR DE PIERRE !
NE VOUS FORMALISEZ PAS, SATURNE EST AINSI :
IL NE FAIT DE CADEAUX :
À PERSONNE !

SATURNE EN MAISON 9 :

QUELLE AUSTÉRITÉ, ENVERS : les grandes idées, les voyages

Vous ne vous déplacez jamais par caprice ! Chez vous les voyages correspondent toujours à quelque chose et sont une suite logique à vos recherches. Si vous voulez en savoir plus sur les cèdres : vous allez au Liban, sur les pyramides : en Égypte et Paris ne vous tente que si vous avez envie de faire une thèse sur la tour Eiffel ! Traditionaliste et un rien « rétro », pour vous, une idée est bonne... quand elle a fait ses preuves ! Autant dire qu'avec vous, le progrès prendrait tout son temps !
Logique, austère et animé de fermes convictions, vous faites tout avec sérieux et recueillement. Vous ne badinez pas avec la morale et savez-vous contenter du strict nécessaire : une cellule de moine (pour méditer !)

SATURNE VOUS REND FRUGAL... ET FRILEUX!
NE VOUS FORMALISEZ PAS, SATURNE EST AINSI:
IL NE FAIT DE CADEAUX:
À PERSONNE!

SATURNE EN MAISON 10 :

QUELLE AUSTÉRITÉ, ENVERS : le milieu de ciel : la profession

Vous visez haut et êtes très indépendant, ambitieux et déterminé. Pourtant, votre sens du devoir, la logique et la constance ne mènent pas toujours au succès!
Acharné, voire arriviste, mais incapable de demander un avis (car vous êtes finalement un solitaire), vous vous entêtez souvent dans vos projets.
Vous ne connaissez pas la compromission, pour vous ce serait faiblir que de mettre « de l'eau dans votre vin », vous ne voulez pas vous plier aux circonstances.
Avec cette attitude, bien sûr, vous êtes capable de tout gagner, mais aussi de tout perdre!

SATURNE VOUS DONNE UNE RÉPUTATION DE TÈTE DE MULE!
NE VOUS FORMALISEZ PAS, SATURNE EST AINSI:
IL NE FAIT DE CADEAUX:
À PERSONNE!

SATURNE EN MAISON 11 :

QUELLE AUSTÉRITÉ, ENVERS : le relationnel

Vous voulez lier des liens, profonds, durables avec des gens intelligents, fiables, au fort charisme!
Vous n'êtes pas dénué d'une certaine sagesse et la fréquentation des gens que vous sélectionnez avec soin vous apporte l'expérience, la maturité. Autant dire que l'âge vous rend plus avisé, riche en anecdotes savoureuses glanées tout au long de votre vie, un peu sur le dos des autres, il faut bien le dire.
Vous êtes très bien dans votre peau, mais agacez les autres avec un défaut qui est, en fait, votre plus grand atout : vous n'avez pas peur de poser des questions, de vous rendre indiscret. C'est une de vos façons de vous cultiver!

SATURNE VOUS REND ENVAHISSANT!
NE VOUS FORMALISEZ PAS, SATURNE EST AINSI:
IL NE FAIT DE CADEAUX:
À PERSONNE!

SATURNE EN MAISON 12 :

QUELLE AUSTÉRITÉ, ENVERS : les épreuves

C'est la configuration de la solitude et de l'isolement.
Votre sens très poussé de la réflexion vous a conduit à considérer les autres comme des ennemis, tous les malheurs venant par eux! Vous fuyez la vie mondaine et vivez replié sur vous-même.
Mais ici ce repli ne correspond pas à un plaisir, plutôt à un manque de confiance en vous, une panique devant les autres et leurs jugements féroces. D'ailleurs, les autres, vous ne les aimez pas tant que ça, ils vous ont déçu par leur méchanceté et leur manque d'égards à votre encontre !

SATURNE FAIT DE VOUS UN MISANTHROPE !
NE VOUS FORMALISEZ PAS, SATURNE EST AINSI :
IL NE FAIT DE CADEAUX :
À PERSONNE !

URANUS : je suis libre !

(énergie libératrice de l'humanité, l'altruisme, les autres...)

EN BÉLIER : conflits : les autres ont tort !

Cet aspect renforce et met de la fougue dans votre créativité ; vous avez tendance à agir et à penser à la place des autres, en fait vous les jugez incapables d'avoir des réactions optimales ! Vous n'en pensez pas que du bien, des autres et avez toujours l'impression qu'ils sont décalés par rapport à vous. Violent et agressif à vos heures, vous avez de temps en temps des bouffées d'altruisme ! Mais le plus souvent, vous démarrez au quart de tour, êtes bagarreur et très conscient de votre personnalité. Indépendant et têtu, vous êtes de ceux qui ont toujours raison. Pour le prouver, vous n'hésitez pas à en venir aux mains. Mais malgré tout, vous aimez les autres, ils sont nécessaires à votre épanouissement !

ASPECT RÉTROGRADE : votre violence est moindre, vous êtes si préparé à devoir vous battre contre des avis abscons que vous avez épuisé vos ressources. Plus fataliste, plus calme, vous avez devant la vie une attitude de repli. On dirait que rien ne peut vraiment vous faire sortir de vos gonds.

Un exalté, le BÉLIER ?
Certes, mais je n'ai rien inventé.
VOUS GAGNEZ VOTRE LIBERTÉ AVEC VOS POINGS !

EN TAUREAU : besoin d'être rassuré par les autres.

Votre vie passe par de grandes et nombreuses remises en question. Elle n'est pas un long fleuve tranquille, loin de là, car pour vous les priorités ne sont pas toujours les mêmes. Tour à tour matérialiste, puis animé de grands élans philosophiques, vous oscillez entre rêves de gloire et réalité plus contraignante. Vous assumez pleinement vos responsabilités : mari, enfants, animaux domestiques, profession, etc.. À l'âge mûr, quand les enfants sont « casés », les dettes payées et que vous pouvez vous consacrer à vous-même, vous êtes plus serein. Le bien-être des autres, des vôtres, vous sécurise et vous autorise alors à vous livrer à vos hautes aspirations. Mais en aurez-vous encore ?

ASPECT RÉTROGRADE : apprenez à vous détacher de ce que vous empêche de vous élever : les biens matériels, les plaisirs, TOUS les plaisirs ! Votre pouvoir de décision est ralenti à cause d'eux et vous êtes plus conformiste que vous ne le voudriez. Devenez « zen » !

Vraiment responsable, le TAUREAU ?
Certes, mais je n'ai rien inventé !
VOUS GAGNEZ VOTRE LIBERTÉ... TRÈS TARD !

EN GÉMEAU : largesse d'esprit: les autres ont raison!

Vos idées sont nombreuses et originales, mais vous acceptez les avis des autres. Vous êtes persuadé que dans tous les avis il y a du bon à prendre et ne péchez pas par excès d'orgueil! Aussi savez-vous écouter, autant pour aider les autres que pour fignoler vos points de vue. Assez malléable, vous-même manquez souvent de maturité, de recul et les destins des autres vous apportent des facettes supplémentaires à votre personnalité. Vous ne rejetez personne, tous les sons de cloche vous plaisent! Vous vous forgez ainsi une réputation de confident, d'ami sincère, de conseiller vers qui l'on peut se tourner. Mon avis? C'est tout à fait mérité!

ASPECT RÉTROGRADE : vous êtes un peu perturbé: trop de choses vous passent par la tête. Vous ne voulez pas trancher, c'est bien trop difficile. Alors pour avoir votre avis... il faut se lever de bonne heure. Réagissez, les autres trouvent que parfois, vous manquez de franchise...

Ouvert à tous et à tout, le GÉMEAUX?
Certes, mais je n'ai rien inventé!
VOTRE LIBERTÉ C'EST AUSSI CELLE DES AUTRES!

EN CANCER : les humains sont une grande famille :
aimons-nous les uns les autres!

Vous avez des idées pour dépoussiérer les anciens idéaux, les améliorer. Vous captez les émotions et les angoisses. Vous faites merveille dans bien des domaines, car vous êtes intuitif. Pour les vôtres vous avez des antennes qui vibrent dès qu'ils sont malheureux. Bien plus sensible que vous ne voudriez, un poème à la fête des mères (ou des pères!) vous fait craquer. Vous aimeriez tant que l'humanité entière repose sur l'amour et la confiance: enfin, vous n'auriez plus cette peur au ventre!

ASPECT RÉTROGRADE : vous devez fournir beaucoup d'efforts pour prendre des décisions et réagir dans le sens de vos choix. Vous subissez aussi les attaques des autres de plein fouet, vous manquez d'autodéfense. Mais avec l'âge, cet aspect vous confère la lenteur nécessaire pour prendre les bonnes décisions au bon moment, sans vous précipiter. Vous devenez alors très paternaliste, vous qui avez sûrement hésité à fonder une famille!

Un vrai sentimental, le CANCER?
Certes, mais je n'ai rien inventé!
VOUS GAGNEZ VOTRE LIBERTÉ AVEC VOTRE (GRAND) CŒUR!

EN LION : l'orgueil: les autres, quels autres? ...
le centre du monde, c'est vous!

Vous refusez de vous soumettre, mais savez être serviable à condition qu'on vous admire ! Hé oui, vous voulez bien rendre de temps en temps un service, mais la reconnaissance doit être à la hauteur de l'exploit. Gare au malheureux qui oublie de vous remercier, de vous brosser dans le sens du poil ! En fait, avouez que les autres... vous n'en avez rien à faire. À part ceux qui servent vos intérêts vous apportent plaisir et confort, il faut bien que quelqu'un vous serve. Mais le charisme de LION, encore une fois, vous sauve la mise. Vous êtes gai et sympathique et l'on vous pardonne tout !

ASPECT RÉTROGRADE : votre amour-propre vous pousse à vous montrer frileux dans vos décisions : vous préférez que les autres se trompent ! Aussi prenez-vous rarement des décisions importantes et préférez n'avoir, en cas d'échec, aucune responsabilité !

Un vrai despote, le LION ?
Certes, mais je n'ai rien inventé !
VOUS GAGNEZ VOTRE LIBERTÉ EN VOUS IMPOSANT !

EN VIERGE : sécheresse de cœur : que les autres se débrouillent !

Vous avez du mal à vous adapter. Vous êtes assez dur, rigoureux et moralisateur ! Vous expliquez aux gens pourquoi ils sont dans le pétrin, mais vous ne les aidez que rarement, vous êtes persuadé que ce n'est pas leur rendre service ! Il n'y a que les enfants, les vieillards et les malades qui trouvent grâce à vos yeux : ils éveillent votre sens de la compassion ! Vous n'aidez que ceux qui sont prêts à ne pas baisser les bras ! Quelle moraliste, cette VIERGE !

ASPECT RÉTROGRADE : vous voulez trop bien faire, aussi êtes-vous souvent maladroit. En fait, vous avez peur de vous singulariser, de sortir du troupeau. Vous avez envie de vous fondre dans la masse, mais vous avez tort : si vous osiez vos différences, vous vivriez mieux le quotidien !

Un peu chipoteuse, la VIERGE ?
Certes, mais je n'ai rien inventé !
VOUS GAGNEZ VOTRE LIBERTÉ :
QUE LES AUTRES LA GAGNENT AUSSI !

EN BALANCE : jamais sans les autres !
Et s'ils pouvaient choisir pour vous...

Votre vie est sujette à de nombreux revirements, vous cherchez la justice et l'équité à tout prix. Les autres sont pour vous très importants, vous aimez les lieux animés, les ambiances chaleureuses et la compagnie de gens intéressants et érudits. Jamais médiocre ni mesquin, vous n'aimez ni le laisser-aller, nl la vulgarité. Tous les humains qui se mettent à leur avantage attirent d'emblée votre sympathie, vous aimez les gens beaux, nets et soignés. Constamment soucieux de garder une ambiance « zen »,

vous déguerpissez quand le temps est à l'orage ! D'où de nombreux changements de cap ! Une vraie humaniste, cette BALANCE !
ASPECT RÉTROGRADE : votre grande indécision est une de vos ennemies ! Vous réfléchissez en tenant compte de trop de paramètres, pour avoir un avis tranché ne venant rien que de vous il faut s'armer d'une grande patience !

Un peu indécise, la BALANCE ?
Certes, mais je n'ai rien inventé !
VOTRE LIBERTÉ... Y TENEZ-VOUS VRAIMENT ?!

EN SCORPION : debout là-dedans ! Que les autres se prennent en main !

URANUS vous rend indépendant. Vous apportez aux autres l'esprit de révolte. Vous êtes un peu sorcier !
Vous ne supportez pas que les gens aient les 2 pieds dans le même sabot et vous détestez également travailler pour les autres, surtout à leur place. C'est pour cela que vous secouez votre entourage, vous voulez que les autres donnent leur pleine mesure. Oh, pas seulement pour leur bien, mais aussi pour le vôtre. Vous êtes un meneur d'hommes-né, vous vous trompez rarement sur les gens. Aussi, malgré une certaine agressivité et un sens du commandement un peu vif, les autres vous apprécient : en fait, ils vous doivent une fière chandelle !

ASPECT RÉTROGRADE : vous avez une grande largeur d'esprit, heureusement, car vous n'êtes pas tolérant. Cet aspect, qui rend violent, voire dangereux est contrebalancé par le fait qu'il vous en faut beaucoup pour « craquer ». Ouf, nous l'avons échappé belle !

Un vrai manipulateur, le SCORPION ?
Certes, mais je n'ai rien inventé !
VOUS GAGNEZ VOTRE LIBERTÉ EN LIBÉRANT LES AUTRES !

EN SAGITTAIRE : les uns pour les autres !

Votre créativité est puissante et tournée vers le progrès. Vous êtes partisan des œuvres communes.
Dynamique et entraînant, vous avez une âme de professeur (de gymnastique ?) et savez remuer les troupes. Les autres, vous avez envie de les encadrer, de les mener vers le bonheur, de leur enseigner les gestes et les idées qui libèrent. Jamais indifférent, vous vous sentez investi d'une mission : empêcher les gens de s'endormir sur leurs lauriers ! Vous, d'ailleurs, n'avez rien d'un mou : vous voulez tout, tout de suite et avant tout le monde. Sympathique et souriant, vous alliez tous les suffrages : on vous aime pour votre optimisme !

ASPECT RÉTROGRADE : vous aimeriez bien adhérer à tous les nouveaux concepts, mais voilà, votre sacro-sainte phobie de déroger aux traditions, aux acquis, vous freine. De temps en temps, vous êtes robocop et le jour d'après, le chevalier Bayard !

Entreprenant, le SAGITTAIRE ?
Certes, mais je n'ai rien inventé !
VOUS GAGNEZ VOTRE LIBERTÉ,
ET APPRENEZ AUX AUTRES À ACQUÉRIR LA LEUR !

EN CAPRICORNE : les autres ? Oui, mais à faible dose !

Vous avez beaucoup de mal à vous épanouir, à accepter les changements. Assez austère, pas très ouvert, votre cocon ne souffre pas les intrusions ! Vous êtes peu avide de contacts humains, préférant la nature, les animaux ou alors les jeunes enfants que vous aimez. Eux, au moins, ne cherchent pas à vous dicter une conduite ! Mais si un parent vous réclame, un malade a besoin de soins ou un ami vous appelle au secours : vous ne faites pas de demi-mesure : vous êtes capable d'assumer une entière prise en charge, en cas de nécessité ! Un vrai roc, ce CAPRICORNE !

ASPECT RÉTROGRADE : vous êtes figé dans vos certitudes, vos idées, vos affirmations sont catégoriques, vos décisions irréversibles. Galère, dites-vous ? Oui, c'est sûr, vous n'avancez plus dans la vie... mais c'est de votre faute... si si !

Austère, le CAPRICORNE ?
Certes, mais je n'ai rien inventé !
VOUS GAGNEZ VOTRE LIBERTÉ, MALGRÉ LES AUTRES !

EN VERSEAU : si les autres sont libres, je le suis aussi !

Vous avez un fort esprit créatif, vous tenez la destinée du monde entre vos mains ; URANUS est en domicile. Plus envieux d'être libre et de laisser libre, que vous, c'est dur à trouver ! L'indépendance est votre moteur, vous ne faites rien de bon quand on vous donne des ordres. Pour vous, DIEU a eu bien de la chance d'avoir eu les coudées franches lors de la création du monde : voilà un rôle qui vous plairait : vous avez plein d'idées et tant d'amour à donner, même si vous n'êtes pas de ceux qui savent dire ces choses-là ! Pudique et un peu secret, votre sens humanitaire n'est pas évident au premier regard. Mais en vous fréquentant, on se rend compte que vous savez donner, prévoir les désirs, tout en laissant aux autres leur libre arbitre.

ASPECT RÉTROGRADE : vous avez l'art et la manière de faire agir les autres à votre place, au point que vous en êtes plus dépendant que vous ne pensiez. Qui ferait le boulot à votre place s'ils n'étaient plus là ? Mais bien souvent, cette attitude vous aide à mener à bien vos activités.

Un bon ami, le VERSEAU?
Certes, mais je n'ai rien inventé!
VOUS GAGNEZ VOTRE LIBERTÉ
EN L'ACCORDANT AUX AUTRES!

EN POISSON : vous et les autres : une symbiose!

Vous avez beaucoup de richesse intérieure, mais vous vous posez en victime qui subit les événements.
Gentil et compatissant, vous n'arrivez pas à vous épanouir vraiment, car vous savez bien qu'il y a trop de malheurs sur terre. Vous voudriez être partout, aux côtés de ceux qui souffrent, mais votre vie ne le permet pas toujours. Plein de sollicitude, pas très gai, vous avez l'étoffe des gens qui se mettent toute leur vie au service des autres, au détriment de leur propre destin. La seule solution, pour vous, de jouir de quelques moments de bonheur est de vous consacrer à une bonne œuvre, une mission humanitaire. Là, vous avez la sensation d'exister, votre rôle sur terre vous semble évident!

ASPECT RÉTROGRADE : si vous êtes de temps en temps d'une passivité affligeante, ce n'est pas par mollesse, mais par excès de sensibilité. Si vous vous en serviez, de cette sensibilité? En laissant passer les choses, vous donnez l'impression de vous détacher de tout et de tous. Bien sûr, que c'est dangereux!

Un vrai gentil, le POISSON!
Certes mais je n'ai rien inventé!
VOUS GAGNEZ VOTRE LIBERTÉ EN AIDANT LES AUTRES!

URANUS FAIT LE TOUR DU ZODIAQUE EN 84 ANS.
SON INFLUENCE N'EST PAS NÉGLIGEABLE SURTOUT QUE NOUS ENTRONS DANS :

L'ÈRE DU VERSEAU

(OÙ ELLE EST EN DOMICILE)

C'EST POUR CETTE RAISON QUE MALGRÉ LA CONJONCTURE ACTUELLE IL FAUT RESTER OPTIMISTE :

CETTE PLANÈTE SAIT TIRER LE MEILLEUR PARTI
DE L'ÉNERGIE LIBÉRATRICE DE L'HUMANITÉ!

☺ URANUS DANS LES MAISONS ☺

(L'expansion dans tous les domaines, la chance)

URANUS EN MAISON 1

VOUS AVEZ DÉCIDÉ DE VOUS INTÉRESSER DE TRÈS PRÈS À CETTE MAISON !
C'est : celle de l'ascendant, de votre personnalité.

Le moins qu'on puisse dire de vous, c'est que vous avez du mal à accepter les contraintes ! Selon le reste du thème, vous cultivez le sens du paradoxe et de l'anticonformisme.
Très conscient de vous-même, farouchement indépendant, votre préoccupation est d'évincer préceptes et conseils pour n'en faire qu'à votre tête ! Bien sûr URANUS insuffle aussi un grand sentiment de plénitude et donne aux actes, aux idées, grandeur et envergure. Aussi n'êtes-vous pas dénué de générosité.
Impulsif et désinvolte, vous avez un fort pouvoir d'adaptation et une personnalité très originale !

LES AUTRES ?
UN FORMIDABLE MOYEN DE VOUS METTRE EN AVANT !
MERCI URANUS...

URANUS EN MAISON 2

VOUS AVEZ DÉCIDÉ DE VOUS INTÉRESSER DE TRÈS PRÈS À CETTE MAISON !
C'est : celle des biens matériels.

Vous avez dans le domaine des finances de bonnes intuitions et votre esprit rapide et adaptable vous permet de saisir les opportunités.
Vous savez bien vous entourer, sans pour autant faire de tri dans vos relations : vous êtes naturellement mis en contact avec des gens qui n'ont pour le moins, pas besoin de vous pour subsister.
Souvent aussi les astres vous ont favorisé en vous donnant le jour au sein d'une famille aisée. Bien entendu, ceci n'est pas gage de richesse, car vous êtes aussi souvent imprévoyant et instable.
Selon le reste du thème, vous êtes soit fourmi, soit cigale, et parfois aussi les deux à la fois, par intermittence !

LES AUTRES ?
UN FORMIDABLE MOYEN DE VOUS ENRICHIR !
MERCI URANUS...

URANUS EN MAISON 3

VOUS AVEZ DÉCIDÉ DE VOUS INTÉRESSER DE TRÈS PRÈS À CETTE MAISON ! C'est : celle de la communication, vos frères et sœurs.

Votre grande faculté d'adaptation fait de vous un être doué pour les échanges humains. Vous captez les idées, et savez comme personne les faire circuler. Doué d'une grande curiosité intellectuelle, d'un esprit rapide et original, vous avez le don des concepts innovants. Tout ce qui est neuf vous plaît, tout projet vous stimule. Vous voyez dans chaque échange une occasion de vous rapprocher des gens, de lier connaissance. Vous aimez les médias, les réunions de personnes, les occasions de se rassembler pour parler, se toucher, se jauger. On peut vous reprocher un certain anticonformisme, de l'extravagance, un peu de nervosité : parfois tout ce monde, autour de vous, dépasse vos capacités d'assimilation ! Pour les compromis, vous n'êtes pas très fort non plus : çà passe où ça casse. Mais vous le savez : essayez d'être plus arrangeant !

LES AUTRES ?
ILS SONT INDISPENSABLES, AGAÇANTS...
COMME VOUS LES AIMEZ !
MERCI URANUS...

URANUS EN MAISON 4

VOUS AVEZ DÉCIDÉ DE VOUS INTÉRESSER DE TRÈS PRÈS À CETTE MAISON ! C'est celle : du foyer parental.

Indépendant et instable, dans votre famille (qui a été la première à en faire les frais !), on sait que ce n'est pas la peine de vous retenir, ni moralement, ni physiquement. Vous quittez très tôt le nid et cherchez de nouvelles racines. Vous êtes capable de recréer partout ce nid douillet de votre enfance et vous vous sentez rapidement chez vous, partout ! Ce n'est pas que vous, ne vous vous attachiez pas, c'est tout le contraire : vous vous attachez vite et gardez des amis partout ! C'est l'aspect des nomades et des gens du voyage et de tous ceux qui sont friands d'une vie originale et singulière, où ne manquent ni l'amour, ni la considération pour les autres !

LES AUTRES ?
VOTRE VRAIE FAMILLE !
MERCI URANUS...

URANUS EN MAISON 5

VOUS AVEZ DÉCIDÉ DE VOUS INTÉRESSER DE TRÈS PRÈS À CETTE MAISON ! C'est : celle des plaisirs, des créations, enfants y compris.

Sous cet aspect, vous avez une vie affective mouvementée, car votre forte sensualité vous conduit à multiplier les aventures.

Nerveux et instable, vous passez souvent pour dynamique, mais il ne faut pas s'y tromper: vos pulsions sont passagères, souvent mal employées. Très souvent elles sont dictées par l'érotisme, votre vie sentimentale est chaotique et selon votre signe solaire votre idéal (famille, boulot, dodo) vole en éclats! Votre image, votre honorabilité, cessent de vous hanter quand vos fortes pulsions charnelles se manifestent! Vous êtes attiré par tout ce qui est original, marginal et toutes les expériences inédites voire étranges vous tentent...
Hommes et femmes de la planète n'ont qu'à bien se tenir: vous n'avez aucun tabou. Ah, cette maison des plaisirs! Si vous avez le SOLEIL dans un signe d'AIR, cet aspect est encore plus accentué.

LES AUTRES?
UN FORMIDABLE VIVIER DE PLAISIRS...!
MERCI URANUS...

URANUS EN MAISON 6

VOUS AVEZ DÉCIDÉ DE VOUS INTÉRESSER DE TRÈS PRÈS À CETTE MAISON!
C'est celle: du quotidien, de la routine.

Sous cet aspect, vous tendez à être votre patron. Pour vous, le quotidien et la routine sont les bases de votre vie, aussi souhaitez vous avoir les coudées franches! Vous avez besoin d'exprimer votre dynamisme, votre force de décision et entendez le faire de la manière qui vous plaît.
Vous n'aimez ni les contraintes, ni la discipline imposée.
Le quotidien est ce qu'il est, ce n'est pas pour autant que les autres doivent le gérer pour vous.
Les ordres, vous savez qu'il faut y obéir: alors autant qu'ils viennent de vous. Vous préférez être l'auteur de votre petite existence et même si vous sentez que parfois votre vie est étriquée, du moins êtes-vous l'auteur de sa médiocrité. Ce n'est pas pensé, ça?
Doté de qualités manuelles remarquables, vous abordez le domaine technique ou technologique avec bonheur.

LES AUTRES?
VOUS LES TOLÉREZ...
QUAND VOUS MAÎTRISEZ LEUR IMPACT SUR VOUS!
MERCI URANUS...

URANUS EN MAISON 7

VOUS AVEZ DÉCIDÉ DE VOUS INTÉRESSER DE TRÈS PRÈS À CETTE MAISON!
C'est: celle des unions, du mariage, des associations.

Sous cet aspect, vous liez assez facilement des liens contractuels avec les gens, mais, paradoxalement, c'est pour être plus libre!

Vous préférez utiliser votre énergie à valoriser vos points de vue sur la liberté, que de vous battre pour éviter les liens, que la vie, inévitablement, nous force à nouer.
Vous ne confondez pas liberté et isolement et avez face aux alliances, aux associations, une attitude très intelligente : jamais omniprésent, vous êtes pourtant un soutien en cas de coup dur.
Vous avez l'air de vous complaire dans toutes sortes d'alliances (professionnelles, matrimoniales, amicales), mais en fait vous êtes un farouche défenseur de la liberté individuelle et n'en faites qu'à votre tête. Quel brio !

LES AUTRES ?
VOUS LES MANIPULEZ À VOTRE GUISE !
MERCI URANUS...

URANUS EN MAISON 8

VOUS AVEZ DÉCIDÉ DE VOUS INTÉRESSER DE TRÈS PRÈS À CETTE MAISON !
C'est : celle de toutes les fins.

Vous êtes de ceux qui gèrent les ruptures comme un orage d'été : sans qu'on ne voie rien venir ! D'un coup vous mettez fin à ce qui vous déplaît, que ce soit professionnel, sentimental ou autre.
D'ailleurs, vous êtes si intuitif que vous sentez le vent tourner et vos prémonitions vous mettent mal à l'aise : vous détectez les dangers et votre expérience vous a appris que vous avez rarement tort !
On pourrait même être tenté de dire que vous êtes de ceux qui reproduisent dans leur vie les mêmes erreurs : peut être pour savourer les échecs. Car il est vrai que cette maison opère sur vous une certaine attraction !
Votre fort psychisme ne vous rend pas que des services : vous êtes souvent nerveux et angoissé.

LES AUTRES ?
VOUS LES PRENEZ, VOUS LES JETEZ... ET ILS REVIENNENT !
MERCI URANUS...

URANUS EN MAISON 9

VOUS AVEZ DÉCIDÉ DE VOUS INTÉRESSER DE TRÈS PRÈS À CETTE MAISON !
C'est : celle des voyages, des grandes idées.

Cette maison des grands voyages, des grandes idées est vraiment la vôtre. Innovant et original, les sentiers battus n'ont aucun attrait pour vous ! Il suffit qu'une idée soit lancée, qu'elle ne vous intéresse plus, vous passez à autre chose !
Si tout cela reste au stade de l'indépendance et du libre arbitre dans des domaines matériels, ce n'est pas grave.
Mais le danger, c'est que très souvent vous avez du mal à vous soumettre, à vivre à deux. Vous avez peur que l'on ne restreigne votre

liberté d'action. Ne cherchez pas plus longtemps pourquoi l'âme sœur ne se décide pas à débarquer dans votre vie !

LES AUTRES ?
PARFOIS ILS ONT DES CHOSES CAPTIVANTES À VOUS APPRENDRE !
MERCI URANUS...

URANUS EN MAISON 10

VOUS AVEZ DÉCIDÉ DE VOUS INTÉRESSER DE TRÈS PRÈS À CETTE MAISON ! C'est celle : de la profession, de l'impact que l'on a sur les autres.

Vous voulez être indépendant dans votre milieu professionnel et vous y réussissez quelques fois ; disons que vous en avez l'ambition et les qualités.
Mais vos succès sont souvent en dent-de-scie et votre position sociale, même brillante, n'est jamais acquise tout à fait. Vous êtes si envieux de faire plaisir, de séduire, d'être à votre avantage, que parfois vous manquez de naturel. C'est cette attitude, un rien servile, qui vous dessert. URANUS vous met des bâtons dans les roues de votre mécanique bien huilée, vous ne pourrez jamais vous reposer sur vos lauriers !
Votre personnalité a le même talon d'ACHILLE ! Sous des dehors affirmés vous cachez une âme inquiète, très dépendante de l'avis des autres !

LES AUTRES ?
NE VALENT PAS PLUS QUE VOUS, soyez plus conscient de vos qualités !
Et vous direz MERCI à URANUS...

URANUS EN MAISON 11

VOUS AVEZ DÉCIDÉ DE VOUS INTÉRESSER DE TRÈS PRÈS À CETTE MAISON ! C'est celle : du relationnel.

Votre force et votre dynamisme ne peuvent s'exprimer vraiment que lorsque vous avez acquis l'indépendance. Tous les liens vous frustrent, vous rendent moins performant.
Vous avez toutes fois l'art de nouer des contacts intéressants avec des personnages hors du commun, originaux et souvent cultivés ! Car, bien sûr, malgré cette indépendance qui vous anime, il vous faut un public, afin de répandre toutes ces idées innovantes, ce souffle de plénitude qu'URANUS prodigue toujours.
Vous savez aussi vous intégrer dans des cercles réputés pour leur sélectivité, grâce à ce don de persuasion sympathique que vous possédez !

LES AUTRES ?
UN FORMIDABLE MOYEN DE VOUS FAIRE CONNAÎTRE !
MERCI URANUS...

URANUS EN MAISON 12

VOUS AVEZ DÉCIDÉ DE VOUS INTÉRESSER DE TRÈS PRÈS À CETTE MAISON ! C'est celle : des épreuves, des mauvais penchants.

Pour vous, qui êtes d'une grande curiosité, même les épreuves et les écueils sont dignes d'intérêt ! Vous puisez dans les mauvais moments, comme dans les bons, l'expérience de la vie, la force de faire face.
Aucune étape de la vie ne vous fait peur, ni les naissances, ni les morts et la maladie est pour vous un des aléas qu'il faut surmonter et non refuser. Cette attitude vous donne beaucoup d'aplomb, celui des gens qui savent, qui sentent que rien d'insurmontable ne pourra jamais leur arriver.
Solitaire et indépendant, vous n'avez besoin de personne et peu de chose vous déstabilise. Vous avez une façon originale de réagir et vous êtes apprécié pour ça : on ne s'ennuie pas avec vous.
Le moins qu'on puisse dire c'est que vous sortez de l'ordinaire et ça tombe bien : vous n'aimez pas la routine !

LES AUTRES ?
HEUREUSEMENT QU'ILS SONT LÀ… QUE VOUS ÊTES LÀ !
MERCI URANUS…

☺ NEPTUNE : je crois ! ☺

(l'intuition)

EN BÉLIER : l'intuition : vous en avez,
mais vous ne l'écoutez pas !

Votre intuition, à vous, n'a rien de nostalgique ! Vous « sentez » plutôt le futur et ne perdez pas votre temps à attendre pour vérifier si vos extrapolations sont réalisables : vous foncez ! Seul le progrès dans les domaines où la vitesse est reine vous inspire et là vous donnez votre pleine mesure : on peut vous confier l'essai des prototypes.
En fait, tout cela est un peu ironique, ce n'est pas dans cette configuration que l'INTUITION est viscérale ! Mais on ne peut pas dire non plus que vous n'en ayez pas. En fait, vous ne perdez pas de temps à l'écouter !

ASPECT RÉTROGRADE : vous ne savez pas démêler votre intérêt de celui des autres. Votre esprit est confus, votre intuition n'est plus fiable : plus que les autres, réfléchissez avant de faire confiance !

EN TAUREAU : l'intuition : vous en avez,
mais elle n'est pas universelle !

Très raisonnable, vous avez le sens des réalités. Souvent, vous vous méfiez de vos intuitions, surtout si elles vous poussent à différer un investissement, un placement : on peut alors dire qu'elles vous contrarient ! Ces petites voix qui savent vous faire douter, vous n'en avez que faire : mais votre légendaire flair de maquignon, n'est ce pas de l'intuition ?
En fait il n'y a que dans le domaine artistique, surtout dans la peinture et le chant, que vous lui donnez son nom : le domaine éthéré de la beauté est assez ludique pour l'accepter. Vous savez détecter les jeunes talents, leur donner leur chance, soutenir leurs efforts.
Croyez-moi, vous êtes plus intuitif que vous ne le pensez, grâce à VÉNUS peut-être ?

ASPECT RÉTROGRADE : opposé au progrès, vous campez sur vos positions, dur de vous faire évoluer. Vous vous méfiez aussi de votre sensualité débridée, persuadé qu'elle vous jouera un mauvais tour !

EN GÉMEAU : vous n'avez pas d'intuition :
vous êtes l'intuition !

Vous êtes un réceptacle d'intuitions, c'est votre mode de fonctionnement. Vous sentez les atmosphères, les gens, les ambiances ; dommage que vous soyez si dispersé, si peu attentif à cette richesse que vous possé-

dez : vous ne savez pas vraiment l'exploiter ! Trop fantasque, peu intéressé par les aspects lucratifs que cette qualité pourrait avoir, vous en profitez à peine ! Si vous canalisiez vos intuitions, suiviez un fil directeur, vous seriez redoutable dans bien des domaines. Hélas, avec de mauvais influx planétaires, vous vous en servez surtout pour trouver des partenaires de jeu, des associés amusants pour des moments ludiques.
Du gâchis ? Je ne vous le fais pas dire !

ASPECT RÉTROGRADE : très influençable, vous faites vôtres tous les courants de pensée. Un peu de personnalité, que diable ! D'aucuns vous appellent la girouette !

EN CANCER : l'intuition : vous en avez, vous la réservez à un cercle restreint !

Vous avez des dons de médiumnité que vous mettez au service des vôtres pour leur faire une vie de rêve. Et voilà, c'est tout ! Trop dommage de réserver un si grand talent aux seuls membres de votre tribu, si ça se trouve, elle ne vous en sait pas gré. Mais bon, le CANCER, on connaît. Et les autres alors ? Devenez plus universel, ouvrez-vous au monde : souvent avec les autres vous ne savez pas juger, laissez votre intuition en sommeil et passez pour ce que vous n'êtes pas : un personnage naïf que l'on peut rouler dans la farine.
Dommage, dites-vous ? Et bien, réagissez !

ASPECT RÉTROGRADE : de toutes les nouvelles, vous ne retenez que les mauvaises ! Pas joyeux, joyeux, apprenez donc à positiver, pour vous, bien sûr, mais aussi... pour nous !

EN LION : l'intuition : vous en avez, surtout pour vous mettre en avant !

Vous tournez toutes les intuitions à votre avantage pour servir votre besoin de grandeur. Vous avez du « nez » pour briller ! Et cette préoccupation est prépondérante, aussi vous faites-vous souvent avoir : vous ne jugez pas les autres, ne mesurez pas les dangers. Quand vous vous réveillez, il est trop tard, les meilleures places sont prises ! Et dans tous les domaines : amoureux, professionnel et financier !
Votre orgueil vous empêche de l'admettre, mais au fond, vous savez que j'ai raison ! Si vous acceptiez de jouer le jeu de l'humilité, vous seriez gagnant plus souvent.
Vous ne savez pas rendre les armes ? Apprenez !

ASPECT RÉTROGRADE : l'imprévu vous déstabilise, vous fait perdre vos repères. Vous êtes tellement habitué à maîtriser les événements ! Apprenez à gérer les surprises !

EN VIERGE : l'intuition?
vous trouvez qu'elle donne de mauvais conseils!

Votre pragmatisme et votre méfiance vous rendent sourd à vos intuitions. Et pourtant ces dernières sont multiples. Mais, homme ou femme de devoir, vous allez au bout de vos responsabilités. C'est certainement le fait de pressentir mille opportunités, mille existences différentes que vous pourriez avoir, qui vous rend parfois dur et intransigeant. Votre quotidien, quand il ne vous convient pas, vous le vivez la mine triste et la lippe boudeuse. C'est cette attitude qui tisse au signe de la VIERGE sa réputation de signe sec et en proie à la frustration. Vous devriez de temps en temps vous laisser aller, et permettre à la VIERGE folle qui sommeille en vous de mener votre vie!

ASPECT RÉTROGRADE : vous vivez sans arrêt dans la crainte de voir basculer votre existence dans la médiocrité. Vous avez aussi peur de la maladie, de tous les handicaps. Cette peur exacerbe vos mauvais penchants: si vous êtes maniaque, vous deviendrez obsessionnel et si vous êtes laxiste, vous deviendrez brouillon.
Luttez contre cette peur irraisonnée: vous le pouvez!

EN BALANCE : l'intuition: vous en avez tant:
vous savez si bien vous en servir!

Vous êtes un être équilibré et charmant, très prévenant et à l'écoute. Votre intuition se met au service des autres. Vous êtes l'âme de la fête, pour recevoir, écouter et compatir vous faites merveille! Diplomate et dédramatisant, vous ne perdez jamais pied, on vous aime pour votre sérénité. Toujours pareil à vous-même, quelle que soit votre humeur, vous ne laissez rien paraître de vos émotions. Votre intuition vous aide à cerner rapidement les vrais problèmes des autres et de répandre sur leurs plaies (morales) l'onguent qui les soulage!

ASPECT RÉTROGRADE : vous êtes à ce point épris de justice et d'équité, que le conseil des astres est de vous dominer! Très (trop!) exigeant avec les autres, vous finirez par vous retrouver tout seul. Il est urgent de mettre de l'indulgence sur un des barreaux de votre échelle des valeurs!

EN SCORPION : l'intuition: vous êtes pétri d'intuition!
Tant pis pour nous!

Le signe a trouvé la planète qui lui convient: quelle spiritualité! Vous sentez intuitivement ce qui fait mouche chez les autres et savez comment adapter vos talents au goût du jour, au goût de votre interlocuteur!
Vous vous trompez rarement sur les gens et avez de vous-même une image objective. C'est toujours vous qui finissez par mener la danse dans le grand bal de la vie. Jamais pris au dépourvu, la vie ne peut pas vous

surprendre. Votre réalisme, que d'aucuns prennent (à tort) pour du pessimisme, vous met à l'abri des mauvaises surprises, car pour vous il n'y a pas de coups du sort : il n'y a que des gens mal préparés !
Machiavélique et rusé, vous êtes armé pour embobiner les autres et les amener à voir en vous ce que vous avez toujours rêvé d'être !

ASPECT RÉTROGRADE : Vous aimez les émotions troubles et perverses. Vous avez tendance à vous laisser aller à tous les excès, à vos mauvais penchants et votre esprit machiavélique vous pousse parfois à laisser les autres patauger dans les problèmes, alors que vous pourriez les aider, voire les guérir. Une joie mauvaise vous habite alors, mais c'est fugace ! Le plus souvent, vous imaginez seulement ce scénario et vous aidez quand même !

EN SAGITTAIRE : l'intuition : vous en avez : vous sentez ce qu'il faudrait inventer !

Votre esprit idéaliste est encore renforcé. Votre flair fait de vous un meneur d'hommes, ou pour le moins vous savez y faire avec les autres ! Mine de rien, vous trouvez la façon de tirer votre épingle du jeu et de concrétiser vos idéaux. Quel que soit le reste du thème, le SAGITTAIRE vous donne de l'ambition et de l'envergure, vous voyez loin ! Vous sentez intuitivement ce qu'il faudrait modifier pour que ça aille mieux : une sorte de « Géo trouvetou », quoi ! Qu'attendez-vous pour faire breveter vos inventions ? Dans le tas, il y en a de géniales, j'en suis sûre !

ASPECT RÉTROGRADE : vous, on peut dire que vous savez convaincre ! dès que vous détenez une certitude, vous la claironnez haut et fort, peu soucieux de la vérifier. Que ce soit par naïveté ou par despotisme, vous vous laissez rarement convaincre vous-même !

EN CAPRICORNE : l'intuition : vous ne voulez pas savoir si vous en avez ! Elle vous fait peur !

Le signe ne gagne rien en cette planète : il reste muré dans sa solitude. Vous ne voyez rien venir et si, d'aventure, vous vous donnez du mal pour interpréter les augures : elles sont toujours mauvaises. C'est vrai que le CAPRICORNE n'est pas, loin s'en faut, un joyeux luron et son réalisme et son sens pratique les garantissent des « flashs » prémonitoires et autres balivernes. Tout ce qui est paranormal est perçu par le natif comme une trahison, une insulte à son bon sens. Aussi refuse-t-il de concevoir qu'il puisse y avoir des manifestations paranormales positives ! Il est à noter, quand même, que si l'ascendant ou VÉNUS, lui confère quelque intuition positive, il n'ait de cesse de l'avoir décortiqué et analysée. Ce domaine n'aura plus de secrets pour lui, donc, plus de mystère ! Vous avez dit austère ? Ah ce CAPRICORNE, quel cartésien !

ASPECT RÉTROGRADE : vous pourriez être d'une grande clairvoyance, si vous vouliez ! Seulement voilà, vous ne voulez pas ! Vous rejetez toute fantaisie, toute pensée légère. Une fois de plus, ce CAPRICORNE, quel cartésien !

EN VERSEAU : l'intuition ? : vous êtes intuitif, intuitif et intuitif !

Encore plus d'intuition pour ce signe aérien qui n'en manquait pourtant pas ! C'est votre mode de fonctionnement, votre façon d'appréhender les situations et les êtres humains. Vos antennes sont toujours déployées et captent toutes les vibrations. Si parfois vous avez hésité à croire en elle, vous vous en êtes mordu les doigts. Mais votre gentillesse, qui vous pousse à donner leur chance à tous, vous donne, aussi, parfois des œillères. Est ce votre manière à vous de vous protéger ?
Vous êtes si vulnérable !

ASPECT RÉTROGRADE : votre manie de vouloir vous singulariser et suivre toutes vos intuitions vous met perpétuellement en danger et vous fait dépendre des autres bien plus que vous ne pensez ! Apprenez à discipliner vos pulsions ou bien vous passerez une grande partie de votre vie à quémander de l'aide !

EN POISSON : l'intuition : oui, vous en avez :
vous sentez bien que tout va mal !

Encore plus tourné vers la spiritualité, l'intuitif POISSON ! Sensible, intuitif et pétri d'émotions, bien entendu, vous avez aussi beaucoup d'intuition. Mais pas gai, gai, vous focalisez votre don pour dépister, analyser, colporter... les mauvaises nouvelles ! Mélancolique et volontiers nostalgique, vos larmes ne sont jamais loin et l'on peut, quand on veut, venir se confier, raconter ses misères. Non pas que vous sachiez réconforter, mais vous savez si bien écouter, vous êtes si bon. En plus, vous trouvez souvent la raison, la source des problèmes et nous aidez à en démêler l'écheveau. Dans le domaine financier, vous confinez au génie : vous achetez les actions dont personne ne veut et qui, demain, exploseront le box-office ! Vous flairez les coups financiers, vous faites de bons banquiers, des hommes de loi avisés, bref tout ce qui sert votre don à vous enrichir et enrichir les autres !

ASPECT RÉTROGRADE : on vous dit qu'il neige : vous pensez avalanche ! Vous dramatisez tout, somatisez immédiatement. En plus, les malheurs des autres vous touchent, vous vous sentez si proche, vous êtes si concerné ! Vous et les autres, aucune différence : vous avez fusionné !

NEPTUNE EST UNE PLANÈTE LENTE QUI FAIT LE TOUR DU ZODIAQUE EN 165 ANS, CE QUI VEUT DIRE QU'ELLE DONNE AUX SIGNES LEUR SENS :

C'EST ELLE QUI FAIT QU'UN POISSON EST INTUITIF
QU'UN SAGITTAIRE EST DYNAMIQUE

CECI VEUT DIRE AUSSI QUE LES GÉNÉRATIONS À VENIR VERRONT MUTER LES SIGNES DU ZODIAQUE

EN FONCTION DE L'ÉVOLUTION DE NEPTUNE.

CERTAINES ÉTUDES (dont la mienne !) EN TIENNENT DÉJÀ COMPTE.

☺ NEPTUNE DANS LES MAISONS ☺

(L'expansion dans tous les domaines, la chance)

NEPTUNE EN MAISON 1 :

VOTRE IMAGINAIRE S'EMPARE DE CETTE MAISON.
C'EST CELLE : DE L'ASCENDANT, VOTRE PERSONNALITÉ :
VOUS VOUS FAITES UN FILM SUR... VOUS-MÊME !

Vous avez une idée très personnelle (où se mêlent rêve et réalité) de la vie sociale et matérielle, mais aussi de vous-même ! Vous avez souvent l'impression que vous n'avez rien à dire aux autres, qu'ils ne sont pas capables de vous comprendre. Tour à tour très près des aspects matériels et détaché l'instant d'après, vous êtes en fait intuitif et avez une approche innovante du sens de la réussite ! Les schémas habituels ne sont pas les vôtres et vous vous retrouvez rarement dans les destins des gens que vous côtoyez : vous avez toujours l'impression d'être différent ! Votre vive imagination agit comme un miroir déformant et votre bien-être est réel quand les images ainsi déformées correspondent aux aspects quotidiens (si, si, ça arrive de temps en temps !). Il en va de même avec l'image que vous avez de vous-même ! En fait, vous seriez incapable de vous décrire à autrui de façon objective !

ASPECT RÉTROGRADE : incapable d'avoir de vous-mêmes une image objective, vous profitez à peine de l'intuition de NEPTUNE ! Les messages que cette planète vous envoie vous troublent et vous plongent dans un abîme de confusion ! Influençable, émotif et peu sûr de vous, c'est le dernier qui a parlé... qui a raison !

NEPTUNE EN MAISON 2 :

VOTRE IMAGINAIRE S'EMPARE DE CETTE MAISON.
C'EST CELLE : DES BIENS MATÉRIELS :
L'ARGENT A BIEN UNE ODEUR : VOUS LA SENTEZ !

Vous avez l'art et la manière de flairer les bons coups financiers ! Soit vous boursicotez avec brio, soit vous avez trouvé « le » job rémunérateur, soit encore la personne qui partage votre vie jouit (par hasard ?) d'une confortable fortune ! Bien entendu, certains d'entre vous ont eu la chance de naître avec une cuillère en argent dans la bouche, c'est alors bien plus simple ! Mais pour tous, l'intuition les met à l'abri du besoin et leur donne l'aisance matérielle à laquelle ils aspirent !

ASPECT RÉTROGRADE : vous vous bercez d'illusions avec vos finances ! Soit vous êtes totalement fantaisiste dans ce domaine, soit vous n'avez pas de chance et vos perspectives sont mauvaises.

La gestion de vos biens, les placements et les comptes en banque : voilà un domaine de votre vie ou le reste du thème aura du pain sur la planche ! Si vous avez le SOLEIL ou l'ASCENDANT en GÉMEAU : c'est la cata !

NEPTUNE EN MAISON 3 :

VOTRE IMAGINAIRE S'EMPARE DE CETTE MAISON.
C'EST CELLE : DE LA COMMUNICATION, LES FRÈRES ET SŒURS :
VOUS « FUSIONNEZ » AVEC LES AUTRES !

Vous avez le besoin d'être en symbiose avec les gens de votre entourage, de vous sentir proche de façon fusionnelle ! Aussi tout ce qui touche frères et sœurs est exacerbé : C'est votre chair, votre sang ! Tout ce qui leur arrive vous arrive aussi, en quelque sorte. Des tensions avec eux sont vécues comme une catastrophe !
Très sensible aux autres, vous captez leurs vibrations et savez vous mettre au diapason : vous ne détonnez pas et hurlez avec les loups : vous voulez tellement plaire !
Vous choisissez vos amis avec soin et efficacité. Votre façon de vous identifier à eux peut vous entraîner loin, bien plus loin que vous ne voudriez. Mais votre fort amour du contact « total » vous donne l'impression que leurs idées, finalement, sont les vôtres et vous les suivriez en enfer. Bien entendu, dans l'autre sens, c'est vrai aussi ! Disons que vous les suivriez... au paradis !

ASPECT RÉTROGRADE : vous êtes aussi malhabile de vos mains, dans vos gestes, que dans votre esprit ! Vous vous laissez manipuler par les autres, vous êtes crédule et naïf ! Vous avez du mal à vous concentrer, par conséquent vos actes sont désordonnés... sacré NEPTUNE !

NEPTUNE EN MAISON 4 :

VOTRE IMAGINAIRE S'EMPARE DE CETTE MAISON.
C'EST CELLE : DU FOYER PARENTAL.

Vous avez une idée assez originale du foyer. Constamment à la recherche de moments exaltants, de situations originales, vous malmenez, c'est le moins qu'on puisse dire, le schéma de base ! Vous avez une idée très précise de ce que la vie doit vous apporter, en instants riches et palpitants. Alors, bien entendu, la routine, ce n'est pas votre tasse de thé. Les familles recomposées, les enfants de parents différents et les moments de solitude : vous connaissez tout ça. Mais vous avez tellement envie d'exister, de vous affirmer, vous ne supportez pas le tiède, le fade. Petit, les contes de fée vous passionnaient : les princes, les princesses, voilà des destins comme vous les aimez !

ASPECT RÉTROGRADE : vous avez tant de mal à couper le cordon, que vous vous laissez prendre en charge par votre famille, moralement et matériellement. Pour le moins, vous vous imbibez de l'avis des vôtres et êtes dans l'impossibilité de leur opposer une résistance. Sous certains aspects, il vous arrive aussi de ne pas savoir vous fixer et de changer très souvent de domicile !

NEPTUNE EN MAISON 5 :

VOTRE IMAGINAIRE S'EMPARE DE CETTE MAISON.
C'EST CELLE : DES PLAISIRS, DES CRÉATIONS :
VOUS LES IDÉALISEZ !

Vous aspirez à l'amour unique, sublime, grandiose ! Vous idéalisez la vie à deux et attendez bien trop des simples mortels dont vous tombez amoureux. Chaque fois vous y croyez, vous donnez votre corps, votre vie et votre énergie à la personne que vous aimez. Ces déceptions (car vous avez rarement la chance de dénicher cet amour subliminal !) vous laissent pantelant, démoralisé et sans ressources physiques. De santé morale assez fragile, vous somatisez vite et les problèmes psychologiques vous guettent.

ASPECT RÉTROGRADE : vous vous faites des films sur vos amours : à vous entendre vous trouvez plusieurs fois le grand, le seul amour ! On se doute que, de cette façon, vous avez une vie sentimentale très mouvante, car vous manquez de réalisme. Bien trop idéaliste, vous vivez sur un nuage... gare à la chute !

NEPTUNE EN MAISON 6 :

VOTRE IMAGINAIRE S'EMPARE DE CETTE MAISON.
C'EST CELLE : DU QUOTIDIEN, DE LA ROUTINE :
VOUS AVEZ UN JARDIN SECRET...

Vous avez toujours l'impression de vivre dans un bocal trop petit, comme un poisson rouge. Vous rêvez de démesure et de choses extraordinaires et attendez de chaque nouveau jour qu'il vous les apporte enfin ! La vie quotidienne vous étouffe et vous ennuie. Souvent vous cultivez un jardin secret, où vos rêves les plus fous se seraient réalisés ! Attiré vers des aspirations très élevées, finalement vous êtes incapable de faire face aux soucis et aux vicissitudes de la vie et vous les supportez très mal. Il en résulte un mal-être et des maladies étranges (psychosomatiques ?) qu'aucun médecin ne peut identifier !

ASPECT RÉTROGRADE : vous êtes incohérent dans vos activités et avez beaucoup de mal à gérer le quotidien. En plus, un état de santé précaire, doublé d'une grande inquiétude d'être malade, ne contribuent pas franchement à vous rendre optimiste !

NEPTUNE EN MAISON 7 :

VOTRE IMAGINAIRE S'EMPARE DE CETTE MAISON.

C'EST CELLE : DES ASSOCIATIONS, DU MARIAGE :

VOUS PLACEZ LES AUTRES SUR UN PIÉDESTAL !

Sous cet aspect vous avez besoin de sublimer votre partenaire, de le mettre sur un piédestal ! Dès que vous avez choisi, je dirai « élu », une personne au rang de conjoint ou d'associé, vous n'admettez pas de vous être trompé, quitte à garder des œillères pour ne voir que ce qui vous arrange.
Bien entendu, en cas de problème trop flagrant, vous accusez mal le coup et aurez bien du mal à vous en remettre !
Exigeant, mais influençable et dépendant, vous vous faites souvent des illusions. Votre désir de « fusionner » avec les êtres humains vous rend attachant et dévoué.

ASPECT RÉTROGRADE : évitez de vous marier, de vous associer, vous ne savez vraiment pas choisir votre seconde moitié de pomme. Ce conseil, car c'en est un, peut vous donner dans ce domaine plus de discernement ou, ce ne serait pas la pire solution, vous amener à demander conseil. N'hésitez pas à valider auprès des personnes avisées vos choix, dans le domaine personnel !

NEPTUNE EN MAISON 8 :

VOTRE IMAGINAIRE S'EMPARE DE CETTE MAISON.

C'EST CELLE : DE TOUTES LES MORTS, PHYSIQUES ET MORALES :

VOUS LES TRANSFORMEZ !

Vous exercez sur les autres une grande fascination. Votre grand charisme fait de vous un personnage très en vue, qui ne laisse pas indifférent. Vous avez sur les autres beaucoup de pouvoir, même celui de changer leurs destins.
Votre magnétisme vous confère certains dons occultes, comme celui de guérir, d'hypnotiser, en tout cas de convaincre !
Vous êtes rarement à l'aise dans votre milieu social et culturel, aussi repoussez-vous les frontières de votre existence aux limites du tolérable : vous aimez déranger !
Provocateur et extrémiste, vous allez très loin, car vous pensez que dans cette vie-là, vous n'avez rien à perdre !

ASPECT RÉTROGRADE : vos idées noires vous hantent et vous enlèvent toute sérénité. Vos prémonitions funestes vous gâchent l'existence et comme c'est souvent le cas quand on ouvre les bras aux problèmes : ils arrivent ! Vous puisez dans vos échecs votre méfiance de la vie et du bonheur et elle vous le rend bien (la vie) !

NEPTUNE EN MAISON 9 :

VOTRE IMAGINAIRE S'EMPARE DE CETTE MAISON.
C'EST CELLE : DES GRANDES IDÉES, DES VOYAGES :
VOUS NE TENEZ PAS EN PLACE !

Que ce soit réel ou virtuel, vous vous évadez ! Si votre vie ne vous permet pas les voyages, les mutations, les changements d'horizon, vous trouvez d'autres moyens, mais vous fuyez ce monde pour en créer un à votre mesure !
Fantasque et original, vos conversations sont décalées par rapport à votre vie, car si vous n'ignorez pas que l'existence, finalement, c'est une bague à chaque doigt, vous vous appliquez à faire mille projets qui vous aident à vivre, à exister.
Vous avez un comportement frais et spontané et jamais les deux pieds dans le même sabot !

ASPECT RÉTROGRADE : vous luttez contre votre besoin d'évasion, vous niez vos élans philosophiques, car au fond, cet inconnu qui vous attire vous fait également très peur.
Pour ne pas passer pour un pleutre, vous prétendez que vous êtes casanier et un rien étroit d'esprit. Il y en a qui se laissent abuser... mais pas moi ! Alice, tout de même !

NEPTUNE EN MAISON 10 :

VOTRE IMAGINAIRE S'EMPARE DE CETTE MAISON.
C'EST CELLE : LE MILIEU DE CIEL : LA PROFESSION :
VOUS REPOUSSEZ TOUTES LES LIMITES !

Vous êtes un idéaliste ! Vous vous faites des films sur vos capacités réelles et sur les moyens d'atteindre vos buts !
Pourtant, vous possédez une réelle intuition et souvent, vous tapez juste !
Si le reste du thème vous offre un facteur chance, un rien de séduction, vous avez raison de ne pas craindre les échecs.
Si les circonstances sont bonnes, vous êtes porté par une vague ascendante, mais votre sens du dévouement et votre abnégation vous prédestinent aussi aux vagues déferlantes !
Si vous avez le pied marin, vous arriverez à la réussite professionnelle et sociale !
GARDEZ LE CAP !

ASPECT RÉTROGRADE : très idéaliste, vous placez vos idéaux si haut que vous ne pouvez pas les atteindre. Ainsi, votre honneur est sauf et vous vous contentez de petites existences étriquées, sous prétexte que la vie ne vous a pas fait de cadeaux.
Forcément, elle n'en fait jamais !

NEPTUNE EN MAISON 11 :

VOTRE IMAGINAIRE S'EMPARE DE CETTE MAISON.
C'EST CELLE : DU RELATIONNEL :
VOUS RECHERCHEZ LES « PERSONNAGES » !

On se demande où vous puisez vos forces... inépuisables ! Très fort psychiquement, plein d'énergie, vous vous lancez dans des projets nés d'idées originales et innovantes, qui semblent impossibles à réaliser au commun des mortels. Vous recherchez des amitiés rares, enrichissantes et stimulantes. Vous êtes attiré par des êtres étranges et un peu décalés, avec qui vous n'avez pas peur d'exposer vos concepts utopiques. Souvent animé d'un esprit de révolte, même non déclaré, vous recherchez des sensations fortes en fréquentant des gens qui vous paraissent différents.

ASPECT RÉTROGRADE : vous avez, plus que tout autre, besoin de rêver, d'échafauder mille projets dont très peu tiennent la route. Vous avez le chic de vous entourer de personnes qui vivent dans le même flou artistique et vous vivez souvent une existence décalée, un peu marginale. Heureux... pourquoi pas ?
En tout cas, c'est votre ambition... C'est d'ailleurs la seule !

NEPTUNE EN MAISON 12 :

VOTRE IMAGINAIRE S'EMPARE DE CETTE MAISON.
C'EST CELLE : DES ÉPREUVES, DES CHOSES QU'IL FAUDRAIT CHANGER :
VOUS ÊTES UN PEU TORTUE : QUELLE CARAPACE !

Vous avez le don de vous adapter aux situations les plus pénibles. Vous savez entrer en vous et y puiser la force nécessaire pour faire face. Il vous arrive aussi de vous isoler intellectuellement des autres, de mettre un écran, entre les problèmes et vous-même. Quelle que soit votre manière de supporter l'adversité : elle est couronnée de succès. Clairvoyant, vous savez anticiper les événements. Il vous arrive aussi d'user (et d'abuser) des paradis artificiels : tabac, alcool, drogue, si les soucis et les écueils se font trop fréquents !

ASPECT RÉTROGRADE : vous adorez vous plaindre. En fait, la pitié et la commisération des autres sont pour vous un vrai onguent. Vous recherchez les épreuves avec volupté, et plus elles sont grandes, plus vous y puisez du plaisir.
Ne seriez-vous pas en peu (!) maso ?

☹ PLUTON DANS LES SIGNES ☹

(le psychisme, la faculté de régénération,
les forces constructrices et destructrices)

PLUTON EN BÉLIER : ON VOUS APPELLE : L'ARDENT !

Ah vous, vous vous régénérez, ça s'entend, ça se voit ! Vous faites fi des épreuves, vous foncez tête baissée vers tout ce qui vous branche ! Un peu téméraire, un peu égoïste, un peu individualiste... qu'importe, vous êtes si performant. Rien, dans la vie, ne vous décourage, ne vous arrête. Tout ce qui est neuf, d'avant-garde, vous attire. Et le sexe opposé aussi ! Vous pensez même, parfois, que le bon côté des épreuves, c'est de faire avancer et rectifier le cap. Vous courez au clash, à l'accident corporel, à l'infarctus, dans votre hâte, en effet, vous ne mesurez pas le danger. Rien ne pourra vous arrêter ? Oh si ! Votre famille, vos enfants, sont votre talon d'Achille. Pour eux, un jour, vous vous calmerez. Vous les aimez tant !

ASPECT RÉTROGRADE : chez vous, le feu couve toujours sous la cendre. Vous savez vous montrer très longtemps jovial et sans agressivité et, soudainement, exploser ! Votre violence, alors, en surprend plus d'un. Il se peut aussi que de fortes poussées de fièvre ne vous prennent au dépourvu, souvent à la même heure du jour ou de la nuit ;

PAS UN CADEAU, PLUTON ? ÇA, C'EST SÛR !

PLUTON EN TAUREAU : ON VOUS APPELLE : LE PROTECTEUR !

On a constamment envie de vous confier nos secrets, vous êtes si paternaliste. Protecteur jusqu'à la caricature, vous adorez vous occuper des problèmes des autres, persuadé de pouvoir tous les régler. Les métiers de contact, d'assistance et de santé sont faits pour vous et, en fait, je vous les recommande. Au moins passerez-vous vos loisirs à autre chose qu'à vous mêler de la vie des autres !
Vous dorlotez les vôtres : ménage, bons petits plats, épargne forcée dès leur plus jeune âge : vous êtes irréprochable, en fait. Les épreuves, dans la vie ? Pour vous elles ne sont que le reflet d'une mauvaise préparation, d'une négligence. Agaçant, à force de pondération, vous attirez les convoitises. Comment faites-vous, pour rester si cool. Les mauvaises langues disent que vous êtes un peu « simple ». En fait, la gentillesse rend suspicieux. Pardonnez-leur !

ASPECT RÉTROGRADE : vos pulsions créatrices sont bloquées, vous êtes sec comme un arbre stérile ! En même temps, vous devenez plus résistant, plus dur aux souffrances physiques et morales. Ce ne sont pas les sentiments qui vous minent !

PAS UN CADEAU, PLUTON ? ÇA, C'EST SÛR !

PLUTON EN GÉMEAUX : ON VOUS APPELLE : L'AGITÉ !

Oui, j'ai bien dit « agité » et non performant dans le mouvement. Pour bouger, vous bougez, mais sans aucun plan d'action, aussi vos efforts, trop dispersés, manquent d'efficacité. Dans la vie, pourtant, vous en aurez fait, du chemin ! Toujours à chercher, à vous chercher, à chercher l'amour et le respect des autres... Que voulez-vous, le GÉMEAU est charmant... et charmant ! C'est son drame, aussi : on le prend si peu au sérieux. Bien sûr, le bon côté de cet aspect est que vous avez mille idées, mille ressources pour rebondir, de la gaieté, du tonus. Avec un SOLEIL natal clément, on peut dire que vos facultés de régénération sont bonnes. Avec un autre, ce n'est pas cet aspect-là qui vous sauvera la mise.
Tout juste vous aidera-t-il, en fait, vous allez les minimiser !

ASPECT RÉTROGRADE : moins mobile physiquement, vous cogitez davantage. Pas toutes inspirées, vos idées sont souvent étranges, et l'on vous gratifie, en douce, d'une double personnalité !

PAS UN CADEAU, PLUTON ? ÇA, C'EST SÛR !

PLUTON EN CANCER : ON VOUS APPELLE : L'ANGOISSÉ !

Vous avez peur de l'inconnu et du futur, car votre hypersensibilité vous fait craindre le pire et oublier le meilleur ! C'est vrai que vous êtes doté d'un sixième sens rarement mis en défaut, mais comme le CANCER est rarement un gai luron, vous ne retenez que les mauvais aspects avérés ! Vous tremblez pour vos parents, pour vos enfants, pour vos amis, en fait seul le milieu professionnel vous donne satisfaction : il est protégé. Un peu d'optimisme, que diable. Vous êtes si créatif et votre entourage est si heureux de vous voir détendu. C'est si rare !

ASPECT RÉTROGRADE : votre formidable pulsion créatrice est comme figée ! Cet aspect vous ligote au sol, dans une immobilité qui vous rend égoïste et parfois fanatique : vous êtes frustré ! En effet, vous sentez bien que vous êtes très fécond, mais vous ne pouvez pas vous exprimer !

PAS UN CADEAU, PLUTON ? ÇA, C'EST SÛR !

PLUTON EN LION : ON VOUS APPELLE : LE DOMINATEUR !

Vous ne savez pas toujours canaliser les forces qui vous animent. Mais vous êtes doué d'un certain pouvoir magnétique et exercez un réel ascendant sur les autres. Bon ou mauvais, à vous de choisir, en sachant que vous êtes dominateur, entier, tyrannique exhibitionniste et que votre seule ambition est de tout régenter ! Comme votre ego ne vous pose pas de problèmes, on peut prétendre que vous vous régénérez toujours, sans trop vous soucier des autres !

ASPECT RÉTROGRADE : vous n'avez aucune limite, ne supportez aucun interdit. Peut-être qu'une inquiétude viscérale vous pousse à vous ouvrir à tout, pour ne rien perdre d'essentiel !
Souvent un complexe de supériorité, qu'on peut appeler « compensatoire », vous aide à tout supporter, à sortir intact de toutes les situations. Une attitude royale, en somme ! Ah ce LION, quel vantard !

PAS UN CADEAU, PLUTON ? ÇA, C'EST SÛR !

PLUTON EN VIERGE : ON VOUS APPELLE : LE MÉFIANT !

Vous avez à ce point le souci du détail, qu'il vous gâche l'existence ! Vous n'arrivez à jouir de rien, sans cette petite voix qui vous dit de vous méfier. C'est vrai, c'est épuisant pour vous, mais aussi pour les autres. Vous qui avez tant de talent créatif, tant d'imagination, laissez donc vos talents s'exprimer, au lieu de vous poser toutes ces questions ! Vos doutes, vos hésitations, sont peut-être la raison de votre mal-être, de votre solitude. Sécuriser toutes vos démarches, tout prévoir, tout calculer, ce n'est pas possible, faites-vous une raison !

ASPECT RÉTROGRADE : vous culpabilisez, vous êtes pétri de principes et de règles de moralité stricts... et si contraignants, que votre esprit créatif est en sommeil. Quel dommage !
Essayez au moins de tenir le cap, de préserver vos acquis, car sinon la régression vous guette et ce serait encore pire !
Aimez-vous d'avantage, votre entourage vous aime déjà !

PAS UN CADEAU, PLUTON ? ÇA, C'EST SÛR !

PLUTON EN BALANCE : ON VOUS APPELLE : LE PERFECTIONNISTE !

Pour vous choisir, juger, décider, c'est vivre ! Car vous êtes à ce point perfectionniste, que la possibilité de tout décider de tout trancher est vitale, vous êtes sûr que personne ne fait cela aussi bien que vous ! Plus qu'indépendant, vous ne tolérez aucune incursion des autres dans vos certitudes. Vous avez R A I S O N ! Vous remettez sans arrêt tout en question, pour trouver LA solution, l'équilibre parfait des arguments. Obstiné et intraitable, mieux vaut contourner ce trait de votre caractère que de l'affronter. Car vous avez de bons côtés. Si si !

ASPECT RÉTROGRADE : vous êtes tellement ballotté entre la justice et l'injustice, que vous pouvez certes devenir ce que j'ai évoqué dans le chapitre précédent. Mais le contraire peut se produire : las de vous battre, vous devenez hyperpermissif.
Au moins maintenant, vous savez pourquoi !

PAS UN CADEAU, PLUTON ? ÇA, C'EST SÛR !

PLUTON EN SCORPION : ON VOUS APPELLE : L'INSTINCTIF !

Vous sentez les ambiances, vous savez vous y adapter. Vous vous mettez au diapason des gens, des événements, on peut difficilement vous surprendre. En un quart de seconde, vous êtes en phase avec tout et tout le monde. Un vrai caméléon. Au travail, on vous apprécie pour ça et, d'ailleurs, dans bien des domaines, vous savez vous rendre indispensable. Votre instinct jamais mis en défaut vous rend sensuel, très attractif pour le sexe opposé. Dans la vie, vous êtes d'un grand fatalisme, c'est pour ça que vous agissez selon vos désirs. Même si tout va mal et de mal en pis, vous êtes toujours fidèle à vous-mêmes. La mort, toutes les morts vous fascinent: vous êtes loin d'en avoir peur!

ASPECT RÉTROGRADE : vous êtes animé de fortes pulsions, et l'on peut se demander si elles sont créatrices, ou destructrices. Leur violence vous étonne vous-mêmes, alors ne parlons pas de l'impact qu'elle a sur les autres!

PAS UN CADEAU, PLUTON? ÇA, C'EST SÛR!

PLUTON EN SAGITTAIRE : ON VOUS APPELLE : L'ENVAHISSEUR !

J'y vais, j'y suis, j'y reste: voilà votre devise! Un peu pot de colle, vous êtes persuadé que l'on vous trouve sympathique, irrésistible. Vous débarquez dans la vie des gens sans crier gare, les abreuvant de conseils et voulant les motiver pour mille choses. Vous inscrivez de force vos enfants dans les clubs de gym et votre grand-mère impotente aux excursions du 3e âge. Vous voulez faire bouger tout le monde et que tout le monde vous remercie pour ça! Calmez-vous. Bien sûr, toutes vos idées ne sont pas mauvaises et vos intentions sont bonnes. Et vous êtes si gai, si boute en train, qu'on a du mal à vous en vouloir! Mais quand il vous arrive de refuser une invitation, tout le monde respire!

ASPECT RÉTROGRADE : cet aspect coupe les ailes au souffle novateur qui anime d'habitude, le SAGITTAIRE! Plus pragmatique, moins ouvert au progrès, vous perdez en fougue et en enthousiasme!

PAS UN CADEAU, PLUTON? ÇA, C'EST SÛR!

PLUTON EN CAPRICORNE : ON VOUS APPELLE : L'AUSTÈRE !

Vous, alors, quel rabat-joie! Dès que la conversation n'est plus à votre goût, vous nous le faites savoir. Et si tout ce qui touche au travail, à la famille, aux enfants est toujours bienvenu, d'autres sujets plus personnels vous cabrent, vous mettent mal à l'aise. Vous êtes si pudique. Vous avez une manie désagréable de remettre les gens à leur place: le tact, ce n'est pas votre fort. Votre vie ne vous convient pas?! Vous incendiez tour à

tour le patron, le conjoint et les enfants, une fois adultes.
Mais vous ne comptez que sur vous pour rebondir, sur votre travail, votre force physique et morale. Si vous êtes un peu avare, au moins vous ne comptez pas sur les autres pour vivre!

ASPECT RÉTROGRADE: aucune souplesse, aucun souffle de légèreté ne viennent édulcorer vos idées, toutes empreintes de froideur et d'austérité. Méfiant et sceptique, vous vous réfugiez dans votre tour d'ivoire!

PAS UN CADEAU, PLUTON? ÇA, C'EST SÛR!

PLUTON EN VERSEAU : ON VOUS APPELLE : LE DÉSINVOLTE!

À force de dire que vous en n'avez rien à ... faire, on vous croit. Jamais concerné par les problèmes, toujours prêt à passer l'éponge et à recommencer, a priori, la vie ne vous apprend rien. Vous donnez l'impression pénible que rien ne vous touche vraiment, ni la misère du monde... ni celle des voisins. On vous envie un peu pour ça, on pense que vous êtes, finalement, le plus heureux! Vos amis, vos parents, votre famille ne savent pas vraiment combien vous les aimez et si, au fond, vous les aimez. Cela peut vous rendre, par ricochet, très attirant, mystérieux. Selon votre SOLEIL natal, les fées ont été bienveillantes et vous ont donné un réel détachement des choses terrestres et sentimentales. Mais hélas, très souvent, il n'en est rien! Vous souffrez de cette image, incapable de la changer et toujours en proie aux reproches des amis, des parents, qui peuvent aller jusqu'à vous délaisser, las d'attendre vos preuves d'affection!

ASPECT RÉTROGRADE: vous gâchez de réelles aptitudes par une indiscipline et une incohérence coupables. Capables de tout, finalement, vous ne faites rien!

PAS UN CADEAU, PLUTON? ÇA, C'EST SÛR!

PLUTON EN POISSON : ON VOUS APPELLE : L'INSPIRÉ!

Vous avez une petite phrase à votre répertoire: « je vous l'avais bien dit »! Hé oui, vous avez un 6e sens, on ne peut pas le nier. Vous sentez bien que certaines choses, certains événements, vont se produire. Quand vous pouvez reculer, c'est bien, mais il y a des choses inéluctables et là vous vous passeriez bien de vos talents. Malheureux quand il se produit des faits affligeants et que vous ne pouviez rien faire, votre vie est souvent une suite de mauvaises impressions avérées, de tensions tangibles et de fausses situations, que vous étiez bien obligé de vivre. À moins d'en faire votre profession, ce talent, cette sensibilité, ne vous rend pas que des services. Sauf dans le domaine financier, ou votre flair fait merveille. Si vous manquez d'argent, c'est de votre faute: vous l'avez choisi!

ASPECT RÉTROGRADE : très inspiré, d'un esprit riche et fertile, une prolifération d'idées vous inonde comme une marée. Parfois, vous en tirez quelque chose de positif, mais le plus souvent il règne dans votre tête une grande confusion.

PAS UN CADEAU, PLUTON ? ÇA, C'EST SÛR !

PLUTON DANS LES MAISONS

**LE SECTEUR OU VOUS EXERCEZ VOTRE POUVOIR,
QU'IL SOIT CRÉATEUR, DESTRUCTEUR OU RÉGÉNÉRATEUR**
(ou, plus rarement: NEUTRE)

PLUTON EN MAISON 1 : *la personnalité*

VOUS DÉTRUISEZ L'OBJET DE LA MAISON 1 : *vous-même!*

Vous êtes finalement très peu sûr de vous et vous posez mille questions sur vos compétences. Petit, vous croyiez les gens sur parole quand ils vous faisaient des reproches, vous traitaient d'incapable. Bien entendu, vos souvenirs d'enfance sont dans cette maison-là très importants, les messages négatifs que les parents, maîtres d 'école et amis vous ont dispensés ont la vie dure! Aujourd'hui, bien sûr, vous avez plus d'assurance, mais tout au fond de vous, reste un petit doute: et si vous n'étiez pas à la hauteur? Quand vous avez vraiment le blues, vous vous demandez ce que les autres peuvent bien vous trouver!

PLUTON EN MAISON 2 : *les biens matériels*

VOUS FOCALISEZ SUR L'OBJET DE LA MAISON 2: *vos biens matériels!*

Vous, si vous avez de l'argent, vous le faites savoir! Ostensiblement provocateur, l'argent et les biens matériels sont pour vous un formidable moyen d'écraser les autres! Jamais généreux, ou alors par condescendance, vous vous lovez dans vos ors comme un Picsou moyen! Et encore, riche, votre attitude peut faire sourire et si le reste du thème vous est clément, vous avez des qualités qui viennent vous racheter! Mais pauvre, désœuvré ou déshérité, vous devenez imbuvable! On a envie de vous acheter toutes les semaines un billet de loterie!
Vous êtes aussi de ceux qui coupent les ponts avec leur milieu social.
Parfois, chez certains natifs, on observe un détachement excessif vis-à-vis des biens matériels... Surtout ceux qui ont le SOLEIL dans un signe d'AIR!

PLUTON EN MAISON 3 : *la communication, vos frères et sœurs*

VOUS VOUS COMPORTEZ EN DESPOTE: *je dis, vous faites!*

Vous cherchez à exercer votre autorité sur votre entourage, en leur imposant vos idées, vos points de vue! Vous êtes avide de convaincre et animé d'un flux d'idées et de concepts pas toujours recommandables! Vos frères et sœurs n'ont qu'à bien se tenir: c'est vous qui avez raison! D'ailleurs vous avez toujours raison, on ne vous la fait pas. Quand il arrive que vous soyez effectivement dans le vrai, c'est pire: vous devenez vindicatif et triomphaliste!

PLUTON EN MAISON 4 : *le foyer parental*
VOUS DÉTRUISEZ, MAIS RECONSTRUISEZ, SUR DES RUINES :
si vos parents ne s'entendaient pas, votre foyer a des bases véreuses !

Si votre foyer parental n'était pas au beau fixe, inconsciemment vous allez reproduire le même schéma !
Vos initiatives pour fonder un foyer se solderont hélas par un échec, dans cette circonstance, cet aspect planétaire est sans appel ! Mais vous avez le désir de recommencer, plus sain, plus fort : mieux ! Petit, vous vouliez être le préféré et c'est aussi l'aspect de l'inceste, des abus sexuels au sein du foyer parental.
Vous êtes anticonformiste et provocateur. Vous êtes attiré par les vieilles bâtisses, que vous voulez reconstruire !
Bien entendu, si l'exemple de vos parents est concluant, vous avez moins d'a priori... mais vous avez toujours, bien ancrée en vous, cette peur de l'échec ! PLUTON n'est pas là pour rassurer !

PLUTON EN MAISON 5 : *les plaisirs, les créations (enfants y compris)*
VOUS RÉGÉNÉREZ LE MOTEUR DE LA MAISON 5 : *la passion !*

Avec vous rien n'est jamais tiède. Inventif et passionné vous avez un punch inépuisable dans vos relations amoureuses ! Exhibitionniste et provocateur, il vous arrive de déranger les gens bien pensants. Libéré de tout préjugé, de tout tabou, vous goûtez à tous les plaisirs.
Vous voulez séduire et être séduit : votre vie n'est heureuse qu'à ce prix ! Inutile de vous dire qu'il faut à tout prix travailler l'étincelle qui met le feu à vos « poudres », sinon vous mourez d'ennui !
Avec vos enfants vous avez de merveilleux liens de complicité, vous êtes comme eux : démesurément vivants !

PLUTON EN MAISON 6 : *le quotidien, le travail, les petits bobos*
VOUS CRÉEZ UN MONDE MERVEILLEUX : *avec la routine quotidienne !*

Avec vous, point besoin de vivre une vie trépidante : vous transformez le quotidien en rêve éveillé. Chaque petite chose a pour vous une signification, vous exaltez les joies et oubliez les peines. Vous êtes attiré par le mystère et les énigmes et avez un bon esprit de synthèse. Tout cela serait parfait, mais vous avez aussi tendance à prendre de mauvaises habitudes : l'alcool, le tabac, la boisson, le jeu, qui donne à votre vie des couleurs imaginaires. Prenez garde, méfiez-vous des miroirs aux alouettes.

PLUTON EN MAISON 7 : *les unions, le mariage, les associations*
VOUS VOUS DISTINGUEZ DANS LE CHOIX DE VOS PARTENAIRES :
Pour s'associer à vous, un seul critère : sortir de l'ordinaire !

Les situations trop simples vous ennuient, les gens ordinaires vous font bailler! Vous aimez les personnages marginaux, les mariages décalés, les associés qui font jaser. À tout cela, il y a une raison assez subtile: comme vous ne faites confiance à personne, autant mettre tout de suite le loup dans la bergerie. Vu l'extrémisme de vos élus, ils ne pourront plus vous surprendre: le pire, ils l'ont déjà montré!
Et vous vous moquez des: « je te l'avais bien dit »!

PLUTON EN MAISON 8 : *toutes les morts, matérielles et spirituelles*
VOUS DÉTRUISEZ LES AUTRES...
... *tant votre magnétisme personnel est grand!*

Vous exercez un pouvoir de fascination immense, à votre contact nous perdons pied. Provocateur, vous avez du mal à accepter votre condition: en effet vous avez toujours l'impression de ne pas tenir le rôle qui vous revient.
Nous avions des idées, vous nous regardez: nous n'en avons plus! Vous faites des autres tout ce que vous voulez, les détruisez et les faites revivre, avec la même facilité. Nous n'avons qu'une seule chance: vous ne vous en rendez pas (toujours) compte!

PLUTON EN MAISON 9 : *les voyages, les grandes idées*
VOTRE POUVOIR CRÉATEUR VOUS REND CURIEUX DE TOUT:
vous voulez tout découvrir!

Jamais rassasié de nouveauté, vous aimez les voyages, le changement et fuyez la routine. Toutes les expériences stimulantes ou enrichissantes vous attirent et vous êtes fort capable de quitter vos habitudes du jour au lendemain. Votre famille comprendra (?) qu'il ne suffit pas que vous ayez un foyer douillet: le confort ne vous rend pas pantouflard. Même dans la vie la plus luxueuse, vous vous ennuyez, si vous sentez qu'ailleurs, il reste des aspects nouveaux à découvrir. Comme PLUTON ne fait jamais de cadeaux, c'est à ce sujet que vous pouvez soulever la polémique et vous montrer destructeur: vous ne souffrez pas la contradiction. Vous brisez, facilement, les liens les plus forts!

PLUTON EN MAISON 10 : *la profession, votre impact sur les autres*
VOUS CONCEVEZ LA RÉUSSITE À VOTRE FAÇON:
surprendre et choquer!

Vous voulez choquer, surprendre. Vous avez envie que l'on parle de vous, mais pas d'une manière conventionnelle, vous êtes plus qu'original dans ce domaine. Pour vous le terme de réussite n'a pas le même sens que pour les autres, vous estimez avoir réussi quand on parle de vous. La une des journaux à scandales vous tente et vous n'êtes pas fâché d'être au centre des ragots de village ! Indépendant et plein de ressources, vous n'avez besoin de personne. Souvent, quand votre milieu familial ne s'y prête pas, vous gardez tout cela pour vous et suivez un chemin très conventionnel, conscient de ne pas vous épanouir pleinement !

PLUTON EN MAISON 11 : *le relationnel*

VOUS NE SUPPORTEZ PAS LES GENS BANALS, LES SITUATIONS SIMPLES !

vous adorez vous compliquer la vie, en vous investissant dans des projets qui semblent utopiques, voire irréalisables. Votre psychisme et votre équilibre sont nourris par des sources mystérieuses, mais inépuisables : vous rebondissez toujours en cas de problème, votre esprit, même pris à partie, vous fournit toujours matière à clouer le bec aux détracteurs ! Vous recherchez aussi des personnages hors du commun, des êtres étranges que vous attirez et qui vous attirent, tant votre envie de vivre des moments hors du commun est forte. Les expériences insolites, les défis en tout genre sont votre moteur. Les gens dont vous vous entourez n'ont qu'une chose à éviter : ressembler à monsieur ou madame « tout le monde » !

PLUTON EN MAISON 12 : *les épreuves, nos défauts*

VOUS FUYEZ LA RÉALITÉ !

Incapable de vivre comme tout le monde, le train-train vous pèse, la vie de monsieur, tout le monde vous répugne ! Aussi choisissez-vous des vies marginales, qui vous donnent l'impression de vous « éclater » au quotidien. Incapable de rentrer dans le rang, vous passez votre vie à vous singulariser, à détonner.

On aurait tort de vous prendre pour un « m'as-tu-vu » : vous ne voulez pas choquer, vous n'êtes jamais racoleur : simplement vous voulez une vie originale, qui vaille la peine d'être vécue !

LE NŒUD

LE NŒUD EST UN PETIT CLIN D'ŒIL DES ASTRES QUI PEUT DONNER UN ÉCLAIRAGE NOUVEAU AU THÈME. IL NOUS FAIT DIRE PARFOIS QUE...

POUR UN CAPRICORNE : QUELLE SENSIBILITÉ !
OU POUR UN GÉMEAU : QUELLE DROITURE !

IL NOUS APPREND AINSI...
À NE PAS NOUS FIER AUX APPARENCES !

NORD (ou tête de dragon) : ce qui nous motive.
SUD (ou queue de dragon) : ce qui nous retient.

NORD EN BÉLIER :	DÉMESURE
SUD EN BALANCE :	PONDÉRATION
POUR VOUS ÉPANOUIR :	mettez de l'eau dans votre... fougue !
NORD EN TAUREAU :	CONSTRUCTION
SUD EN SCORPION :	DESTRUCTION
POUR VOUS ÉPANOUIR :	prenez conscience de vos mauvais penchants. Si, vous pouvez !
NORD EN GÉMEAU :	FANTAISIE
SUD EN SAGITTAIRE :	LÉGALITÉ
POUR VOUS ÉPANOUIR :	écoutez de temps en temps la voix de la sagesse !
NORD EN CANCER :	IMAGINATION
SUD EN CAPRICORNE :	RIGUEUR
POUR VOUS ÉPANOUIR :	laissez vous aller, cool, souriez !
NORD EN LION :	ORGUEIL
SUD EN VERSEAU :	HUMANITÉ
POUR VOUS ÉPANOUIR :	allez vers les autres !
NORD EN VIERGE :	MÉFIANCE
SUD EN POISSONS :	BONTÉ
POUR VOUS ÉPANOUIR :	fiez-vous à vos (bonnes) intuitions.
NORD EN BALANCE :	DIPLOMATIE
SUD BÉLIER :	VIOLENCE
POUR VOUS ÉPANOUIR :	ne laissez pas se réveiller vos bas instincts, bridez-les !

NORD EN SCORPION :	LUXURE
SUD EN TAUREAU :	SENSUALITÉ
POUR VOUS ÉPANOUIR :	il faut un peu des 2, non ? Bon aspect !
NORD EN SAGITTAIRE :	DES ACTES !
SUD EN GÉMEAU :	DES IDÉES
POUR VOUS ÉPANOUIR :	il faut un peu des 2, c'est parfait ! Bon aspect !
NORD EN CAPRICORNE :	ENTÊTEMENT
SUD EN CANCER :	DOUCEUR
POUR VOUS ÉPANOUIR :	pensez à votre mère, quand la moutarde vous monte au nez. Elle aurait aimé trancher en douceur, non ?
NORD EN VERSEAU :	INDÉPENDANCE
SUD EN LION :	CONFORMISME
POUR VOUS ÉPANOUIR :	restez toujours dans la légalité, alors vous pouvez tout vous permettre !
NORD EN POISSON :	VULNÉRABILITÉ
SUD EN VIERGE :	PRAGMATISME
POUR VOUS ÉPANOUIR :	ne laissez pas votre méfiance gâcher votre générosité. La morosité vous guette, réagissez !

LE NŒUD LUNAIRE DANS LES MAISONS

LE NŒUD NORD EN MAISON 1 : l'ascendant : votre personnalité
SUD EN MAISON 7 : les associations, le mariage

Et si vous tapiez un jour du poing sur la table ? Si vous osiez vos idées, vos certitudes, on ne vous aimerait pas moins et je dirais même : au contraire ! Votre besoin viscéral de vous fondre dans la masse, de demander l'approbation de tout un chacun, flatte certes leur ego, mais votre réputation, finalement en prend quand même un coup. Bien entendu, vous adorez vous associer, demander les avis, consulter vos connaissances, votre conjoint : vous avez l'impression d'exister vraiment, de compter pour le monde, de faire avancer les choses avec intelligence, largeur d'esprit. En plus, qui vous garantit que vos amis, associées et autres acolytes (sans oublier votre compagnon de vie) ne brillent pas, de temps en temps, avec VOS idées. Personne, bien sûr... pas si fou !

IMPOSEZ-VOUS, VOUS ÊTES GÉNIAL !

LE NŒUD NORD EN MAISON 2 : les finances, les biens matériels
SUD EN MAISON 8 : toutes les échéances

Méfiant et peu enclin à faire confiance, vous tissez avec les autres des liens très ambigus. Persuadé d'être source de moqueries et de médisances, vous n'êtes ni détendu, ni très à l'aise en société. À force de soupçonner tout le monde, de vous méfier et de le faire sentir, les autres perdent de leur naturel et adoptent avec vous une attitude affectée et trouble qui met de l'eau à votre moulin. Tout cela est très dommage, bien entendu, d'autant que de très bons aspects dans les finances et les biens matériels vous permettraient de mener une vie sereine et confortable. Mon conseil ? Est-il bien utile... vous êtes si méfiant !

DÉTENDEZ-VOUS, ON VOUS AIME

LE NŒUD NORD EN MAISON 3 : la communication, les frères et sœurs
SUD EN MAISON 9 : les grandes idées, les voyages

Les autres, bien entendu, vous savez qu'ils existent..., impossible de les éviter. Indomptable, surtout dans votre jeunesse, votre indépendance vous pousse à faire d'abord et expliquer ensuite.

On ne peut pas dire que vous faites beaucoup d'efforts pour être sociable, en fait, votre entourage, vous le subissez.
Vous écoutez sans entendre et parlez de ce que VOUS aimez.
Vous avez l'impression que parler de vous, de vos projets, ressemble à une justification de vos actes. La maison 9, celle des grandes idées, des voyages, vous donne le goût de l'aventure, des envolées lyriques et, plus prosaïquement, des déplacements physiques. Souvent, vous dites les choses trop tard, quand personne ne peut plus vous aider..., car vous êtes comme tout le monde : de temps en temps, ça fait du bien de parler et d'écouter les réponses. Essayez, vous ne pourrez plus vous en passer !

DIALOGUEZ :
VOUS TROUVEREZ LA SÉRÉNITÉ !

LE NŒUD NORD EN MAISON 4 : le foyer parental
SUD EN MAISON 10 : la profession, l'image de marque

Vous ne vivez que pour votre profession, votre travail est votre seule réelle préoccupation. Vous ne voulez rien de tiède dans ce domaine et sans activité professionnelle, vous êtes comme un poisson hors de l'eau. Vous consacrez toute votre énergie à briller dans le domaine de votre activité, heureux quand vous réussissez, malheureux quand vous ne réussissez pas ! Ne vous étonnez pas, alors, que les vôtres se sentent délaissés, il n'y a que votre image de marque qui compte, que votre statut social. Autant vous dire que si ce statut s'écroule, vous avez tout perdu : souvent votre famille ne tient pas le choc face à votre indifférence, votre attitude détachée et fort vexante. Les membres de votre famille se sentent rejetés, inutiles, délaissés. Comment leur en vouloir, car en fait, ils le sont !

GARE A LA SOLITUDE, RÉVEILLEZ-VOUS !

LE NŒUD NORD EN MAISON 5 : les plaisirs, les créations, les enfants
SUD EN MAISON 11 : le relationnel

Vous aimez les autres, bien sûr et ils vous aiment aussi. Mais voilà, vous savez aussi leur faire faire tout ce que vous voulez. De là à dire que vous servez d'eux, il n'y a qu'un pas, que vous franchissez de temps en temps, il faut bien l'admettre ! Bien entendu, vous apportez beaucoup à votre cercle relationnel, puisqu'il est si important pour vous ! Pour vous, il est aussi important de concrétiser vos rêves et projets avec les autres qui sauront vous guider et leur enlever tout caractère utopique. Dans l'ombre, vous vous emballez, vous voulez vivre des choses extraordinaires : soumettez vos idées à votre entourage.
Bien guidé, en prenant garde de ne pas trop vous incruster dans la vie,

dans le cœur des autres, vous ferez un compagnon de route fort sympathique, plein de ressources et jamais ennuyeux!

LES AUTRES ONT LEURS SECRETS, RESPECTEZ-LES!

LE NŒUD NORD EN MAISON 6: le quotidien, la routine, les petits bobos
SUD EN MAISON 12: les épreuves, les mauvais penchants

Vous avez un grand problème face aux épreuves: vous vous isolez! Vous vous coupez du monde pour lécher vos plaies morales et même physiques, vous ne parlez de vos soucis à personne!
Quand les situations viennent au grand jour tout le monde est surpris: on vous croyait pleinement heureux et d'une santé florissante. C'est d'ailleurs dans le domaine de votre santé et des vicissitudes de la vie quotidienne que cet aspect est le plus fort, la maison 6 y prédispose.
Mais vous avez aussi un grand atout: la foi. Au fond de vous un espoir tenace est tapi, une certitude vous habite: tout va s'arranger. Et comme chez tous les gens nourris de cette lumière intérieure, le miracle se produit souvent: vous vous tirez de tous les pièges!

OUF, TOUT EST BIEN QUI FINIT BIEN!

LE NŒUD NORD EN MAISON 7: les associations, le mariage
SUD EN MAISON 1: L'ascendant, la personnalité

Vous ne pouvez pas vous empêcher de vous mêler de tout! Moins les propos tenus par l'entourage vous concernent, plus vous aimez y mettre votre grain de sel! Dans la vie des autres, vous y rentrez par la petite porte, pas toujours discrètement, mais vous voulez tant aider. Vous êtes persuadé que vous êtes indispensable, que sans vous les problèmes restent sans solution.
Débordant de vitalité vous êtes omniprésent, au point qu'on vous soupçonne d'avoir un don d'ubiquité.
Toutes fois, vous savez vous montrer juste et de bon conseil, vous attirant par là sympathie et marques de respect. Chef de file aimé, voire vénéré, on se tourne vers vous pour de multiples raisons, aussi, un conseil: n'en faites pas trop!

LES CONSEILLEURS NE SONT PAS LES PAYEURS!

LE NŒUD NORD EN MAISON 8: toutes les morts, physiques et morales
SUD EN MAISON 2: les biens matériels

Soit vous avez manqué d'aisance matérielle dans votre jeunesse, soit, au contraire, vous étiez trop gâté, en tout cas aujourd'hui vous amassez les biens pour ne manquer de rien. Vous assurez vos arrières, en investissant dans votre logement, votre résidence secondaire et tous les placements juteux que la banque vous propose. Vous convoitez, assez égoïstement d'ailleurs, les richesses et biens d'autrui ! Vous aimez prendre physiquement possession des choses, des gens !
Pourtant, d'un autre coté, une petite voix vous pousse à vivre sans compter, sans réfléchir. Qu'importe demain, Tout a une fin ! Alors que faire ? Souvent les circonstances de la vie vous font changer, en vous mettant dans de situations sans ambiguïté. C'est ce qui pourra vous arriver de mieux !

FOURMI OU CIGALE ? DÉCIDEZ-VOUS !

LE NŒUD NORD EN MAISON 9 : les voyages, les grandes idées
SUD EN MAISON 3 : la communication, les frères et sœurs

Avec le NŒUD SUD en Maison 3, vous avez tendance à vivre en vase clos, à fréquenter toujours les mêmes personnes. Et pire, vous cultivez aussi soigneusement les mêmes idées, toutes conformistes et conservatrices. Quand il vous arrive de vous écarter de vos sentiers (re)battus, vous restez superficiel dans votre démarche, comme si vous aviez peur d'élargir vos horizons. Vous avez tendance à vous conformer à ce que les autres attendent de vous. Heureusement que le NŒUD NORD vous donne de temps en temps des pulsions, l'envie irrésistible de voir ailleurs, si l'herbe ne serait pas, par hasard, plus verte ! Une cause humanitaire, une œuvre charitable, le besoin de vous consacrer à une minorité défavorisée pourrait bien vous faire lâcher votre routine, pour épouser sans trop prendre de risques vos élans, vos envolées mystiques !

ÉLARGISSEZ VOS HORIZONS !

LE NŒUD NORD EN MAISON 10 : la profession, l'impact sur les autres
SUD EN MAISON 4 : le foyer parental

Dommage que vous n'osiez pas sortir du cocon familial, vous feriez de grandes choses. Bien sûr, vous quittez souvent tôt le nid, mais cette séparation n'est que physique : vous êtes fortement imprégné de l'ambiance de votre enfance.
Vous avez au fond de vous de l'ambition, et un potentiel non négligeable. Malheureusement, même si vous n'avez plus de liens, plus d'adresse commune avec vos parents, vous reproduisez la vie que vous aviez dans leur foyer, parce que ces références sécurisantes vous font du bien.

S'il régnait au sein de votre famille un esprit conquérant, tant mieux ! Mais si c'était des « loosers » : luttez ! Il vous arrive d'avoir peur de leur regard, de leur jugement : vous voulez tant leur ressembler.
Osez votre vie à vous, votre avis à vous, votre destin à vous car finalement, c'est votre vie, non ?

CASSEZ LE CORDON !

LE NŒUD NORD EN MAISON 11 : le relationnel, les projets
SUD EN MAISON 5 : les plaisirs, les enfants

Vous ne savez rien faire sans amour, les sentiments sont le pilier de votre vie. C'est l'amour qui vous donne des ailes et la joie de vivre et d'exister. Vous ne connaissez pas l'indifférence, sur terre il y a deux sortes de gens : ceux que vous aimez et ceux que vous n'aimez pas. Aussi êtes-vous souvent déçu, surtout par le sexe opposé, car vous êtes si jaloux et si individualiste que vous ne savez pas partager ! Vous voulez, en outre, être récompensé de l'amour que vous portez, à l'attention que vous prêtez à l'élu(e) de votre cœur. Le conseil des astres est de choisir des relations amicales, empreintes de sérénité, de franchise et de convivialité. Ces dernières sauront vous armer pour la vie et vous donner les bases solides d'un amour sain, sans excès et sans rancœur, que vous ne manquerez pas de trouver au zénith de votre existence !

LE RELATIONNEL ? OUI,
MAIS FAITES LE BON CHOIX !

LE NŒUD NORD EN MAISON 12 : les épreuves, nos mauvais penchants
SUD EN MAISON 6 : le quotidien, les petites maladies

Vous vivez une grande vie morale dans une petite existence physique ! Prêt à tout voir, tout vivre intensément, en fait vous êtes souvent amené à vous satisfaire d'une existence bien en deçà de vos aspirations. Vous devriez vous libérer, faire craquer ce carcan qui vous visse au sol, au moins de temps en temps.
Votre frustration peut engendrer des maladies psychosomatiques et des périodes de vague à l'âme, de cafard. Au fond, vous êtes un orgueilleux, conscient de votre valeur, qui ne se complaît dans la routine que pour plaire aux autres et, par là, avoir leur gratitude.
Parfois, vous leur en voulez de ne pas reconnaître le génie qu'ils côtoient. Parfois, vous êtes récompensé ! Alors, gâchis, temps perdu ? Peut-être, mais ce n'est pas sûr !

VOTRE BOCAL EST TROP PETIT !

LES MAISONS ASTROLOGIQUES

Très importantes dans un thème, les **MAISONS ASTROLOGIQUES** vous expliquent pourquoi, dans certains domaines, un **LION** réagit en **VERSEAU** et vice versa !

Il suffit que, dans le thème d'un **GÉMEAU**, la **maison 2** soit en **VIERGE**, pour qu'il apprenne à compter !

Alors reportez-vous aux **MAISONS** de votre thème et trouvez les clés de vos anachronismes !

LA MAISON 1 ou L'ASCENDANT

LA MAISON 1 ou « DOMUS VITAE »

Vous connaissez un tas de gens de votre signe et aucun ne vous ressemble? Vous avez beau lire toutes les revues astrologiques, aucune prévision ne vous concerne jamais? C'est normal, il y a 12 planètes, en fait, qui jouent toutes un rôle dans votre destinée! Vous vous doutez bien, que l'humanité entière ne se résume pas à 12 groupes d'individus (les 12 signes solaires), c'est bien plus complexe que ça!
Mais sur ce document, je vais vous indiquer quelques tendances que vous confère le signe qui règne dans votre **MAISON 1 : L'ASCENDANT!**
C'est celui de votre vrai « moi » et qui, déjà, change (ou confirme!) votre soleil natal.
L'ASCENDANT prend toute sa valeur à l'âge mûr, c'est-à-dire après la quarantaine et pour tout le reste de votre existence. Je vous donne en guise de clin d'œil des mots clés, qui définissent la modification qu'apporte un signe par rapport au Soleil natal!
À vous de questionner vos connaissances sur leur **ASCENDANT**, lors d'un petit dîner entre amis et de les entendre s'exclamer: c'est tout moi, ça!

À NOTER: si votre **SOLEIL** et votre **ASCENDANT** sont identiques: vous restez égal à vous-mêmes, vos raisonnements et votre destin sont linéaires, mais la vie accentue, avec l'âge, certains aspects et en atténue d'autres!

L'ASCENDANT en...
rend impulsif et dragueur, voire fonceur et bagarreur!
rend économe et sensuel, familial et convivial.
rend génial, menteur et gai!
rend sensible, secret et (un peu) hypocrite,
car n'aime pas annoncer les mauvaises nouvelles!
rend orgueilleux, généreux et tapageur,
amoureux du luxe et de l'argent.
rend méfiant, maniaque de l'ordre,
et respectueux des lois et de la religion.
rend diplomate et coquet et (un peu) charmeur!
rend pessimiste, opiniâtre et auto destructeur.
Démolit son entourage à coup de mots!
rend sympathique, épris de justice,
entreprenant (dans tous les domaines!)
rend sérieux, ordonné et bosseur,
voire un peu austère. Vit vieux!
rend indépendant, susceptible et intelligent,
versatile et changeant.
rend sentimental, mélancolique et tristounet.
Chanceux pour les finances!

VOICI DES TRAITS COMMUNS À TOUS CEUX QUI ONT

LA MAISON 1...

EN BÉLIER : vous avez la bougeotte ! Vous n'aimez pas les situations qui s'enlisent, que ce soit moral ou physique. Vous vous ennuyez vite, vous êtes enthousiaste et curieux de tout.
Cet aspect est plus flatteur pour les hommes, car elle les rend virils et un peu coureurs, travers que l'on pardonne de tout temps à la gent masculine. Avec cet aspect, les femmes se font autoritaires, indépendantes et souvent elles sont près de leurs sous ! Mais les deux ont en commun leur manque de tact, les mots qui blessent et leur caractère entier.
Ajoutons qu'ils arrivent généralement à leurs fins, quitte à se mordre les doigts plus tard.
Voyons ce que le SOLEIL natal va faire de tout ça !

MON CONSEIL : quelles que soient les conséquences : Exprimez-vous ! Frustrés, vous pouvez devenir méchants !

EN TAUREAU : très attaché à vos biens, vous êtes persévérant, entêté et rancunier. Vous aimez la vie de famille et la bonne chère. Jaloux et possessif, vous ne partagez pas, acceptez mal les trahisons et quittez un partenaire qui vous trompe.
Si d'aventure votre personnalité voluptueuse vous pousse à faire un écart, qui de toute façon ne serait que charnel, les feux du remords vous rongent à vie et vous entretenez très rarement une liaison suivie.
Vous êtes jovial, de bonne compagnie, gai et rassurant. Vous savez vous entourer de gens importants qui vous assurent la situation brillante que vous convoitez et surtout l'aisance matérielle que cela implique. Vous possédez ou posséderez un jour un ou plusieurs biens au soleil !
Vérifiez le chapitre qui suit, l'influence de votre SOLEIL natal !

MON CONSEIL : ne rougissez pas de vos faiblesses. Elles vous rendent si humain !

EN GÉMEAU : nerveux, curieux et toujours pressé, vous gérez l'immédiat avec brio ! On vous prend rarement au dépourvu et si vous ne connaissez pas les réponses aux questions qu'on vous pose : vous les inventez !
Vous avez la repartie facile, la main leste et démarrez au propre et au figuré, au quart de tour.
Vous aimez faire la fête, vous adorez les gens gais et la vie facile. Joueur, vous l'êtes dans bien des domaines.

Vous n'aimez ni la grisaille, ni les gens qui se prennent trop au sérieux.
Vous ne remettez jamais au lendemain ce que vous pouvez faire le jour même, et souvent vous l'avez déjà fait hier!
Menteur et affabulateur, vous abusez la plupart des gens: vous êtes un magicien!
Vérifiez si votre SOLEIL natal ne vous rend pas trop raisonnable, dans le chapitre qui suit.

MON CONSEIL: vous ne vous rappelez pas toujours de ce que vous dites... Les autres, si!

EN CANCER: assez flegmatique, vous êtes enclin au rêve et à la méditation. Très influençable par le milieu familial, vous faites sans cesse référence à l'avis du père, de la mère et du grand-père!
Vous subissez plus les événements que vous ne les provoquez et vous vous retranchez dans votre petit monde fait de musique douce dans un foyer chaleureux que vous décorez avec beaucoup de goût!
Les scènes de ménage et les cris vous font peur, vous n'aimez pas la violence. Vous ignorez ce qui vous dérange et changez de conversation quand le sujet vous déplaît. Vous restez enfantin toute votre vie!
Cette manie de détourner les conflits fait dire de vous que vous n'êtes pas très franc.
Vérifiez dans le paragraphe suivant si le SOLEIL natal vous sauve la mise!

MON CONSEIL: donnez de temps en temps votre avis en public, sinon nous allons supposer que vous le faites dans notre dos!

EN LION: vous êtes, de toute façon, pétri d'orgueil! Quel que soit votre signe solaire, il n'y a qu'un personnage qui compte dans votre vie: c'est vous! Vous vous trouvez beau, intelligent et désirez que ça se sache. Toujours vêtu à votre avantage, les tenues négligées ne sont pas faites pour vous, à moins que ce ne soit la mode du moment. Si vous êtes gros, vous dites bien porter vos kilos, si vous êtes chauve: vous avez la plus belle calvitie du monde! Tout ce que vous faites est empreint de grandeur, vous guettez le regard des autres pour y voir l'admiration qu'ils vous portent. Vous aimez les compliments.
Vous avez de la fougue et du tempérament.
Susceptible et chatouilleux, toute remarque déplacée est un crime de lèse-majesté et est punie comme tel: une réflexion assassine et cinglante au maladroit qui vous a vexé!
Pourvu que votre SOLEIL natal vous convienne et que ce thème vous plaise!

MON CONSEIL: apprenez à vous dominer et réfléchissez avant d'assassiner. J'ose à peine vous le dire, mais il vous arrive d'avoir tort!

EN VIERGE : vous voulez tout comprendre et décortiquez les faits et gestes de votre entourage. D'une grande prudence dans pratiquement tous les domaines de la vie, on peut dire que vous ne vendez pas la peau de l'ours avant de l'avoir tué. Méfiant et peu enclin à faire confiance, vous êtes sans arrêt persuadé qu'on vous cache quelque chose. Vous êtes perfectionniste, méticuleux, soigneux et grand amateur d'ordre. Vous aimez les traditions, qui vous rassurent et les fêtes carillonnées qui rassemblent la famille.
Timide et timoré, vous êtes à l'aise en comité restreint, car, devant une assemblée, vous auriez du mal à prendre la parole. Tout ce qui touche au social et à l'humanitaire vous touche et vous vous dévouez, quand une cause vous touche ! Dans le médical aussi votre modestie et votre perfectionnisme font de vous un bon élément. Lisez le paragraphe qui suit, votre SOLEIL natal vous en dira plus !

MON CONSEIL : votre méfiance est agaçante. Soyez plus discret ; quand on vous donne l'heure, ne la vérifiez pas au premier beffroi venu. Tous les êtres humains ne sont pas de menteurs en puissance !

EN BALANCE : les astrologues prétendent que c'est le meilleur ASCENDANT qui soit, parce que la diplomatie et la mesure du signe font merveille sur tout le ZODIAQUE sans exception. Tout en étant d'accord sur les qualités de diplomatie et d'amabilité de ce dernier, je prétends que les signes les plus fragiles sont quand même desservis par l'hésitation chronique et l'indécision de la BALANCE !
Toujours est-il que vous êtes friands de contacts, aimez les gens originaux : Les « personnages ». Vous êtes coquet et soucieux de votre apparence, raffiné et esthète. Vous faites rarement des fautes de goût, comme un malencontreux assemblage de couleurs. Vous n'aimez ni la violence ni le bruit : vos nerfs fragiles ne le supportent pas ! Dégoûté par les aspects noirs de la vie, vous préférez les ignorer et vivez avec des œillères. Votre santé est à ce prix, car vous êtes sujet aux dépressions. La réalité a parfois une cruauté insoutenable pour vous. Arrangeant et souple d'esprit, vous êtes accommodant et de compagnie reposante. Grâce à vous on pourrait presque croire à un monde parfait !
Pourvu que le reste du thème vous préserve !

MON CONSEIL : certains vous trouvent un rien snob. Alors ne leur parlez plus de votre petit dernier qui fait du violon, ni de votre sauna personnel qui est encore en panne !

EN SCORPION : quel que soit votre signe solaire, cet ASCENDANT vous ôte toute sérénité. Torturé par mille choses et, entre autre, la santé de vos proches (surtout vos enfants) ou votre avenir professionnel et sentimental, vous êtes rarement épanoui et rarement heureux.

Persuadés que la mort seule vous libérera de vos soucis, vous êtes de ceux qui ne la craignent pas mais l'attendent comme une solution.
Vous vous posez des questions existentielles et les paradis artificiels vous tendant les bras, il n'est pas exclu que vous n'envisagiez des solutions extrêmes. Vous avez d'énormes capacités de travail, êtes opiniâtre et accrocheur. Vous gérez le potentiel humain avec brio et vous trompez rarement sur les gens.
Dans le chapitre suivant, concernant votre signe SOLAIRE, je vous souhaite de trouver de quoi vous rendre le sourire !

MON CONSEIL : buvez en compagnie et rêvez seul. Mais vous retrouver face à face avec vous-même ne vous réussit pas !

EN SAGITTAIRE : généreux, gai et de bon conseil, vous ne faites pas de commérages et ne répétez jamais une confidence. Vous avez l'esprit d'équipe et le sens de l'organisation : Vous êtes de ceux qui créent les amicales et les réunions d'anciens combattants. Vous avez de la pédagogie et le sens du commandement.
Vous avez soif de culture, êtes au courant des dernières nouveautés et surfez depuis longtemps sur Internet ! Vous avez horreur de l'injustice, de la dissimulation et du mensonge.
Dynamique et sportif, vous aimez les jeunes enfants et les animaux. Il n'est pas rare que dans la deuxième partie de la vie, vous n'adoptiez un animal domestique, avec lequel vous serez en quasi - symbiose.
Un rien (!) égoïste, vous avez souci de votre confort et êtes un peu hypocondriaque. Ce signe de FEU ne laisse en principe sur le signe SOLAIRE qu'une trace étrange : celle d'exalter ses mauvais penchants. Vérifiez-le dans le chapitre qui suit !

CLIN D'ŒIL : l'âge mûr, au lieu de vous affaiblir, vous rend encore plus performant ! Alors soyez un peu plus tolérant avec votre entourage. Vous, la retraite vous l'attendez, vous en profiterez : plus dynamique, plus entreprenant, vous aurez en plus du temps et selon le reste du thème, des moyens financiers. Mais tous n'auront pas la même chance !

EN CAPRICORNE : Quel esprit d'organisation ! À vous la gestion des comités d'entreprise et la mise au point du week-end de neige, dont tout le monde parle, mais dont personne ne s'occupe !
Méthodique et travailleur, on peut compter sur votre zèle lors des déménagements et vous faites merveille pour ranger les placards. Les femmes du signe sont d'excellentes ménagères et c'est aussi pour elles une façon de prouver leur attachement. Froides et réservées, elles extériorisent rarement leurs sentiments, ce ne sont pas des sentimentales. Ce sont des parents efficaces et intelligents, qui orientent leurs enfants selon leurs capacités, mais bien que les enfants aient été ardemment désirés, ils ne

les étouffent pas de baisers ! Ils manquent aussi très souvent d'humour et leurs rires manquent de naturel : trop ou trop peu ! D'un abord distant et réservé, il faut les connaître, ils sont capables d'un réel dévouement !
Ils confèrent toujours au SOLEIL natal sérieux et efficacité (à vérifier dans le chapitre suivant !)

CLIN D'ŒIL : n'attendez pas qu'il soit trop tard pour dire aux gens combien vous les aimez. Pleurer près d'une tombe, n'a jamais ramené personne à la vie.

EN VERSEAU : rebelle à toute forme d'autorité, vous n'en faites qu'à votre tête. Vous n'aimez pas les ordres que l'on vous donne, surtout s'ils émanent de gens que vous jugez ineptes (il y en a beaucoup).
Indépendants, résolument modernes et ouvert à toutes les nouveautés, vous aimez le changement et les situations de crise où votre sang-froid fait merveille. On a, en effet, du mal à vous déstabiliser, car votre esprit vif vous donne la facilité pour rebondir. Vous aimez les gens, vous vous intéressez à eux et quand ils vous sollicitent vous cherchez très sincèrement à leur venir en aide. Vous êtes un ami fidèle.
Vous vous plaisez à dire que vous n'êtes pas matérialiste, mais ce n'est pas si vrai que ça ! En plus vous aimez être reconnu, félicité pour vos bonnes actions, en un mot : vous avez soif d'amour !
Idéaliste, vous placez la barre très haut, vous n'aimez ni la misère, ni la médiocrité !
Vous conférez au signe SOLAIRE natal indépendance et intelligence, entre autres choses (chapitre suivant)

CLIN D'ŒIL : non, toutes les personnes qui vous donnent des conseils ne sont pas des imbéciles ! Écoutez-les bien, rien qu'une fois !

EN POISSON : Quel que soit votre signe SOLAIRE, le POISSONS ne lui rend pas service. Vous êtes d'un tempérament mélancolique, voire morose ; très sentimental, un rien vous touche et vous émeut. Horrifié par la guerre, la faim dans le monde et la misère en général, vous êtes bien trop impressionnable pour être épanoui. Introverti et secret, vous gardez pour vous vos états d'âme et vos soucis ; et vos nerfs fragiles en subissent souvent les conséquences. Même si vos jeunes années sont sereines, l'ASCENDANT, je le rappelle, donne sa pleine mesure après la quarantaine, vous aurez en seconde partie, comme un défaut dans la cuirasse. Vous pleurerez quand un film est triste et aurez beaucoup de mal à supporter décès et maladies dans votre entourage. Mais le chapitre suivant, qui fait le point avec votre signe SOLAIRE, vous donnera peut-être les armes pour lutter contre les sentiments (!)

CLIN D'ŒIL : OK la place de mère Thérésa est vacante. Ce n'est pas la peine de poser votre candidature pour la remplacer !

LA MAISON 2

La Maison 2 : en analogie avec le TAUREAU, elle met en lumière ce pour quoi on est doué, les biens matériels et les richesses spirituelles.

En BÉLIER : ☺ 👍 : toute votre vitalité et votre combativité se manifestent dans le domaine de l'argent.
Vous êtes âpre au gain, un rien "radin", pour vous il n'y a pas de petits profits. Suivant la position de MARS et ses aspects, vous êtes un brillant financier ou un flambeur invétéré chez qui l'argent rentre aussi vite qu'il ne sort !
Toute votre vie vous êtes à l'affût des richesses potentielles et vous n'avez qu'une peur : qu'elles vous échappent. Vous choisissez votre métier et votre conjoint de cette manière-là : il faut qu'ils vous rapportent, tous les deux, beaucoup d'argent !
Vous aimez que l'on vous offre des gadgets coûteux, des accessoires pour votre sport favori, des choses luxueuses que votre sens de l'économie vous empêche d'acheter, mais dont vous êtes friand !

MON CONSEIL : avec cette configuration, vous allez rire si je vous dis que l'argent ne fait pas le bonheur. Mais réfléchissez-y tout de même !

En TAUREAU : 👍 ☺ : dans le domaine des possessions matérielles, vous serez toujours très à l'aise et même si ce n'est pas l'opulence, vous serez en phase avec vos possessions et aurez l'impression d'être comblé. C'est l'avantage d'avoir une PLANÈTE en domicile !
Ne comptez pas sur le hasard ou le jeu pour vous enrichir (à moins que le reste du thème ne vous y invite), mais bien plus sur votre travail. Investissez dans la pierre, l'immobilier ou l'épargne traditionnelle, car les aléas de la bourse ce n'est pas fait pour vous !
Préférez un travail de fonctionnaire, avec une régularité des gains, pour votre confort financier, bien sûr, mais aussi moral !

MON CONSEIL : vous auriez tendance à être un peu radin ! Vous avez, comme on dit, les poches cousues et si vous et moi savons que c'est par peur de manquer, les autres ne voient pas cela de la même manière ! Offrez donc votre sourire, ça ne coûte rien et fait tant plaisir !

Félicitations, c'est le Maître de cette Maison !

En GÉMEAU : 😐 😐 🖐 : ici les biens matériels sont empreints de l'insouciance du GÉMEAU ! Vous avez souvent plusieurs sources de revenus, jamais très importants. Cette diversification est nécessaire à votre esprit fantaisiste.
Vous aimez l'argent facile et vous n'aimez pas lier l'idée de gain à votre travail que vous désirez apprécier en tant que choix, pour lui-même et non pour l'argent qu'il peut vous rapporter. Par contre vous aimez les jeux de hasard et tout gain illicite !
Vous êtes d'agréable compagnie, l'argent n'est pas votre sujet de conversation favori. On peut même dire que vous fuyez ce sujet, n'y trouvant ni plaisir, ni divertissement.
Vous aimez rire et vous amuser et les gens qui ont des richesses spirituelles, intellectuelles, vous captivent. Vous êtes attiré par la joie de vivre, le plaisir... Alors, le compte en banque, quel ennui !
Vous êtes doué pour un tas de choses, bricoleur, poète, guérisseur, magicien ! Quel être captivant !

MON CONSEIL : sous cet aspect la deuxième partie de la vie est plus génératrice de gains substantiels, surtout avec un ascendant TAUREAU. Patience !

En CANCER : 😐 😐 😐 : la carapace du crabe vous protège de la dépendance aux biens matériels ! Vous n'êtes pas prêt à tout sacrifier pour le luxe et l'amas de richesses, ce qui ne veut pas dire que vous n'aimiez pas les belles choses ! Souvent doté d'une grande fantaisie (merci la lune !) il vous arrive de montrer beaucoup d'originalité dans votre décoration intérieure.
Mais aux richesses extérieures, vous préférez la richesse de l'âme : vous aimez les gens amusants, intelligents et érudits. Vous-mêmes avez souvent des dons pour la poésie, la musique, le dessin et êtes très attaché aux objets vous venant de la famille.
À chacun sa façon de concevoir la richesse, la vôtre est très sympathique !

MON AVIS : trop sentimental pour être âpre au gain, vous êtes heureux quand les vôtres le sont. De plus, selon votre soleil natal, il vous arrive de vous ruiner pour que vos enfants soient heureux. Ah ces CANCER, comme ils sont gentils !

EN LION : 👍 👍 ☺ : cette configuration est souvent celle de la réussite financière, grâce au commerce ou à un métier artistique !
Très souvent en rapport avec un ascendant CANCER, si c'est votre cas, votre fortune vous pousse à aider les plus démunis. Vous voyez dans l'argent un moyen de briller et de vous donner de l'importance.

Vous êtes souvent généreux et désintéressé, peut-être parce que l'argent ne vous manque pas et qu'ainsi vous avez avec lui des rapports détendus !
Bien plus matérialiste que vous ne pensez, vous aimez les réalités, les cadeaux fastueux et décoratifs, les professions brillantes pleines de panache. Quand vous avez de l'argent, vous êtes heureux et la précarité vous rend morose.
Pas si compliqué que ça, le LION !

MON CONSEIL : n'oubliez jamais que même si l'argent ouvre bien des portes, tout n'est pas à vendre et on pourrait un jour vous le dire assez « fermement ».

EN VIERGE : 👍 ☺ : vous êtes presque aussi matérialiste que le TAUREAU, maître de MAISON ! Votre méfiance naturelle vous évite les faux pas et les erreurs de gestion, aussi peut-on dire que vous maîtrisez votre vie matérielle.
Dévoué et méticuleux, vous ne laissez rien au hasard et les travaux de précision sont faits pour vous. Vous faites un secrétaire dévoué et très discret ! Vous excellez aussi dans le milieu médical et social.
Un peu rêveur, vous risquez de vous perdre dans vos chimères et de fuir la réalité. Vous gérez votre compte en banque avec minutie et précision.

MON CONSEIL : cette configuration vous rend un peu radin sur les petites choses et prolixe dans les grandes dépenses !
Et l'équilibre, dans tout ça ?

EN BALANCE : 👍 👍 ☺ : Dans cette configuration, la maison 2, celle des biens matériels, est mise à rude épreuve ! De nombreuses dépenses sont faites pour des réceptions fastueuses où vous recevez à grand renfort de mets raffinés et de vins fins.
La BALANCE, pourtant championne de l'équilibre, met ici celui des finances en péril, mais on peut penser que VÉNUS, la planète du signe, va sauver le natif de la pauvreté et de la misère !
Vous privilégiez vos amis et les sorties, les petits voyages, bref les loisirs, à de réelles possessions financières et votre vie connaîtra des hauts et des bas !
Vous aimez les cadeaux luxueux, futiles, artistiques. Celui qui vous offre un autocuiseur ne doit son salut qu'à votre légendaire sens de la diplomatie !

CLIN D'ŒIL : vous ne serez peut-être pas ROTSCHILD, mais vous n'allez pas vous ennuyer une seconde dans votre vie. Veinard !

EN SCORPION : 👍 👍 ☺ : dans cette maison, le SCORPION est à son aise ! Souvent généreux, il lui arrive de dépenser de façon impulsive, mais sans arrière-pensée.
Son fort charisme et son esprit opportuniste lui permettent d'accéder à des jobs gratifiants et parfois même à la célébrité. Technicien habile, il lui arrive de réussir dans les secteurs de pointe et la mécanique de précision. MARS l'aide aussi à réussir dans les carrières militaires et le commandement. Opiniâtre et efficace, le natif a souvent des emplois stables où il est très apprécié.
Matérialiste et très « famille », il aimera posséder des biens au soleil, au moins la maison où il pourra loger sa famille. Il diversifiera ses placements de façon intelligente, sa vive intuition le garantissant des fraudeurs.
D'une intelligence universelle, on peut dire que ses richesses spirituelles, elles aussi, sont réelles et il sait s'intégrer à son entourage.

CLIN D'ŒIL : avec lui vous avez toujours l'impression de chauffer un serpent dans votre sein ! Pas faux, sauf qu'il attend surtout le moment pour « piquer » votre place de patron !

EN SAGITTAIRE : ☺ 👍 👍 : c'est le signe des idéaux hauts placés, du mouvement et du progrès. Vous avez un ego très fort, beaucoup de dynamisme et de volonté et vous choisissez des métiers qui bougent !
Malgré des idées qui ne sont pas dénuées de mysticisme et teintées de religion (vous êtes de ceux qui adhèrent aux sectes, surtout celles qui ont la nature comme cadre) et de justice (vous êtes juste et droit), vous êtes un matérialiste qui cherche avant tout à assurer son confort. Vous aimez l'argent et les honneurs et estimez que chaque peine mérite salaire !
Vous faites peu de bénévolat, vous savez vous vendre cher : vous connaissez votre valeur.
Dans votre milieu professionnel, vous êtes apprécié pour votre grande discrétion. Vous n'êtes pas avare, mais dépensez surtout pour vous et les vôtres ; très intéressé par les techniques nouvelles, vous vous tenez au courant de toutes les nouveautés.
Vous aimez les animaux et les jeunes enfants et les gens âgés vous aiment pour votre gaieté et votre allant.

CLIN D'ŒIL : ayez pitié de vos collègues. Non, ils ne sont pas fainéants parce qu'ils ne veulent pas travailler le dimanche !

EN CAPRICORNE : 😐 👍 👍 : vous êtes presque aussi matérialiste que le TAUREAU, maître de MAISON ! Votre méfiance naturelle vous évite les faux pas et les erreurs de gestion, aussi peut-on dire que

vous maîtrisez votre vie matérielle. Dévoué et méticuleux, vous ne laissez rien au hasard et les travaux de précision sont faits pour vous. Vous n'aimez pas parler de votre argent, car en fait, vous n'aimez pas les tapeurs ! Vous avez souvent, dans cette configuration, gagné l'argent que vous avez en travaillant dur, aussi ne voyez-vous pas l'intérêt de soutenir la facilité ! Vous passez pour quelqu'un qui a le sens des économies, une gestion avisée. Vous savez tirer avantage des situations, ne dites jamais non à un don, une invitation : c'est toujours çà de pris !
Mais pour votre famille, vos enfants, vous savez vous montrer généreux. Vous faites un secrétaire dévoué et très discret, au travail vous savez vous montrer irremplaçable !
Votre seul (?) défaut : un je-ne-sais-quoi d'austère, de forcé dans la gaieté ; de la timidité peut être ? Oui, ça doit être çà !

MON CONSEIL : l'argent caché sous le matelas ne rapporte rien ! Si si, il y a des banquiers honnêtes !

CLIN D'ŒIL : l'argent ne fait pas le bonheur, c'est ce qu'on dit, mais ça m'étonnerait que cette maxime vienne de vous !

EN VERSEAU : 👍 ☺ : ici, l'indépendance rend le natif ingénieux, car il trouvera toutes les astuces pour ne dépendre de personne. Il est du genre à s'inventer des qualifications pour obtenir le poste convoité, car même s'il lui arrive de jeter l'argent par les fenêtres pour des cadeaux ou des actes de générosité, il n'est pas prêt à tirer le diable par la queue et aime une certaine aisance !
Il est de ceux qui acceptent des gains irréguliers et aléatoires, il est assez original dans sa conception des biens matériels !
S'il a très vite conscience des charges que suppose une famille, il trouve toujours le moyen de subvenir à leurs besoins, d'une façon ou d'une autre !

MON CONSEIL : vous réussissez le tour de force de mettre un grain de folie dans ce domaine austère. Et en plus, vous vous en sortez très bien. Ne changez rien !

EN POISSON : 😐 😐 : vous savez confusément qu'il faudrait être riche pour être heureux (POISSONS oblige), mais vous ne savez comment vous y prendre ! En fait, votre ambition dans ce domaine est assez vague, vous n'êtes pas vraiment motivé. Pour vous, la richesse spirituelle a bien plus de valeur, mais comment faire comprendre ça à vos créanciers ? Rassurez-vous, vous avez souvent beaucoup de chance, mais si de formidables coups du sort propulsent vos finances au zénith, votre réussite restera fragile.

Sans vouloir vous effrayer, Claude FRANÇOIS bénéficiait de cet aspect ! Il est vrai qu'avec le SOLEIL en VERSEAU, le sort est encore plus aléatoire. Cet aspect donne aussi beaucoup de talent pour la musique et les arts ; et une richesse venant sur le tard provenant d'héritages.

MON AVIS : trop sentimental pour être âpre au gain, vous êtes heureux quand les vôtres le sont. De plus, vous savez tirer votre épingle du jeu et y faire avec l'argent. Votre compte frôle le rouge, mais y entre rarement ! Croyez en mon expérience : le POISSON est pauvre quand il l'a lui-même décidé !

LA MAISON 3

LA MAISON 3: en analogie avec le GÉMEAU, touche à l'intelligence, aux valeurs intellectuelles, à la communication, à nos frères et sœurs, à l'entourage et aux petits voyages.

EN BÉLIER: 💣 💣 : cette position astrale n'est pas très harmonieuse pour le mental, car elle confère un optimisme en dent-de-scie, empreint de naïveté. Souvent le natif né sous cet aspect rit pour ne pas pleurer, ne pas se laisser submerger par le désespoir. Fin orateur, le dialogue est important pour lui et, s'il se fâche, il en vient rarement aux mains! Il tue, comme on dit, à coup de mots et on le redoute pour ses joutes verbales! Il est d'ailleurs souvent à l'origine des conflits, grâce à son extraordinaire goût de la polémique et de la contradiction! Il est très persuasif, aime renouveler les contacts amicaux dans lesquels, s'il le veut, il sait mettre chaleur et convivialité!
De petits voyages sont décidés « in petto », car il est rapide et impatient! Rester trop longtemps à un endroit ou des heures dans un car d'excursion, ce n'est pas sa tasse de thé!
Le BÉLIER confère à ce natif un esprit de famille surprenant (c'est une des facettes paradoxales du BÉLIER), aussi ne critiquez jamais ses frères et sœurs, son conjoint, ses enfants: il les défendra même si vous avez raison!

CLIN D'ŒIL: un peu langue de vipère, non? C'est souvent dû à un indéfinissable mal de vivre, même si tout va bien pour vous! Mais tout le monde n'a pas votre psychologie, alors, de temps en temps, lâchez du lest: ne dites pas tout ce qui vous passe par la tête!

EN TAUREAU: ☺ 👎 : sous cette configuration, vous n'êtes pas très fraternisant (au vrai sens du terme: nous ne sommes pas tous « frères »)! Vous êtes d'avis que l'on n'est pas obligé d'accepter les gens, uniquement parce qu'ils sont de la famille! Pour vous ce sont des inconnus, auxquels vous ne donnez pas plus de chance d'accéder à votre cercle de connaissances qu'aux autres. Il vous arrive parfois d'afficher une préférence pour l'un d'entre eux, surtout s'il est du sexe opposé ou du signe du TAUREAU.
Vos frères et sœurs vous dérangent, petit, vous aviez toujours l'impression d'étouffer, de ne pas exister vraiment, à cause d'eux et si vous êtes enfant unique, rassurez-vous, vous auriez mal vécu d'en avoir!
Vos voyages ont souvent un caractère professionnel. Avec cette configuration, vous avez du mal à vous dégager de vos responsabilités, d'être

ludique. Avec l'âge, la retraite venant, vous serez plus à même d'apprécier les loisirs et les voyages vous séduiront davantage.
Assez lent, vous prenez du temps à assimiler, mais également à oublier : vous êtes rancunier !

MON CONSEIL : donnez donc plus souvent de vos nouvelles ! Si les autres vous reprochent de les délaisser un peu, n'ont-ils pas raison ?

EN GÉMEAU : 👍 ☺ : avec cette configuration privilégiée, vous aurez beaucoup d'aisance et de facilité pour vous exprimer. Vous devriez faire carrière dans les traductions et la profession d'interprète vous irait à ravir ! Vous êtes doué pour les langues étrangères et, si le reste du thème s'y prête, un peu bavard.
Tout ce qui touche à la communication est très bien aspecté, vous êtes un vrai personnage du XXIe siècle, avant gardiste et ouvert à tout !
Vous êtes idéaliste et prêt à tout, car vous avez de multiples talents. Toutes vos réalisations sont exercées avec brio et panache !

MON CONSEIL : ne vous dispersez pas ! Après une période de recherche, stabilisez votre talent dans un domaine bien précis. N'oubliez pas que « pierre qui roule n'amasse pas mousse ! »
Ne gâchez pas vos chances !

Félicitations, c'est le Maître de cette Maison !

EN CANCER : sous cet aspect, vous avez du mal à établir des relations avec vos proches : frères et sœurs, voisins de palier, amis de classe ou collègues de bureau. Vous avez horreur des relations superficielles et artificielles et vivez dans un cocon. Vous n'aimez pas les mondanités, les réunions formelles où tout le monde parle pour ne rien dire et où les sourires sont artificiels ! Pour pénétrer dans votre petit monde, il faut vous émouvoir avec des sujets qui vous touchent, faire vibrer vos émotions : les bébés, les animaux, tout ce qui est vulnérable et touche votre compassion.
La musique douce, l'art, la peinture, la poésie sont des domaines qui parlent à votre grande sensibilité.
D'ailleurs vous n'aimez ni les parlotes, ni les discours oiseux et, en terme d'informations, vous préférez la presse écrite aux autres médias ! Si vous recevez une déclaration d'amour sous forme de poème... c'est à moitié gagné !

REMARQUE : pour rentrer dans votre cercle d'amis, il faut montrer patte blanche ! Le moins qu'on puisse dire, c'est que vous ne vous liez pas facilement.

EN LION : ☺ ☺ ☺ !!! : certains astrologues attribuent à ces natifs des frères et sœurs haut placés, de déplacements qui rapportent de l'or et des succès personnels surtout dans la littérature (d'aucuns parlent même de prix style « Goncourt »). Les mêmes prétendent aussi que vous évoluez dans les réceptions mondaines comme un poisson dans l'eau ! Tout cela, bien sûr, est possible, mais moi j'y vois surtout une grande vitalité, beaucoup d'énergie et une frénésie de communication.
Des déplacements professionnels sont toujours couronnés de succès et, bien souvent, vous apportent la gloire voire la célébrité !
Vous amenez dans les domaines de cette maison chaleur, efficacité et rayonnement.

CLIN D'ŒIL : si le reste du thème ne me contredit pas, je vous dis bravo ! Si on peut vous reprocher de ne pas savoir parler aux imbéciles, on ne peut rien opposer à votre loyauté. Bien sûr, ça va toujours dans le sens de vos intérêts. Tant mieux !

EN VIERGE : 😐 😐 👎 : assez timide, vous avez du mal à vous affirmer en société et votre méfiance naturelle vous pousse à mettre longtemps avant d'accepter les gens. Vous avez une intelligence pratique, très vive et une grande curiosité intellectuelle.
Vous préférez les lettres et le courrier au téléphone et vos écrits sont soignés et de bonne tournure.
En famille vous êtes assez secret et très pudique et, comme vous êtes sédentaire, vous évitez les petits voyages.
Finalement, on vous aime pour votre présence souriante et rassurante et, même si tout le monde s'imagine qu'ils vous invitent et vous ont choisi comme ami, c'est en fait vous qui décidez de vos fréquentations !

MON CONSEIL : à force d'attendre que vous sortiez de votre coquille, certains membres de votre famille pourraient bien mourir avant de vous avoir revu ! Dites-leur que vous les aimez. Mais si, vous pouvez !

CLIN D'ŒIL : à force de vous voir à toutes les fêtes, on a du mal à croire que vous êtes un vrai timide !

EN BALANCE : 👎 😐 : vous voulez plaire à tout le monde ! Influençable, vous abondez dans le sens de la majorité, car vous avez horreur des conflits. Bien entendu, votre vive intelligence vous permet d'avoir des opinions personnelles, mais vous les exprimez rarement. Vous êtes diplomate et arrangeant et pas du tout polémiqueur. Bizarrement, c'est en famille que vous avez la dent la plus dure, vous ne supportez pas les injustices entre membres d'un même clan !

Vous êtes très apprécié parmi vos amis et l'on vous invite beaucoup. Vous êtes sensible à la beauté et à l'élégance et avez tendance à juger les gens sur leur mise. Vous n'aimez pas la mesquinerie et faites des cadeaux somptueux. Vous êtes très attiré par le sexe opposé et la drague est votre sport favori. D'ailleurs vous y excellez et vous faites de nombreuses conquêtes. Vous êtes si gentil !

CLIN D'ŒIL : parfois on n'est pas loin de vous traiter de girouette ! On ne vous aimera pas moins si vous vous dévoilez de temps en temps !

EN SCORPION : ☺ ! : même si la maison 3 n'est pas vraiment le domicile du SCORPION, il n'est pas si mal sous cet aspect. Fin, spirituel et rusé, il connaît si bien ses semblables qu'il s'en sort avec tout le monde ! Opiniâtre et avide de connaissances, il a l'endurance de creuser les sujets qui l'intéressent et il prépare avec grand soin les déplacements qu'il fait. Très souvent d'ailleurs, ces déplacements sont professionnels ! Profondément attaché à ses frères et sœurs, le natif ne fera rien pour leur nuire et leur épargnera même son ironie et ses sarcasmes. Bref on rencontre ici une maison ou notre sulfureux SCORPION ne fait pas trop de dégâts.
Pour son entourage c'est un peu différent, vu que son indulgence touche surtout sa famille ! Mais il suffit de faire du bien à l'un des siens pour s'en faire (a priori) un ami. Mais soyez prudent quand même !

MON CONSEIL : si, en plus, vous pouviez travailler un peu moins, les vôtres vous trouveraient parfait !

EN SAGITTAIRE : ☺ ☺ ☺ 👍 : voilà une très bonne configuration, qui confère au natif beaucoup de générosité et de dévouement. Surtout en famille, il sait donner physiquement, moralement et financièrement tout ce qu'il possède sans arrière-pensée, car il sait assumer ses responsabilités et ne laissera jamais les siens dans le besoin. Aimable et large d'esprit, il peut tout entendre et l'on peut lui confier des secrets, car il ne répète rien. Sportif et dynamique, on ne s'ennuie pas avec lui, il sait organiser les loisirs et vous remplit le quotidien d'activités originales, toujours conviviales et sympathiques !
Quand il aime, il se dévoue au point de s'oublier lui-même quelques fois, on peut dire qu'en amour, il se donne corps et âme !

CLIN D'ŒIL : voilà un personnage précieux qu'il faut retenir si on a la chance de le connaître ! Oui mais voilà, le SAGITTAIRE rend aussi très indépendant. Alors pour le retenir !

EN CAPRICORNE : ☹ !! : ici toute futilité ou superficialité dans les relations est rejetée !
Vous préférez en principe écrire plutôt que de téléphoner, d'abord pour maintenir les traditions et ensuite parce que le téléphone : ça coûte cher ! Vous serez probablement parmi les derniers à posséder un portable, à moins que votre Maison 2 ne vous pousse à la dépense !
Laconique avec vos frères et sœurs, vous extériorisez peu d'éventuels sentiments ! Vous les jugez sévèrement et ne leur passez aucun égarement. Très moraliste en famille, vous aimez que la hiérarchie soit respectée et vous-même n'obéissez aux ordres de vos aînés que par respect. Vous avez toutes fois plus d'indulgence et de bonté pour les personnes âgées. Vous êtes exigent avec vos relations quelles qu'elles soient, les copinages futiles et superficiels vous agacent. Vous préférez un cercle d'amis restreint, mais sincère !

CLIN D'ŒIL : Quelle rigueur ! Heureusement que votre cercle (restreint !) d'amis vous apprécie ! Élargissez-le !

EN VERSEAU : ☺ ☺ : de la même famille que les GÉMEAUX, avec cet aspect, vous êtes en phase avec la maison 3 ! D'une intelligence vive et universelle, vous êtes doués pour bien des choses, amateur de lecture, de cinéma, d'art et de musique. Tout ce qui touche à la communication vous enchante et vous ne sauriez comment vous en passer : la culture est votre oxygène ! Vous êtes souvent doué pour les langues et si vous n'êtes pas à proprement parler un globe-trotter, c'est que vous aimez aussi vous cultiver sur place et il arrive de rester de longues périodes sans vous déplacer. D'ailleurs des moments de solitude, d'introspection, ne vous font pas peur non plus. Mais les voyages vous enchantent et vous êtes de ceux qui se réjouissent pour les vacances au bord de la mer.
Comme vous aimez la compagnie, on peut dire que vous aimez vos frères et vos sœurs, mais vous aimez aussi vos amis et les liens que vous tissez avec les gens, pleins de spiritualité et d'humour, sont très forts.

CLIN D'ŒIL : personne ne vous appelle monsieur, ou madame, « je sais tout » ? Patience, ça viendra !

EN POISSON : 😐 😐 👎 : dans cette configuration, votre grande sensibilité et votre sens du dévouement vous rendraient presque esclave de vos proches ! Très intuitifs, vous savez faire plaisir sans poser de questions et sentez quand l'ambiance est à la joie ou à la morosité. Votre grande émotivité rend votre vie un peu floue, car vous êtes de ceux qui annulent le voyage de leurs rêves pour un parent malade ou un chenil qui se désiste. Et vous ne vous permettez aucune récréation tant que le bien-être de vos proches n'est pas assuré ! Vous êtes toujours inquiets pour les vôtres et heureux seulement si eux-mêmes le sont ! Vous êtes des amis attentifs, ouverts à la détresse humaine, au détriment de votre équilibre nerveux, et de votre bonheur quelques fois.

MON CONSEIL : essayez donc de vivre un peu pour vous, on ne vous aimera pas moins, faites-moi confiance !

CLIN D'ŒIL : laissez les saintes sur le calendrier ! La vie ne se résume pas aux œuvres de charité et les boîtes de nuit ne sont pas des antres de dépravés (enfin pas toutes !)

LA MAISON 4 OU FOND DE CIEL

LA MAISON 4 : en analogie avec le CANCER, symbolise la famille, l'hérédité, l'héritage du patrimoine familial et les aides qu'on peut attendre de la famille !

EN BÉLIER : 😐 😐 : ce n'est pas la meilleure configuration pour cette maison ! La discorde et la violence règnent souvent dans le milieu familial et il est le siège de nombreux conflits. Vous manquez de diplomatie dans ce milieu et très souvent la colère vous égare et vous empêche de juger avec sérénité les différents qui vous opposent à vos frères et sœurs ! C'est au moment des partages et à la liquidation des successions que l'ambiance se gâte souvent, ou alors lors de votre vieillesse, car la maison 4 aspecte les fins de vie.
Vous êtes très souvent responsable de cette ambiance hostile, car vous comportez en dictateur jaloux et tyrannique. Mais vous avez beaucoup de mal à reconnaître vos torts !

MON CONSEIL : ne perdez jamais de vue que tous ces gens qui vous agacent, au fond, vous les aimez et qu'on ne sait jamais quand la mort nous sépare ! Apprenez à vous dominer.

CLIN D'ŒIL : Si on vous apprend que tante Odile ne vient plus pour le repas de Noël, ne faites pas le surpris : c'est bien vous qui l'avez traitée de vieille dinde l'an passé, non ?

EN TAUREAU : ☺ ☺ 👍 : très équilibré, ce natif ne perd pas facilement les pédales. Dans les périodes sombres, il s'en sort à merveille, grâce à son bon sens et sa placidité. Très attaché à la terre, aux champs et à la nature en général, la plus belle chose que la vie puisse lui donner, c'est d'avoir des parents ou des grands parents fermiers. Ce serait pour lui une vraie fierté et un réel bonheur. Tout ce qui porte sur la vie en plein air le rassure et le ressource. Friand des dictons fermiers et des adages paysans, dans les périodes de stress, il se les répète à loisir et y puise son énergie. Si son enfance s'est passée à la campagne, il en gardera toute sa vie un souvenir ébloui !

MON CONSEIL : vous êtes de ceux qui devraient acheter une résidence à la campagne et y passer vos loisirs. Si jusqu'ici vous n'aviez pas compris combien la nature vous apaise : essayez un week-end au vert. Et tenez-moi au courant !

EN GÉMEAU : 👍 👍 ☺ : en famille, votre façon d'éduquer vos enfants, vos rapports avec les adultes, sont basés sur les jeux, que vous savez adapter pour qu'ils apportent à tous divertissement, mais aussi culture et enrichissement. Les jeux font partie de votre vie et tout pour vous, est prétexte à en inventer d'autres ! Vous aimez les rapports que vous tissez ainsi avec les gens, dans des cadres ludiques et dédramatisant. Votre famille, vos enfants, votre proche entourage, tout le monde vit mieux grâce à votre facilité dans le domaine de la pédagogie à travers le divertissement !
Bien entendu, en cas de sujets plus graves, vous êtes aux abonnés absents ! Les histoires d'argent, de patrimoine familial, de devoir envers vos aïeux, vos neveux, nièces et d'ailleurs vos enfants (surtout adultes) vous ennuient et vous font bayer aux corneilles ! Qu'ils ne comptent pas sur vous pour régler leurs problèmes !

ATTENTION : en fond de ciel, cet aspect est important. C'est sûrement un point saillant de votre thème !

EN CANCER : 👍 👍 👍 : dans cette configuration, le CANCER est comme un poisson dans l'eau, puisqu'il est le Maître de Maison ! Tout ce qui touche à la famille est votre seconde nature et vous êtes heureux quand tout le monde est réuni autour de la table. C'est en famille que vous faites vos confidences, que vous racontez vos anecdotes, que vous vous ressourcez. Votre mère est pour vous un élément indissociable du bonheur, le phare de votre vie. Elle est le personnage clé de votre existence et vous êtes de ceux qui n'arrivent pas à rompre le cordon ombilical !
Une seule ombre au tableau : vous avez du mal à intégrer les étrangers, ceux qui ne font pas partie de la famille ! Toutes les pièces rapportées doivent montrer patte blanche avant que vous ne les incluiez dans votre clan !

MON CONSEIL : faites un effort pour accueillir vos beaux-frères, belles sœurs et autres amis proches ! Si les neveux et nièces ne vous posent pas de problèmes (vous aimez les enfants !). Vous avez du mal à intégrer les autres. Courage !

BRAVO : c'est le MAÎTRE de cette MAISON !

EN LION : d'après bon nombre d'astrologues, cette configuration est celle des gens qui comptent dans leurs ancêtres des gens prestigieux et haut placés. Soit ! C'est, bien entendu possible. Mais ma façon d'appréhender le LION, signe que je connais bien (et vénère !), je pencherais plutôt vers une idée idéaliste et gratifiante que ce natif a de sa famille. Il l'aime avec tendresse, fait preuve à son égard de beaucoup de bonté. Il en

parle avec respect et amour et glorifie tous ses agissements. Ses enfants sont élevés dans des buts d'indépendance et de situation sociale élevée. Ses héritages sont utilisés à des fins prestigieuses, pour ajouter à sa vie des « plus », et l'on peut aussi souligner que certains mariages sont basés sur des aspects financiers !
Jamais mesquin, ce natif donne des soirées prestigieuses, reçoit avec chaleur et générosité !

MON CONSEIL : en fond de ciel, cet aspect est important. C'est sûrement un point saillant de votre thème !

EN VIERGE : 😐 😐 ✋ !!! : les vertus « famille », « travail », « patrie », sont ici défendues, mais surtout par esprit des traditions. Avec les membres de sa famille, ce natif pourra se montrer un peu distant, mais sera toujours déférent et rempli de respect pour ses aînés. Dans son foyer, il préférera l'utilitaire, la sobriété, les meubles traditionnels, pratiques et solides.
L'esthétique dans ce domaine passera en second plan, ou plutôt sera prise en compte quand les critères utilitaires seront tous réunis ! Vous qui avez tant de rêves, dans cet aspect, le moins que l'on puisse dire, c'est que cela ne se remarque pas. Mais vous et moi le savons, hein, alors : un peu de fantaisie, que diable !
Comme pour tous les signes de TERRE, tous les legs des héritages, même les plus modestes, sont porteurs de souvenirs et donc respectés. À l'aise en petit comité, ce natif se plaît dans un cercle de famille étroit. En fait, il préfère les jeunes enfants et les gens âgés : il est sûr de pouvoir leur apporter quelque chose, ne serait-ce qu'une aide !

MON CONSEIL : vous êtes du genre tatillon, avec vos petites habitudes et vos manies. Dans votre famille, cela agace ! Comme je suis une amie, je vous le dis. Non, non, ne me remerciez pas !

EN BALANCE : ☺ ☺ : si le natif a grandi dans un foyer harmonieux, il le reproduira à tous les coups dans sa vie d'adulte. Il aime les maisons accueillantes largement ouvertes aux amis et les foyers ou règne l'harmonie.
Il cultivera un art de vivre raffiné et donnera des prestigieuses réceptions, car la BALANCE est un signe de fête !
Par contre il sera intransigeant en cas d'héritage, car il a horreur de l'injustice et toute tentative de le léser le mettra profondément en colère ! Comme il a toujours soif de luxe et qu'au fond c'est un matérialiste, sa réussite ne fera pas plaisir à tout le monde et en famille il y aura des grincements de dents. Il attisera les jalousies !

MON CONSEIL : ne sortez pas les théières en argent avec les couverts en vermeil : ça jure ! Et si vous entendez murmurer autour de vous que vous êtes un rien snob, ne vous fâchez pas. C'est un peu vrai, non ?

CLIN D'ŒIL : Enlevez la ROLLEX, le LACOSTE, et les RAY BAN, avant de sauter dans votre piscine !

EN SCORPION : 👎 😐 : en phase avec le CANCER, dans ce domaine pourtant les astres ne vous sont pas favorables. Vous aimez profondément votre famille, mais de grandes tensions dans ce domaine vous empêchent de vous exprimer. Vous êtes de ceux qui délaissent les vôtres et, sous cet aspect, il y a bon nombre d'orphelins, de père, de mère, ou des deux et c'est également la configuration des divorces.

La fortune vous sourit souvent dans l'âge adulte, en grande partie à cause des héritages de vos parents disparus. Vous-mêmes êtes rarement tenté par l'acquisition d'un bien immobilier, étant conscient de la fragilité de votre ménage ! Vous êtes très inquiet au sujet de vos enfants, toujours préoccupé par leur santé et leur bien-être ! La famille est le seul milieu où le sens exacerbé de la critique du SCORPION connaît un peu de répit !

MON CONSEIL : apprenez à vous relaxer. Apprenez aussi à prouver votre amour à votre famille. Pleurer auprès d'une tombe, n'a jamais apporté de soulagement. Pensez-y !

EN SAGITTAIRE : 😐 ! : ce n'est la meilleure configuration pour cette maison ! La discorde et la violence règnent souvent dans le milieu familial et il est le siège de nombreux conflits. Vous manquez de diplomatie dans ce milieu et très souvent la colère vous égare et vous empêche de juger avec sérénité les différents qui vous opposent à votre conjoint, vos parents et vos enfants ! Très égoïste, vous êtes en plus amateur de plaisirs extraconjugaux et la cellule familiale vous semble bien trop étriquée. Vous qui aimez les grands espaces, les grandes idées, avez du mal à vous sentir bien dans le cocon familial qui vous étouffe !

Très souvent vous choisissez des métiers qui vous permettent de vous éloigner le plus possible des vôtres, ainsi vous trouvez du plaisir à les retrouver les week-ends. Vous avez soif d'espace, de voyages !

Indépendant et épris de liberté, vous n'attendez pas d'appui de la famille et quittez d'ailleurs assez tôt le foyer parental.

MON CONSEIL : ne perdez jamais de vue que tous ces gens qui vous agacent, au fond, vous les aimez et que vous n'envisagez pas la vie sans enfants, car pour vous ils sont le prolongement de votre vie, qui n'aurait pas de sens sans eux. Alors apprenez à concilier vos pulsions diverses, et tout ira bien !

EN CAPRICORNE : ☹ ☹ : sous cet aspect, vous vous détachez très jeune du foyer familial et n'en attendez jamais rien. Pas très expansif avec vos parents, vos relations sont empreintes de froideur et de conformisme et seul le respect que vous ressentez à l'égard des gens âgés vous pousse à leur donner de vos nouvelles. Si, avec vos enfants, vous arrivez à tisser des liens, il n'en est pas de même avec les parents avec lesquels vous n'êtes pas sur la même longueur d'onde. Cette révélation peut vous surprendre et vous chagriner, mais analysez bien vos sentiments et vous verrez qu'il y a du vrai !
Vous avez vis-à-vis de l'argent la même crainte et le même respect, votre économie peut confiner à l'avarice ! Seul le reste du Thème peut rétablir la situation, ou cantonner votre « radinerie » à l'entourage de vos jeunes années.

MON CONSEIL : pour vous les fêtes de famille sont un supplice ! Si vous vous êtes toujours demandé pourquoi, vous avez maintenant la réponse !

EN VERSEAU : 👍 : dans cette configuration, le natif cultive le paradoxe du « cocon ouvert » ! Si la famille est pour lui un havre de paix et d'harmonie, comme tout un chacun le désire, il n'exclut pas l'idée que tout le monde puisse en profiter et laisse volontiers sa porte ouverte. On peut aussi souligner que ce natif porte, comme l'escargot, sa maison avec lui. Quand il s'établit ailleurs, il sait reconstruire l'ambiance de son foyer d'origine ! En plus, son extrême indépendance le met à l'abri du stress que pourrait engendrer l'éloignement d'avec les siens. On peut comprendre qu'à l'adolescence ce natif ait eu des heurts avec ses parents, il est de ceux qui entrent quand les autres sortent, vice-versa !
On peut dire aussi qu'avec cette configuration, l'obstination vient à bout des obstacles. Même si ce n'est pas une situation astrale idéale, elle donne beaucoup de sérénité et une vie équilibrée !

MON CONSEIL : Sachez vous souvenir de votre souplesse d'action quand vos enfants vous en feront autant ! À moins que vous ne soyez encore plus cool qu'eux, ce que votre thème va vous dévoiler !

EN POISSON : ☺ ! ! : en analogie avec le CANCER, cet aspect est équilibrant dans votre thème ! Intuitif et doux, vous aimez tout et tout le monde et surtout les vôtres, bien entendu ! Vous savez vous adapter aux autres, calmer les conflits et désamorcer les querelles entre jeunes et moins jeunes. Vous êtes charitable et c'est souvent chez vous que se passent les fêtes de famille ! D'abord parce que vous ne savez pas dire non, ensuite parce que ça vous fait vraiment plaisir de revoir tout le monde !

Dans le domaine financier, vous êtes parmi ceux du zodiaque qui ont le plus de chance avec l'argent, qui ne leur fait jamais défaut ! Souvent les héritages viennent encore gonfler votre bas de laine, vous faisant passer l'âge mur sans problème de trésorerie. Généreux et bon, vous n'oubliez aucune bonne œuvre chrétienne ou laïque dans vos dons et comme beaucoup de signes d'EAU, vous êtes souvent très croyant !

MON CONSEIL : à vos tables de fêtes, invitez une amie qui vit seule ! Mais vous y avez sûrement déjà pensé !

CLIN D'ŒIL : comment fait-on pour avoir une maison 4 comme la vôtre ? Vous êtes si bon !

LA MAISON 4 OU "FIN DE VIE"

La maison 4 n'est pas seulement celle du FOYER PARENTAL, c'est aussi celle qui détermine nos « FINS DE VIE ».
Nous savons tous que notre espérance de vie s'est considérablement accrue et ce qui était, dans des temps anciens, la fin de la vie est devenue maintenant une part non négligeable de nos existences.
En effet, les premiers astrologues nommaient ainsi la plénitude, le moment où nous avons acquis un maximum de connaissances, vécu les expériences et nous approchons de la sérénité, du bien-être, que seul donne la certitude d'avoir accompli notre mission.
Selon le signe qui gouverne cette Maison 4, nous n'avons pas tous, bien entendu, la même attitude !
Je vous donne les points essentiels de ce qu'apporte chaque signe à cette Maison 4, que nous aurions tort de négliger, mais qu'il faut lire, quand même, avec le sourire !

EN BÉLIER

Les bons aspects : pour vous vieillir, çà ne veut rien dire ! Tant qu'il y a des choses à découvrir, à apprendre et des gens intelligents et gais à fréquenter, vous êtes heureux.

En fait : vous n'avez pas vu passer le temps !

Les moins bons : le manque de mobilité physique lié à l'âge vous met dans des rages folles. Tout, d'ailleurs, ce qui vous rappelle votre âge vous exaspère. Vous avez vu mourir vos proches, votre famille, vous êtes si triste de les avoir perdus. Toujours aussi impatient, aussi fougueux, vous n'êtes pas un serein et ne le serez pas.

En fait : la vie ne vous a rien appris : elle était bien trop courte !

EN TAUREAU

Les bons aspects : vous avez probablement acquis tous les biens matériels que vous convoitiez et ceci, souvent par votre travail, votre opiniâtreté. Vous vous êtes privé pour les vôtres, sans regrets, sans rancœur. Maintenant vous êtes à l'abri du besoin et vous pouvez vous occuper de ces clubs du 3e âge et faire ces voyages que vous n'aviez pas le temps de faire !

En fait : vous attendiez cette période privilégiée !

Les moins bons : votre entreprise vous a mis au rancart, vos enfants sont des adultes et les jours qui passent se ressemblent tous : ce n'est pas juste : vous êtes encore si dynamique !
Si de mauvais aspects de votre thème vous empêchent de vous consacrer à des occupations ludiques, vous vivez mal votre mise « à la retraite ».

En fait : vous voulez toujours compter parmi les gens performants !

EN GÉMEAUX

Les bons aspects : vous avez une grande chance, vous êtes si enfantin et maintenant, vous pouvez régaler les enfants de vos anecdotes, vous avez trouvé un public à votre mesure.
En plus, vous avez le temps ! Vous vous habillez comme les jeunes, aimez la musique jeune et mangez « bio ».
Super !

En fait : vous ne serez jamais vieux !

Les moins bons : ne confondez pas jeunesse et manque de maturité ! Votre mise excentrique amuse certains, mais déconcerte les autres.
Et avez-vous pensé que maintenant que vous avez moins de revenus, le banquier sera moins « cool » ?

En fait : la vie ne vous a rien appris : il y avait trop de choses à voir !

EN CANCER

Les bons aspects : vous avez si bien fait votre travail de parent, de secrétaire, de femme ou d'homme d'intérieur, que personne ne vous laisse tomber : à vous les Noëls en famille et les clubs de vacance en été.

En fait : vous récoltez ce que vous avez semé !

Les moins bons : vous avez élevé vos enfants et maintenant, qu'ils se débrouillent !
Vous êtes surprenant, quand vous prenez de l'âge, vous devenez bien moins gentil ! Tout juste si vous supportez vos petits enfants.
Mais les collègues de travail se rappellent de vous avec tendresse et admiration : votre cercle amical s'élargit.
L'âge vous va bien, la mort ne vous fait pas peur.

En fait : enfin, vous vivez pour vous !

EN LION

Les bons aspects : vous avez rugi toute votre vie, vous vous êtes battu et maintenant vous déléguez avec plaisir : vous êtes un patriarche épanoui. Vous adorez les jeunes, vous n'êtes pas jaloux. Votre orgueil vous garde des baisses de moral et votre formidable énergie vous aide à vous sentir bien : vous ne vous plaignez jamais !

En fait : vous êtes égal à vous-même !

Les moins bons : vous ne savez pas vous arrêter, quand vous parlez de votre passé ! À petite dose, vos anecdotes sont enrichissantes ; mais les jeunes se lassent vite ! Au fond, vous le savez bien, votre humour vous sauve la mise. Et votre générosité, aussi.

En fait : on vous aime de plus en plus !

EN VIERGE

Les bons aspects : humble et fataliste vous saviez bien que l'âge viendrait : çà ne vous a pas surpris. Vous êtes égal à vous-même, compatissant avec les pauvres, méticuleux dans le quotidien et, côté finances, pas de souci, vous avez tout prévu.

En fait : avez-vous jamais été jeune ?

Les moins bons : dans votre jeunesse, on aimait votre pondération, maintenant elle est normale. Vous êtes de ces gens entre deux âges, habillés de beige, toujours polis et très préoccupés de la santé de leur colocataire, de leur mère, de leur sœur impotente ! Vous attendez la fin dans le recueillement : vous êtes prêt.

En fait : rien à dire... quel dommage !

EN BALANCE :

Les bons aspects : la vieillesse, c'est votre pire ennemie. Vous la combattez comme vous pouvez, l'aspect physique, si important pour vous, devient essentiel ! Vous vous mettez au goût du jour : musique branchée, vocabulaire ado et demandez à votre fille de vous accompagner pour choisir vos habits ! Vos collègues vous manquent, mais vous avez rappelé toutes les copines : cool les thés de 5 heures !

En fait : la vie continue...

Les moins bons : hé oui, le sexe opposé vous regarde moins, certains enfants vous appellent papy ou mamie et les gens, dans le bus, vous cèdent leur place. Bien sûr, l'argent ne manque pas : vous avez su faire rendre gorge à ceux qui vous lésaient, mais tout de même... ces rides au coin des yeux.

En fait : au fond de vous, vous êtes désespéré, angoissé. Vous avez beau le cacher... je le sais !

EN SCORPION

Les bons aspects : Vous avez tout fait pour vos enfants, vous avez travaillé dur et maintenant, vous êtes encore prêt à vous dévouer pour bien des causes. Vous pensez que l'on n'a que l'âge que l'on se donne et n'aimez pas les gens qui se plaignent. Mais vous ne les avez jamais aimés, n'est-ce-pas ?

En fait : vous restez égal à vous-mêmes !

Les moins bons : vous ne supportez pas grand-chose ! Les jeunes vous énervent, les vieux vous ennuient, le bruit vous angoisse et le calme vous fait sortir de vos gonds. Votre banquier est un imbécile (il ne sait pas faire fructifier le produit de vos héritages), votre concierge, une bonne à rien et vos enfants, bien entendu, des ingrats !
Vous avez l'impression d'être en forme, de tout comprendre, de tout gérer.
Vis-à-vis de la mort, vous êtes serein : elle a toujours été votre grande amie, votre muse !

En fait : pour mourir, vous êtes prêt. Nous aussi !

EN SAGITTAIRE

Les bons aspects : vous pouvez enfin vous consacrer à votre amour des arts, de la lecture, de tous les médias ! Quelle merveille ! Vous rameutez les amis, organisez des repas entre potes et vous livrez en toute impunité à votre sport favori.

En fait : vous avez toujours attendu çà !

Les moins bons : parfois vous vous rendez compte que votre corps ne veut pas suivre, il a lui, l'âge de ses artères ! Parfois, votre enthousiasme est douché. Mais très souvent, vous vous occupez des enfants et de choses sédentaires, vous êtes si inventif. On vous aime de plus en plus.

En fait : votre agitation nous empêchait, avant, de vraiment vous apprécier !

EN CAPRICORNE

Les bons aspects : vous avez toujours prévu cette étape dans votre vie, autant dire qu'elle ne vous surprend pas. Financièrement, vous avez tout planifié, votre famille est tirée d'affaire, votre appartement vous appartient et vos vacances sont déjà réservées... pour les 5 ans à venir.

En fait : on ne surprend pas un gestionnaire aussi avisé !

Les moins bons : vous avez toujours eu dans le domaine relationnel une certaine austérité, gageons que l'âge ne va rien arranger. Un peu moins mobile, un peu moins pris par le travail, vous serez toujours là pour les vôtres, on a toujours pu compter sur vous. Vos rhumatismes vous font souffrir. Vos collègues qui appréciaient votre travail viennent vous voir. Bref, pas exaltant, hein ? Ce qu'il vous faut.

En fait : c'est exactement ce que vous souhaitiez !

EN VERSEAU

Les bons aspects : mobile et arrangeant, vous savez composer avec le sort. Les techniques nouvelles ne vous effraient pas, les jeunes vous amusent et les médias vous fascinent : nous vivons une époque formidable. Très intéressé par les autres, vous vous consacrez à leur bien-être, surtout culturel : l'analphabétisme vous répugne, vous vous trouvez une âme d'enseignant. Moins cigale qu'il n'y paraît, vos vieux jours sont assurés !

En fait : vous ne remarquez pas de différence !

Les moins bons : vous aviez l'habitude d'être entouré, vous voilà bien seul. Plus dépendant des autres que vous ne pensiez, la coupure est rude. Les plus dynamiques sauront s'insérer dans la société, mais pour les autres, la déprime guette. Des maladies psychosomatiques leur sauveront alors la mise : on s'occupera d'eux !

En fait : pas si indépendant que çà, le VERSEAU !

EN POISSON

Les bons aspects : vous êtes si intuitif, que vous avez senti le vent tourner. Vous avez, petit à petit, posé les jalons de votre vie nouvelle, préparant votre retraite, vos futurs loisirs, avec beaucoup d'intelligence. Souvent artiste, vous ne serez pas désœuvré. Souvent à l'aise dans vos finances grâce aux héritages familiaux, vous ne serez pas pauvre.

En fait : tout va bien !

Les moins bons : vous qui n'étiez pas un boute-en-train, du coup vous perdez l'once d'humour qui vous animait. Vous vous lamentez sur tout : le prix des légumes, la pluie qui n'arrête pas de tomber et cette fichue migraine qui vous serre les tempes... Mais au fond, votre vieillesse, vous l'attendiez. Serein face à la mort, vous ne paniquez pas ; l'œuvre de votre vie est accomplie.

En fait : tout est bien qui finit bien !

LA MAISON 5

LA MAISON 5 : en analogie avec le LION, c'est celle de tous les plaisirs, de nos créations (enfants y compris) et de nos amours secrètes ! C'est aussi celle de l'image de soi, de la personnalité, de la chance et du jeu.

EN BÉLIER : ☺ ! : certains astrologues sont d'avis que cet aspect est celui de la chance pure ! Moi, je ne suis pas aussi catégorique, mais je consens quand même à trouver cet aspect très bon (ouf !).
Normalement, ce natif aime beaucoup les jeunes enfants, les bébés. Les femmes du signe veulent devenir mères à tout prix et savent avec bonheur élever leurs enfants, qui ne sont jamais médiocres. Les hommes sont des pères de famille remarquables !
Si ce natif n'a pas le bonheur de procréer, il réalisera dans sa vie une œuvre personnelle, souvent artistique, qui fera parler de lui !
C'est aussi un amoureux fervent et éperdument sincère, le genre à ne pas survivre si son compagnon tant chéri devait succomber avant lui.
Beaucoup de ferveur, d'énergie positive et de charisme animent ce natif, qui goûte à tous les plaisirs de la vie, gommant partiellement les mauvais aspects que le reste du thème pourrait lui conférer, dans le domaine artistique, amoureux et familial !

CLIN D'ŒIL : félicitations ! Moi, je prétends aussi que ce natif est légèrement coureur, en tout cas attiré par le sexe opposé ! Mais je ne veux pas froisser les confrères astrologues !

EN TAUREAU : 😐 : sous des dehors enjoués, vous restez toujours sur vos gardes et ne perdez jamais le sens des réalités.
Votre agenda est rempli d'adresses utiles, vous savez qu'il n'y a pas de hasard et si vous voulez revoir ceux qui vous le proposent spontanément, il faut savoir où les joindre.
Vous croyez plus au travail qu'à la chance et si vous jouez, c'est pour connaître au moins une fois ce genre de plaisir.
Malgré vos multiples conquêtes et une grande sensualité, vous recherchez l'amour de votre vie et êtes fidèles quand vous l'avez trouvé. Très maternelle (ou paternel !), vous rêvez d'une nombreuse progéniture et vous êtes, avec le CAPRICORNE, le signe qui vit le plus mal le manque d'enfants ! Vous êtes toutefois assez exigeants quant au compte en banque de vos conquêtes, vous fuyez les dettes et les enfants d'autres lits dont il faut assumer l'avenir financier !
Vous donnez de vous une image très sérieuse, on a envie de vous faire confiance.

Vous êtes assez timide et si vous prenez la parole en public, c'est qu'il y a un enjeu de taille ! Vous êtes un bon vivant, gai et convivial.

MON CONSEIL : tromper votre partenaire vous rend très malheureux, c'est cher payer un moment d'égarement. À éviter !

CLIN D'ŒIL : vous êtes adorable... sauf quand vous piquez une de vos rares et mémorables colères ! Conseillez à votre entourage d'éviter le rouge !

EN GÉMEAUX : ☺ ☺ : avec cette configuration, les jeux sont incessants et ce dans tous domaines ! Vous ne concevez pas la vie sans lui donner un côté ludique et tout chez vous est prétexte à sortir et faire la fête !
D'ailleurs on n'arrive à vous intéresser aux choses que si on vous les présente de façon amusante et divertissante.
Et vous êtes attiré par les gens gais, qui vous font rire ! Vous êtes de toutes les fêtes, votre vie, vos enfants, votre profession, vos finances, tout n'est pour vous qu'une immense roulette de casino où, grâce à la chance, il vous arrive souvent de gagner !
Parmi les choses les plus importantes de votre existence, avouez que certaines ont été décidées au hasard, par défi et, toujours, par goût du jeu ! Et il suffit de vous défier pour vous faire réagir et c'est comme cela que vous pourriez bien faire de grosses bêtises.
On peut souligner aussi que vous ne prenez pas les choses au tragique et s'il vous arrive d'être infidèle, vous avez mille bonnes excuses pour vous donner bonne conscience !

MON CONSEIL : on peut vous reprocher d'être un peu superficiel et de délaisser les gens qui traversent une mauvaise passe dans le besoin. Votre réaction est logique : ils ne vous font plus rire !

EN CANCER : 😐 👍 : votre sens inné de la discrétion et de la vie de famille ne vous prédispose pas aux mondanités, qui vous ennuient.
S'il vous arrive de trouver du plaisir lors d'une soirée entre amis (en famille, on n'en parle même pas, puisque c'est votre préférence !), vous n'êtes pas un fêtard assidu. Votre amour du jeu se limite souvent aux mots croisés et autres mots fléchés et si vos enfants sont votre grande joie et le but de votre vie, à vos yeux il vaut mieux qu'ils soient en bonne santé que brillants et célèbres !
Vous êtes souvent féru de travaux manuels et de distractions artisanales qui mettent votre sens créatif en éveil. Vous ne jouissez pas d'une « pêche » explosive et êtes d'un tempérament un peu lymphatique !

MON CONSEIL : vos enfants ne seront pas malheureux dans un camp de vacances ! Pensez à votre compagnon, il n'a pas forcément la même fibre maternelle (ou paternelle) que vous, essayez de partir quelques jours en amoureux. Cela ne pourra pas vous faire du mal !

EN LION : ☺ ☺ ☺ : que voilà une configuration idéale ! Dans ce domaine, d'après les astres, tout serait parfait !
Mais l'ensemble des astrologues incite à la prudence de cette interprétation trop parfaite et attire votre attention sur le reste du thème, qui va confirmer ou infirmer cet aspect. Mais de toute façon, ce domaine primordial dans la vie avait, pour vous, toutes les fées penchées sur le berceau.
Normalement, vous êtes beau, intelligent, chanceux, heureux, épanoui, vos enfants sont parfaits et tout ce que vous entreprenez vous réussit. Vous êtes aussi un conjoint de rêve, vous ne savez pas ce qu'est l'adultère, vous êtes rayonnant et convivial. Quand on vous dit que c'est « too much » !

MON CONSEIL : Je suis peut-être trop idéaliste, mais moi j'y crois ! Pourquoi pas ? Il y a sûrement de gens comme ça. Félicitations !

BRAVO : c'est LE MAÎTRE de cette MAISON !

EN VIERGE : 😐 👎 : vous avez une façon très spéciale de montrer votre amour, votre affection : vous vous occupez surtout de l'hygiène et de la propreté de vos « élus », vous leur apportez une assistance très terre à terre ! D'ailleurs, aux liaisons tapageuses vous préférez la sécurité d'un couple bien établi, mais pas trop envahissant, vous aimez votre petite vie tranquille et cultivez votre « jardin secret » ! Votre pudeur freine souvent votre sexualité, à moins que votre signe solaire ou la position de VENUS, ne vous donne plus d'aisance dans ce domaine. Vous ne savez pas tellement vous détendre et vous distraire, aux activités ludiques vous préférez l'efficacité. Vous n'aimez pas les grandes dépenses physiques et, si vous deviez choisir entre l'ascension du Mont Blanc ou une partie de cartes, il y a fort à parier que les crampons resteraient au placard !
Les liaisons sentimentales ? Vous avez trop de moralité ! (ou pas assez de motivation ?). Vos enfants ? Vous les aimez, bien sûr, mais vous vous livrez rarement à de grandes démonstrations d'amour. On ne vous le dira jamais assez, la VIERGE est E F F I C A C E !

CLIN D'ŒIL : plus « soft » que ça, tu meurs ! Il est vrai que la VIERGE ne s'accorde que le plaisir des choses convenues...

EN BALANCE : ☺ ! ! : coquet et très épris de votre personne, vous détestez la vulgarité et le laisser-aller ! Aussi êtes-vous irréprochable sur vous et en attendez de même de la part des autres ! Vous n'aimez pas les gens malpropres qui se négligent physiquement et moralement. Votre signe dans cette maison vous incite aux mondanités, aux fêtes et aux sorties, mais toutes dans le bon goût et la décence. Vous haïssez les conflits, les bagarres et en être témoin vous met mal à l'aise. Vous aimez les ambiances « zen », les gens calmes et détendus qui vous rassurent et vous apaisent. Un peu instable, vous avez aussi une grâce innée et une distinction naturelle. Plus fragile qu'il n'y paraît, vous êtes sensible à la critique, surtout si on s'y prend à votre famille. Au fond, vous êtes un inquiet ! Vous aimez plaire et il suffit de vous complimenter pour vous conquérir. Bavard, ou plutôt disert, vous vous exprimez bien et facilement. Vous faites des ravages dans le sexe opposé... et vous adorez ça !
Vos créations sont d'ordre artistique et si vous avez des enfants, vous serez ravi s'ils sont ... beaux ! Quelle esthète, cette BALANCE !

CLIN D'ŒIL : je peux bien vous le dire : vous êtes un peu snob ! Si on se fie aux apparences, bien entendu !

EN SCORPION : ☹ ☹ ! ! ! : dans cette configuration, le natif n'est pas très à l'aise. Cette maison n'est pas faite pour lui, car ses pulsions sexuelles, très fortes et destructrices, signent souvent la fin de son amour pour la personne convoitée ! Bizarrement, c'est le signe qui gère mal les lendemains de passion et il détruit souvent ses relations amoureuses par une attitude violente et tyrannique. S'il a des enfants, ses rapports avec eux sont difficiles et les enfants, même s'ils sont brillants, jouissent rarement d'une bonne santé.
Ses pulsions sexuelles violentes et incontrôlables, peuvent amener le natif à des ruptures brusques et l'amour pour lui peut alors se changer en haine !

MON CONSEIL : vous savez très bien que vous ne tenez pas vos promesses, quand vous prétendez vouloir une relation amicale avec le sexe opposé ! À éviter !

EN SAGITTAIRE : ☺ ☺ : cette configuration donne le goût des fêtes, des jeux, du changement. Dans tous les domaines liés aux relations amicales et festives le natif a beaucoup de chance. C'est un organisateur né de toutes les manifestations qui réunissent les êtres humains à des fins récréatives.
Aimable et dynamique, charmeur et un peu libertin, vous accordez à votre image beaucoup d'attention !

Très attiré par le sexe opposé, vous savez tenir des discours captivants, vous êtes spirituel et toujours de bonne humeur. Avec vos enfants vous êtes permissif, mais très protecteur et leur réussite vous comble de joie. Vous êtes un être agréable et gai, avec qui la vie est une éternelle fête.

MON CONSEIL : Votre aisance naturelle, votre gaieté et votre sens de l'humour ne vous attirent pas que des sympathies. Les êtres chagrins, vexés et aigris vous trouvent tapageur, prétentieux et ordinaire. Ne les écoutez pas, ne changez rien ! Moi je vous aime comme ça !

EN CAPRICORNE : 👍 👍 : sous des dehors enjoués, vous restez toujours sur vos gardes et ne perdez jamais le sens des réalités. Votre agenda est rempli d'adresses utiles (vous êtes à la limite un peu profiteur !), vous savez qu'il n'y a pas de hasard et si vous voulez revoir ceux qui vous le proposent, il faut savoir ou les joindre (surtout si c'est aux Maldives !). Vous croyez plus au travail qu'à la chance et si vous jouez, c'est pour connaître au moins une fois ce genre de plaisir. Malgré vos multiples conquêtes de l'autre sexe, vous n'êtes pas un aventurier et vous recherchez l'homme (ou la femme) de votre vie. Très maternelle (ou paternel !), vous rêvez d'une nombreuse progéniture et vous êtes, avec le TAUREAU, le signe qui vit le plus mal le manque d'enfants !
Vous faites de votre profession votre raison de vivre et on vous apprécie sur votre lieu de travail.
Vous donnez de vous une image très sérieuse, on a envie de vous faire confiance. Vous êtes assez timide et si vous prenez la parole en public, c'est qu'il y a un enjeu de taille !

MON CONSEIL : ne perdez pas patience ! Avec cet aspect le grand amour vient souvent très tard !

CLIN D'ŒIL : bien sûr que c'est une bonne idée d'adopter ce petit Ivoirien ! Avec les 2 de Fred, celui de Manu, les jumeaux Bip et Zette et celui que tu attends, ça en fera 6 !

EN VERSEAU : ☺ ☺ : Voilà quelqu'un qui appréhende la vie avec légèreté, sans s'encombrer de freins et de remords inutiles ! D'une sexualité très puissante, mais pas exclusive, vous papillonnez et laissez toujours aux amants de passage un très bon souvenir. Pas « pot de colle » pour un sou, vous respectez les libertés individuelles et ne demandez pas un passeport avant de passer au lit ! Vous êtes chargé d'un fort potentiel de création, dont les enfants font partie, mais vous êtes de ceux qui n'épousent pas systématiquement le père (ou la mère) de votre progéniture ! Vous aimez tous les plaisirs de l'existence et n'êtes ni égoïste, ni introverti. Très heureux de la joie et du bonheur des autres, vous estimez qu'une soirée réussie est une soirée où tout le monde s'amuse. Bien moins orgueilleux que le LION, vous êtes tout de même sensible à votre image et un rien coléreux, soupe au lait. Versatile, le VERSEAU ?

MON CONSEIL : Vous êtes de ceux à qui l'on se confie. Ne vous piquez pas au jeu, apprenez à dire non aux confidences qui vous ennuient. On vous aimera quand même, pour votre gaieté et votre gentillesse !

EN POISSON : 👎 👎 ☺ : vous avez un sens artistique très développé. Sentimental et rêveur, vous aimez la musique douce et les dîners aux chandelles. Votre sexualité est floue, imprécise et il faut du doigté et de la douceur pour vous amener à vous épanouir. De toute façon pour les jeux de l'amour il vous faut... de l'amour ! Vous vivez mal les situations de duperie et la tromperie conjugale ! Aussi, malgré votre grand romantisme, vous avez peur de vous engager et vivre une rupture est pour vous, plus que pour tout autre, très grave : votre méfiance innée y trouve un alibi à se renforcer encore. Vous avez beaucoup de mal à vous remettre de vos échecs...

Vous aimez tendrement vos enfants, qui vous émerveillent et vous font craquer.

Hyper - réceptif, vous vous imbibez des moments forts comme une éponge et avez parfois du mal à exprimer vos intenses sentiments !

MON CONSEIL : vous êtes trop sensible dans ce monde de brutes, fabriquez-vous (vite !) une carapace ! Mais vous êtes gentil et si reposant !

LA MAISON 6

LA MAISON 6 : en analogie avec la VIERGE. C'est celle du travail, des transformations, de nos petites maladies, du quotidien.

EN BÉLIER : 👎 👎 : ici on voit combien le quotidien vous ennuie et les mille petites choses de l'existence vous tapent sur les nerfs. Parfois maladroit avec les gens, les objets ou les animaux, vous avez des gestes brusques et des attitudes de conflit ! Même si ces manifestations sont passagères et pardonnées par l'entourage, il n'en transparaît pas moins que le quotidien, le travail routinier, les engagements que vous prenez parfois vous pèsent et que de temps en temps vous aimeriez être seul sur terre !
Les aspects ingrats de l'existence vous mettent mal à l'aise, certains aspects de la vie vous donnent envie, parfois, de ne pas vous lever le matin ! Vous ne vous faites pas à la mesquinerie et aux ordres ineptes d'une hiérarchie tatillonne et tyrannique, aussi passez-vous souvent à côté de « jobs » potentiels : vous n'êtes pas prêt à tout accepter, juste parce qu'il faut travailler !
Pas à prendre avec des pincettes ? Sûrement ! D'ailleurs, pour votre équilibre, vous devriez dire (encore plus souvent) ce qui vous reste sur l'estomac !

CARNET DE SANTÉ : gare aux migraines, fuyez le stress...

MON CONSEIL : c'est MARS qui vous excite ! Si le reste du thème tend à la douceur, souvent vous gardez tout cela pour vous, et ça vous ronge. Exprimez-vous, avant d'éclater !

EN TAUREAU : 👍 👍 !! : en analogie avec la VIERGE, avec cet aspect, vous êtes en harmonie avec le monde du travail. Pas trop de tiraillements, vous aimez travailler et vous le faites bien. Très assidu à la tâche, vous oubliez simplement que tout le monde n'est pas le même bourreau de travail que vous et si les collègues respectent les horaires à la minute près, vous ne pouvez pas leur en vouloir !
Vous êtes en général plus doué pour travailler de vos mains, vous aimez la nature, tout ce qui touche au bâtiment et la terre, avec laquelle vous êtes en symbiose ! Mais les arts, la peinture, le chant ont, souvent, également vos faveurs et votre goût du travail, votre assiduité vous aident à accomplir vos talents.
Le quotidien ne vous pèse pas, vous êtes rassuré par une certaine routine. Comme tous les signes de TERRE, vous n'aimez pas les révolutions

trop brusques de l'existence et votre lenteur universelle vous pousse à considérer avec méfiance et prudence tous les changements. Vous êtes un peu nostalgique du passé.

CARNET DE SANTÉ : très robuste, surveillez toutes fois votre gorge et vos parties génitales.

MON CONSEIL : profitez de vos qualités associatives pour vous préparer une activité pendant votre retraite. L'inaction n'est pas faite pour vous !

CLIN D'ŒIL : Votre conjoint, ce n'est pas seulement une photo sur votre bureau ! Il vous attend à la maison et se languit de vous !

EN GÉMEAU : 😐 ✋ : bien sûr, on ne peut pas affirmer que ce soit la situation planétaire idéale, mais notre GÉMEAU, très accommodant, se fait à toutes les situations, en raillant gentiment, en se moquant un peu des lourdeurs procédurières et en en faisant à sa tête comme toujours !
Naturellement, le train-train, ce n'est pas fait pour lui, mais contrairement au VERSEAU, qui est un rebelle, le GÉMEAU n'a pas assez de convictions pour être agressif. Il se contente de faire mine de se plier aux rituels et, dès qu'il en a la possibilité, il part sans dire quand il va revenir !

CARNET DE SANTÉ : ses nerfs fragiles ne supportent pas les ambiances survoltées, c'est souvent aussi pour cela qu'il évite de se passionner.

MON CONSEIL : souvent vous rendriez service à votre entourage en donnant des signes de mécontentement, en lançant un signal d'alarme : il serait encore temps alors de changer les comportements. Mais partir sans rien dire, après des siècles de sourires, ce n'est pas du jeu !

EN CANCER : 😐 ✋ : vous êtes un peu trop fantaisiste pour que la MAISON 6 soit vraiment au mieux de sa forme avec vous ! Un peu dolent, vous négligez volontiers les tâches routinières au profit de choses plus amusantes pour vous : écouter de la musique, déguster des friandises, jouer avec les enfants...
Très sensible à l'environnement, au temps, à l'humeur de vos proches, un rien fait baisser votre vitalité et votre tonus et les tâches que vous vous étiez fixées restent à l'état de projet !
Et si vous décidez tout à coup de prendre le taureau par les cornes et d'abattre de la besogne, ce sont les autres qui mettent des bâtons dans les roues ! Dans votre milieu professionnel, on hésite à vous donner des responsabilités : vous manquez de discipline et de méthode !

CARNET DE SANTÉ : ménagez vos organes de la reproduction, vos seins.

CLIN D'ŒIL : même si elle est ici un peu mal venue, vous apportez quand même un peu de fantaisie dans ce monde de brutes !

EN LION :

: vous avez du mal à vous faire à la routine, à rentrer dans le rang, à obéir aux ordres. Vous êtes rétif à toute forme de hiérarchie et n'aimez pas vous subordonner. En famille, vous avez du mal à vous plier aux exigences de vos oncles et tantes et passez pour le (ou la) rebelle de service. Vous avez la phobie des insectes, les petites choses insignifiantes et grouillantes vous répugnent et vous ne savez pas vous comporter face aux petites gens. En fait vous souffrez d'un complexe de supériorité et le train-train quotidien vous ennuie. Mais comme il vous rassure, aussi, vous êtes un peu tiraillé !
Vous êtes de ceux qui ont besoin de beaucoup d'amour et qui ne sont pas toujours en mesure d'en donner.
Vous êtes pudique et si vous ne savez pas dire votre amour pour les vôtres, c'est par peur du ridicule.

CARNET DE SANTÉ : vous ne jouissez pas d'une santé florissante, soignez-vous. Ménagez votre coeur.

MON CONSEIL : Point n'est besoin de grands discours pour prouver aux gens qu'on les aime. Mais vous qui demandez tant, sachez donner. C'est vraiment un conseil d'amie (qui vous aime !).

EN VIERGE :

: vous êtes l'employé parfait, jamais de problèmes avec la hiérarchie, minutieux, travailleur et ponctuel. On ne peut rien vous reprocher dans votre milieu professionnel, mais les vôtres trouvent que vous manquez d'ambition. Prudent, vous préférez tenir que courir et ce ne sont pas vos chefs qui vont vous pousser à vous élever, trop heureux d'avoir dans leur service un employé aussi zélé ! Vous êtes ordonné et méthodique, serviable et dévoué ! La routine ne vous fait pas peur, vous la trouvez rassurante.

CARNET DE SANTÉ : dans le domaine, vous êtes un peu hypocondriaque, vous voulez être toujours au top, ne tolérez aucune baisse de forme et vous alarmez pour mille petits riens.

MON CONSEIL : vous avez l'étoffe des héros. Osez aller de l'avant, vous feriez tant plaisir à maman !

BRAVO : c'est le MAÎTRE de MAISON !

EN BALANCE : ☺ 👍 : Vous avez le chic de trouver des petits jobs dans des endroits qui vous plaisent, car vous êtes sensible aux ambiances. Bien sûr l'idéal, pour vous, serait de travailler dans le milieu artistique, la coiffure ou encore la beauté. Vous aimez le milieu juridique aussi, ou vous faites merveille. Vous entretenez sur votre lieu de travail des rapports empreints de courtoisie, d'efficacité souriante. Si vous êtes patron, vous comprenez les difficultés et savez mettre en avant le talent et les qualités de chacun. En retour vous jouissez de leur confiance et leur attachement. Souvent d'ailleurs, sous cette configuration, se nouent des relations patron - employé qui peuvent mener au mariage.
Mais le plus souvent, votre doigté et votre diplomatie ne servent qu'à désamorcer les situations de crise. C'est déjà bien !

CARNET DE SANTÉ : vos nerfs fragiles vous jouent des tours, en fait il vous faut beaucoup de repos. Si votre entourage vous trouve trop lymphatique, c'est qu'il ne vous comprend pas vraiment : vous cachez sous votre grand calme une âme survoltée !

CLIN D'ŒIL : vous amenez sur le lieu de travail gentillesse et gaieté. On vous aime pour ça !

EN SCORPION : 😐 😐 ✋ : le SCORPION, dans cette maison, vous rend esclave de taches peu gratifiantes. Vous restez souvent dans des rôles subalternes, dont vous vous sortez bien, mais l'ascension est difficile sous cet aspect. Vous restez souvent au bas de l'échelle : si vous vouliez être médecin, vous restez infirmier, si vous vouliez être patron, vous restez contremaître. Bref, avec cette configuration, vous êtes rarement VIZIR à la place du VIZIR !
Pour vos supérieurs, vous avez la réputation d'être dur à diriger. Les domaines que vous préférez sont la médecine, la police, la pharmacie et la chirurgie.

CARNET DE SANTÉ : votre santé n'est pas fameuse. Le SCORPION vous prédispose aux maladies sexuelles. Attention !

CLIN D'ŒIL : je gage que vous saurez vous faire votre place au soleil : vous savez si bien embobiner les autres !

EN SAGITTAIRE : 👎 👎 👎 !! : dans cette configuration, le natif est plus à l'aise avec ses animaux de compagnie qu'avec le reste du monde. Peut-être tolère-t-il sa proche famille et son personnel de maison ou de sa société, avec lesquels il sait se montrer paternaliste et chaleureux. Mais à part ça le train-train l'ennuie et le reste du monde lui pèse. Il n'est pas très à l'aise sous cet aspect, trop étriqué et fade pour lui. Toutes les petites choses qui font la vie quotidienne l'ennuient profondément et il n'arrive pas à s'y intéresser !

CARNET DE SANTÉ : surveillez vos cuisses, vos genoux.

MON CONSEIL : faites un effort d'intégration dans ce qui fait la vie de votre famille. N'oubliez pas que l'existence est faite de ces instants insignifiants et ingrats mis bout à bout. Si vous attendez toujours des aventures exaltantes, vous risquez de passer à côté des choses essentielles : voir grandir et mûrir vos proches par exemple !

CLIN D'ŒIL : Pour vous rendre humble, faites un puzzle ! C'est exaltant, un puzzle !

EN CAPRICORNE : 😐 : vous manquez de fantaisie et ne savez pas accepter facilement les changements. Dès que l'on vous donne deux versions d'une même histoire, vous n'en croyez plus aucune ! Le quotidien vous rassure, ainsi que les taches fastidieuses et répétitives, vous êtes de ceux qui ne se plaignent pas du train-train. Vous manquez de sentiments envers les autres et vous n'aimez pas trop les animaux, sauf si ce sont les vôtres. Il en va de même avec les enfants.

Vous n'aimez pas spécialement les plantes vertes, ni tout ce qui vous cause du tracas et vous encombre la vie. L'imprévu vous déstabilise et vous fait peur. Vous n'aimez pas les invitations lancées au dernier moment, ni les changements de dernière minute apportés à un programme bien établi !

Vous êtes tyrannique avec les subordonnés, le petit personnel, les collaborateurs. Votre sérieux voire votre austérité vous viennent de SATURNE, qui vous fait fuir toute fantaisie.

CARNET DE SANTÉ : surveillez votre squelette, surtout le dos et les articulations.

MON CONSEIL : hé bien, heureusement que la vie est un long fleuve tranquille ! Réservez votre soirée du 31 décembre, je vous invite !

EN VERSEAU : ☹ ☹ ✋ : pas en phase du tout ! Ici on peut parler de négation du schéma de base ! Le VERSEAU, signe anarchique s'il en est, n'a rien en commun avec la VIERGE, méticuleuse et timorée. C'est l'aspect des gens qui changent d'orientation professionnelle plusieurs fois dans leur vie. Rebelles à la hiérarchie, aux ordres et à la routine, vous choisirez des métiers ou vous aurez les coudées franches.

Très indépendants, vous n'acceptez pas que l'on mette le nez dans vos affaires (pas toujours bien rangées!)! Par contre, vous savez apporter une note d'amitié et d'humour dans les relations patron employé, qui détendent l'atmosphère et qui constituent un plus!
Votre vie professionnelle connaît des hauts et des bas, entraînant votre état de santé dans le même sillage! Vous passez de l'euphorie, au plus complet abattement, mais, comme au fond vous êtes un être optimiste, vous savez rebondir chaque fois et vous refaire une santé!
Un peu artiste, vous avez de multiples talents, mais c'est justement cette large panoplie de possibilités qui vous nuit! Il reste à souhaiter que le reste du thème vous aide à faire des choix!

CARNET DE SANTÉ : surveillez vos chevilles et votre circulation sanguine. Vous avez également un terrain allergique.

MON CONSEIL : organisez des petits week-ends assez loin dans le temps et quand vous en avez marre du bureau, pensez-y et faites en douce une liste des choses à ne pas oublier!

CLIN D'ŒIL : vous ne serez jamais fait pour rester des heures, des jours, des mois, des années, au même endroit, dans le même bureau. Acceptez-le!

EN POISSONS : 😐 😐 : sous cet aspect, vous manquez de sens pratique, surtout dans le domaine de cette maison : votre travail de tous les jours, votre vie de tous les jours. Votre confusion d'esprit nuit à votre sens pratique et vos idées nébuleuses vous empêchent d'avoir une vision objective des choses. Animé par des idées humanitaires, vous ne savez pas comment vous organiser pour venir en aide aux nations démunies, vous manquez ainsi d'efficacité. Voulant toujours entreprendre plusieurs choses à la fois, on ne peut pas dire que vous manquez de bonne volonté, mais vous vous lancez dans une fuite en avant pour dissimuler votre manque de résultats. Cette maison ne marque pas la meilleure part de votre personnalité, car elle montre votre besoin d'être épaulé et soutenu par quelqu'un d'efficace : unissez-vous avec un signe de TERRE!
À moins d'avoir le SOLEIL dans un signe de TERRE, ce qui atténuerait cet effet.

CARNET DE SANTÉ : cet aspect vous rend sujet aux problèmes respiratoires, intestinaux et nerveux.

MON CONSEIL : Vous vous noyez dans un verre d'eau! Ne laissez pas les petites galères domestiques vous gâcher l'existence : engagez une aide ménagère, une nounou, un jardinier et un comptable. Vous avez d'autres idéaux!

LA MAISON 7 OU DESCENDANT

LA MAISON 7 : en analogie avec la BALANCE, c'est celle de nos unions (mariage), des confrontations avec autrui, des procès et des associations.

EN BÉLIER : ☹ ☹ : cette alliance convient à merveille à un engagement... militaire ou une conspiration criminelle, alors qu'elle devrait concerner les tendres liens du mariage ! C'est vrai que la tendresse n'est pas votre fort et si union il y a vous la vivrez sur le pied de guerre et tambour battant !

Il y a également risque de mariage sur un coup de tête, au détriment du bon sens et cela se terminera par des chicanes, des procès et un divorce. Vous contractez souvent, d'ailleurs, plusieurs unions. Beaucoup de fougue, donc, dans les relations, d'où toute sérénité est bannie. Mais cela ne veut pas dire que vous ne vivrez pas de bons moments !

MON CONSEIL : inutile de vous dire que vous avez 2 solutions : le célibat libertin ou beaucoup d'eau dans votre vin ! Prenez-vous en aux astres !

QUEL QUE SOIT VOTRE SIGNE SOLAIRE : Vous voulez vous associer avec :

LE BÉLIER : ce ne sera pas de tout repos, mais vous avez les mêmes objectifs. À fuir : l'ennui !
Mariage : ce sera sportif !

LE TAUREAU : il va vous pondérer, vous rassurer, vous encadrer : un vrai père ! Ca peut marcher, si vous avez vraiment envie de réussir !
Mariage : le TAUREAU a toutes les qualités pour être épousé. Et vous ?

LE GÉMEAU : il va beaucoup vous faire rire, il est si gai ! Ne lui confiez pas les comptes, car s'il y a quelques GÉMEAUX (rares !) qui savent compter, les autres risquent plutôt de partir avec la caisse !

Mariage ? Peut-être, vous aurez quelques bonnes années !
LE CANCER : bon pro, il saura vous surprendre ! Ne l'effrayez pas avec vos cris et ne claquez pas la porte trop fort : il est sensible !
Mariage : pourquoi pas ? ils aiment tant les enfants !

LE LION : si vous savez éviter les rapports de force, ce sera possible. Juste possible !
Mariage : si les affaires sont bonnes vous avez une chance !

LA VIERGE : méticuleuse, précise et soigneuse, en voilà une bonne recrue ! C'est elle qui aura du mal à vous supporter !
Mariage ? Oui, si vous voulez une vie sans surprises (et çà m'étonnerait !)

LA BALANCE : diplomate et arrangeante elle rattrapera vos gaffes ! à tenter.
Mariage : inévitable ! Elle est si charmeuse !

LE SCORPION : il aura du mal à vous prendre au sérieux, vous êtes trop mobile pour lui. Faites vos preuves, car l'avoir comme associé est une chance !
Mariage : oui oui, il a un potentiel, mais attention : ce sont des parents inquiets, la vie professionnelle va en souffrir !

LE SAGITTAIRE : dynamique et ambitieux, il vous plaira ! Jusqu'au jour où il vous piquera la place !
Mariage : oui, ce ne sera pas triste !

LE CAPRICORNE : avec lui vous ne lèverez la tête du guidon que pour faire les comptes. Pro, bien sûr, et sérieux ! Si vous avez envie de réussir, dites oui !
Mariage : les femmes du signe ont toutes les qualités mais manquent un peu d'humour... et les hommes aussi ! À vous de voir : est-il toujours nécessaire de rire ?

LE VERSEAU : il vous fera rire, vous surprendra par son imagination débordante et son sens de l'à propos. Tentez l'essai !
Mariage : oui, çà peut se faire !

LE POISSON : gentil et plein de compassion, tout dépend dans quel domaine vous voulez exercer !
Mariage : un peu trop sentimental pour vous non ?

EN TAUREAU : ☺ 👍 : le TAUREAU adore les associations de toutes sortes, il est un organisateur né ! À lui les courriers aux copains de la classe et les propositions de travail avec associés !

Sous cet aspect, vous prenez vos engagements très au sérieux et une fois que vous avez signé, il n'y a que la mort qui peut vous faire manquer à votre parole !
Pour le mariage, c'est pareil. Pour vous, le couple et la vie de famille passent au tout premier rang de vos préoccupations. Si votre grande sensualité vous pousse à faire un écart, vous êtes bourrelé de remords !
Opiniâtre et têtu, vous n'aimez pas perdre, aussi méfiez-vous de vos paroles en cas de conflit ! Vos colères sont rares mais mémorables et en cas de litige grave ayez recours à un avocat !
Comme tous les signes de TERRE vous manquez un peu de diplomatie. Vous êtes rancunier et si vous vous brouillez avec quelqu'un, c'est pour la vie !

MON CONSEIL : très attiré par les joies du sexe, vous êtes souvent tenté de tromper votre partenaire : ne le faites pas, vous n'êtes pas doué pour les liaisons !

QUEL QUE SOIT VOTRE SIGNE SOLAIRE : Vous voulez vous associer avec :

LE BÉLIER : il vous apporte fougue et impatience ! Allez vous le supporter ?
Mariage : pourquoi pas, quand les sentiments s'en mêlent !

LE TAUREAU : bien sûr que çà marche ! Songez quand même à jeter la vieille machine à écrire, il y a des PC, maintenant !
Mariage : oui, et pour toujours !

LE GÉMEAU : il vous fait rire, bien sûr, mais... à part çà ? C'est hasardeux !
Mariage : c'est hasardeux aussi !

LE CANCER : c'est une bonne idée ! Il a les mêmes objectifs que vous et beaucoup d'intuition.
Mariage : c'est vraiment votre deuxième moitié de pomme !

LE LION : il va vous énerver, vous séduire, vous déranger ! Réfléchissez-y à deux fois !
Mariage : il n'a pas de la vie la même vision que vous ! Méfiez-vous des déclarations d'amour "too much", il en veut à vos sous !

LA VIERGE : elle est méticuleuse, précise, elle va vous plaire ! Et vous lui plairez aussi !
Mariage : ce sera un mariage très raisonnable, très conventionnel. Deux ou trois enfants ? ce sera votre seul point de discorde !

LA BALANCE : elle est charmeuse et sait se vendre ! Mais à part VÉNUS, vous n'avez pas grand choses en commun !
Mariage : elle (il) restera tant que vous êtes jeune et beau (ou belle !).

LE SCORPION : rien à redire : foncez !
Mariage : rien à redire : foncez !

LE SAGITTAIRE : stop ! Ne vous laissez pas embobiner : il ne travaillera que pour lui !
Mariage : si vous vous aimez...

LE CAPRICORNE : OK ! ce sera du solide... et du sérieux : prenez-le comme comptable !
Mariage : on ne rigolera pas tous les jours chez vous !

LE VERSEAU : franchement... réfléchissez !
Mariage : franchement... réfléchissez !

LE POISSON : oh oui, voilà un bon associé ! Vous êtes sur la même longueur... d'ondes !
Mariage : toujours la même longueur d'ondes !

EN GÉMEAU : 😐 : en analogie avec la BALANCE, ce signe vous permet de vivre dans l'harmonie toutes les associations, à part le mariage, car ce signe double vous fait vivre tout en double, alors en cas de mariage, vous voyez ou ça coince ! D'une vive intelligence, soutenu par Mercure, vous êtes un être qui vit en parfaites relations avec les autres, qui sait mettre à l'aise et qui est lui-même à l'aise. Le potentiel humain est très important pour vous, car même si on peut reprocher de temps en temps une moralité un peu élastique au GÉMEAU, c'est quand même un signe qui ne vit que par et pour les autres !
Comme un grand enfant naïf, vous pensez toujours que votre bon droit va être reconnu, prenez un avocat pour vous défendre en cas de litige !

MON CONSEIL : Comme pour le VERSEAU, investissez dans un code civil et lisez-le ! Et ne proposez pas au juge de jouer votre verdict à pile ou face !

CLIN D'ŒIL : ne faites donc pas de promesses, vous êtes gêné de ne jamais les tenir !

QUEL QUE SOIT VOTRE SIGNE SOLAIRE : Vous voulez vous associer avec :

LE BÉLIER : vous ferez de grandes choses, il est si entreprenant !
Mariage : oh oui !

LE TAUREAU : il vous apprendra à compter, à tenir vos promesses ! Oui pour tout ce qui touche au social, vous êtes si bons !
Mariage : non ! (il vous agace trop avec son allure pépère !).

LE GÉMEAU : les nerfs de votre banquier vont craquer, mais vous allez bien vous amuser !
Mariage : oui, si vous êtes très riches !

LE CANCER : bien plus pro qu'il n'y paraît, il va vous surprendre !
Mariage : bof !

LE LION : il va s'attribuer les victoires et vous coller les échecs sur le dos ! À part ça, il y a moyen de faire route ensemble.
Mariage : oui oui, du moins pour quelques années !

LA VIERGE : bien sûr, vous ne pouviez pas mieux tomber ! Mais c'est elle qui va craquer !
Mariage : vous en avez vraiment envie ?

LA BALANCE : pour vous entendre, vous allez vous entendre. Mais qui prendra les décisions ? Comparez vos ascendants, vos maisons 7 !
Mariage : oui, il sera très beau, banquet et tout et tout. Durée : bof !

LE SCORPION : excellent associé ! Mais il voudra des résultats et n'aimera pas votre frivolité, vos bavardages !
Mariage ? Ce sera très physique !

LE SAGITTAIRE : bon associé, efficace et entreprenant. Si vous savez vous servir correctement de son matériel de l'an 2015, ça pourra coller.
Mariage : oui oui !

LE CAPRICORNE : son austérité va d'abord vous inspirer confiance, ensuite elle vous glacera le sang !
Mariage : non !

LE VERSEAU : vous allez sympathiser tout de suite ! Plus matérialiste que vous, dans les bons jours il saura prendre les bonnes décisions. Mais dans les autres... Trop irrégulier, le VERSEAU !
Mariage : ne l'ennuyez pas avec ça ! Vous n'êtes pas bien, comme ça ?

LE POISSON : quand il aura distribué votre capital social aux bonnes œuvres, chanté à la chorale et servi les repas aux restos du cœur, vous n'aurez plus la force (ni les moyens) de le virer. Alors abstenez-vous !
Mariage ? Pourquoi pas, il est si gentil ! (mais réfléchissez bien quand même !).

EN CANCER : 😐 😐 : vous cherchez par vos unions, surtout par le mariage, à vous rassurer ! À force de vous sous estimer et de surestimer les autres, vous puisez dans votre lien sentimental le courage de vous assumer, en vous disant que cette personne, si elle vous a choisi, avait quelques raisons de le faire. Comme vous placez volontiers les gens sur un piédestal, vous acceptez l'augure que vous avez pour les retenir, quand même l'une ou l'autre qualité !
Vous avez besoin de tendresse et d'attentions, comme un enfant. Malgré votre humilité vous êtes un personnage important (et précieux) dans vos associations et dans votre cercle de famille. Vous êtes créatif, innovateur et imaginatif. Mais vous ne vous impliquez jamais vraiment, vous restez sur vos gardes, au fond, vous êtes intériorisé et solitaire !
MON CONSEIL : vous n'aimez pas les tensions, et ne savez pas vous défendre. En cas de litige, prenez un avocat, vous manquez d'agressivité !

QUEL QUE SOIT VOTRE SIGNE SOLAIRE : Vous voulez vous associer avec :

LE BÉLIER : il est bien trop agité pour vous ! Égoïste aussi ! À écarter !
Mariage : hasardeux !

LE TAUREAU : voilà qui est bon ! Courageux et travailleur, il ne vous décevra pas !
Mariage : oui oui, il est si « famille » !

LE GÉMEAU : fantasque et léger, il va vous divertir et vous amuser... un temps ! Après, rien ne sera résolu ! Où est-il, cet associé responsable ?
Mariage : il va vous faire le grand jeu : puis vous laisser tomber ! Vous êtes bien trop sensible pour lui !

LE CANCER : vous serez en phase, sans plus ! Très pro, certes, mais avec vous il faut plus ! Vous êtes si sentimentaux, tous les deux ! Où est-il, ce décideur objectif ?
Mariage : douceur assurée !

LE LION : il va vous secouer dans tous les sens, au début vous aurez l'impression que cela vous fait du bien ! Ensuite, vous réagirez : dehors !
Mariage : dehors, tout de suite !

LA VIERGE : voilà qui est bien ! Vous ferez des étincelles, surtout dans la santé, le social, la confection, l'horlogerie ou encore la bijouterie ou une crèche familiale !
Mariage : bonheur tranquille, enfants et maison, le rêve, non ?

LA BALANCE : bien sûr qu'elle va vous plaire, elle plaît à tout le monde ! Mais ensuite, elle vous semblera bien futile !
Mariage : elle est futile, je vous préviens tout de suite !

LE SCORPION : opiniâtre, décidé et très pro, voilà un bon associé ! Un peu violent, parfois, mais vous sentez que c'est pour votre bien, vous êtes si intuitif !
Mariage : oui, il est si sensuel !

LE SAGITTAIRE : méfiez-vous : très sympathique, il n'aime toutes fois... que lui. Dès que vous l'aurez découvert, vous allez le lâcher !
Mariage : amoureux fervent, cela durera tant que l'attraction physique sera forte. Ensuite... ne pleurez pas, il a horreur de ça !

LE CAPRICORNE : cet associé-là tient la route, il est sérieux et très pro. Un bon choix !
Mariage : un bon choix, vous vivez une vraie complicité !

LE VERSEAU : à part dans le domaine social ou médical, la réponse est mitigée. Gentil, certes, mais si changeant : vous aimez pouvoir compter sur les gens !
Mariage : il va vous dire oui pour vous faire plaisir... vous êtes si gentil !

LE POISSON : ben oui, pourquoi pas ? vous connaissez ses défauts, vous saurez en faire des qualités !
Mariage : voilà un couple qui mise beaucoup sur l'intuition et les joies en famille !

EN LION : ☺ ☺ : avec cette configuration, vous avez deux possibilités : soit vous choisissez un conjoint d'exception, dont vous pouvez être fier (bon physique, bonne situation financière, aisance dans les contacts), soit vous vous efforcez de le remodeler selon vos goûts, en alternant reproches, flatteries et conseils !
De toute façon, vous voulez briller à travers les gens qui vous accompagnent au long de votre vie et souffrez beaucoup de leurs lacunes.

Vous aimez aussi avoir des enfants brillants, une vie somptueuse et susciter l'envie dans votre entourage !

CLIN D'ŒIL : vous avez toujours raison, la loi est forcément de votre côté et ceux qui ne le savent pas ne sont que de sinistres ignorants. Mais vous avez si bon cœur !

QUEL QUE SOIT VOTRE SIGNE SOLAIRE : Vous voulez vous associer avec :

LE BÉLIER : ce ne sera pas de tout repos, mais vous avez les mêmes objectifs. À fuir : l'ennui !
Mariage : ce sera sportif !

LE TAUREAU : il va vous pondérer, vous rassurer, vous encadrer : un vrai père ! Ca peut marcher, si vous avez vraiment envie de réussir !
Mariage : le TAUREAU a toutes les qualités pour être épousé. Et vous ?

LE GÉMEAU : il va beaucoup vous faire rire, il est si gai ! Ne lui confiez pas les comptes, car s'il y a quelques GÉMEAUX (rares !) qui savent compter, les autres risquent plutôt de partir avec la caisse !
Mariage ? Peut-être, vous aurez quelques bonnes années !

LE CANCER : bon pro, il saura vous surprendre ! Ne l'effrayez pas avec vos cris et ne claquez pas la porte trop fort : il est sensible !
Mariage :: pourquoi pas ? ils aiment tant les enfants !

LE LION : si vous savez éviter les rapports de force, ce sera possible. Juste possible !
Mariage : si les affaires sont bonnes vous avez une chance ! (n'oubliez pas le voyage de noces !)

LA VIERGE : méticuleuse, précise et soigneuse, en voilà une bonne recrue ! C'est elle qui aura du mal à vous supporter !
Mariage ? Oui, si vous voulez une vie sans surprises (et çà m'étonnerait !)

LA BALANCE : diplomate et arrangeante elle rattrapera vos gaffes ! À tenter.
Mariage : inévitable ! Elle est si charmeuse !

LE SCORPION : il aura du mal à vous prendre au sérieux, vous êtes trop mobile pour lui. Faites vos preuves, car l'avoir comme associé est une chance !
Mariage : oui oui, il a un potentiel, mais attention : ce sont des parents inquiets, la vie professionnelle va en souffrir !

LE SAGITTAIRE : dynamique et ambitieux, il vous plaira ! Jusqu'au jour où il vous piquera la place !
Mariage : oui, et ce ne sera pas triste !

LE CAPRICORNE : avec lui vous ne lèverez la tête du guidon que pour faire les comptes. Pro, bien sûr, et sérieux ! Si vous avez envie de réussir, dites oui !
Mariage :: les femmes du signe ont toutes les qualités mais manquent un peu d'humour... et les hommes aussi ! À vous de voir : est-il toujours nécessaire de rire ?

LE VERSEAU : il vous fera rire, vous surprendra par son imagination débordante et son sens de l'à propos. Tentez l'essai !
Mariage : oui, çà peut se faire !

LE POISSON : gentil et plein de compassion tout dépend dans quel domaine vous voulez exercer !
Mariage : un peu trop sentimental pour vous non ?

EN VIERGE : : vous vous méfiez de tout et de tout le monde ! On peut dire qu'en amour ou en amitié vous n'accordez pas facilement votre confiance et c'est plusieurs fois qu'il aura fallu montrer patte blanche pour être promu au cercle de vos intimes. Vous préférez être seul(e) que mal accompagné et vous êtes de ceux qui font des mariages d'intérêt, autant par l'appât du gain que par la peur d'être trompé dans vos sentiments.
Toutefois, si vous vous mariez et, surtout s'il y a des enfants, vous essayez d'éviter le divorce, que vous savez traumatisant pour votre descendance. Comme vous êtes très sélectif (ve), il y a des chances que vos associations soient fructueuses, encore que, bizarrement, c'est vous qui aurez des comptes à rendre !

MON CONSEIL : non, vous n'êtes pas hésitant(e), mais secret(e), rêveur (se), et un peu méfiant(e). Le résultat, c'est souvent la solitude. Pensez-y !

QUEL QUE SOIT VOTRE SIGNE SOLAIRE : Vous voulez vous associer avec :

LE BÉLIER : il vous apporte fougue et impatience ! Allez vous le supporter ?
Mariage : pourquoi pas, quand les sentiments s'en mêlent !

LE TAUREAU : bien sûr que ça marche ! Songez quand même à jeter la vieille machine à écrire, il y a des PC, maintenant !
Mariage : oui, et pour toujours !

LE GÉMEAU : il vous fait rire, bien sûr, mais... à part ça ?
C'est hasardeux !
Mariage : c'est hasardeux aussi ! C'est vrai que vous êtes tous les deux des rêveurs... !

LE CANCER : c'est une bonne idée ! Il a les mêmes objectifs que vous et beaucoup d'intuition.
Mariage : c'est vraiment votre deuxième moitié de pomme !

LE LION : il va vous énerver, vous séduire, vous déranger ! Réfléchissez-y à deux fois !
Mariage : il n'a pas de la vie la même vision que vous ! Méfiez-vous des déclarations d'amour « too much », il en veut à vos sous !

LA VIERGE : elle est méticuleuse, précise, elle va vous plaire ! Et vous lui plairez aussi !
Mariage : ce sera un mariage très raisonnable, très conventionnel. Deux ou trois enfants ? ce sera votre seul point de discorde !

LA BALANCE : elle est charmeuse et sait se vendre ! Mais vous n'aimez pas ses bavardages !
Mariage : elle (il) restera tant que vous êtes jeune et beau (ou belle !).

LE SCORPION : rien à redire : foncez !
Mariage : rien à redire : foncez !

LE SAGITTAIRE : stop ! Ne vous laissez pas embobiner : il ne travaillera que pour lui !
Mariage : si vous vous aimez...

LE CAPRICORNE : OK ! ce sera du solide... et du sérieux : vous lui laisserez la place de comptable et prendrez l'infirmerie !
Mariage : on ne rigolera pas tous les jours chez vous, mais le banquier sera ravi !

LE VERSEAU : franchement... Réfléchissez !
Mariage : franchement... Réfléchissez !

LE POISSON : oh oui, voilà un bon associé ! Vous êtes sur la même longueur d'ondes !
Mariage : toujours la même longueur d'ondes !

EN **BALANCE :** vous êtes la diplomatie même, puisque la BALANCE est votre Maître de Maison 7 ! Malgré la fougue donnée par un ASCENDANT en BÉLIER, le natif saura garder la tête froide et préserver l'équilibre de ses unions, quelles qu'elles soient.
Le couple est également très important pour le natif et même s'il est obligé de faire des sacrifices, il réussit en principe à le préserver. Il n'aime ni le chaos, ni la discorde dans les relations et évite autant qu'il peut de s'affronter avec les gens.
Très au fait de la justice, qu'il applique avec rigueur, il n'aime pas que cette dernière soit bafouée. Il n'aime ni le mensonge, ni la dissimulation et s'il lui arrive d'y avoir recours, c'est pour préserver une ambiance sereine.

Vous êtes pacifique et serein et votre santé a besoin de calme, de repos, et de quiétude.

MON CONSEIL : un peu moraliste, vous agacez à vouloir toujours aplanir les choses. Une bonne prise de bec de temps en temps, même si pour vous ce n'est pas évident, fait du bien et annule les rancœurs. Si on vous écoutait, on emporterait ses griefs dans la tombe !

BRAVO ! VOILA UN MAÎTRE DANS SA MAISON !

QUEL QUE SOIT VOTRE SIGNE SOLAIRE : Vous voulez vous associer avec :

LE BÉLIER : vous ferez de grandes choses, il est si entreprenant !
Mariage : oh oui !

LE TAUREAU : il vous apprendra à compter, à tenir vos promesses ! Oui pour tout ce qui touche aux arts, vous avez VÉNUS pour vous.
Mariage : non ! (il vous agace trop avec son allure pépère !)

LE GÉMEAU : les nerfs de votre banquier vont craquer, mais vous allez bien vous amuser !
Mariage : oui, si vous êtes très riches, ou très bohèmes !

LE CANCER : bien plus pro qu'il n'y paraît, il va vous surprendre !
Mariage : bof !

LE LION : il va s'attribuer les victoires et vous coller les échecs sur le dos ! À part çà, il y a moyen de faire route ensemble.
Mariage : oui oui, du moins pour quelques années !

LA VIERGE : bien sûr, vous ne pouviez pas mieux tomber ! Mais c'est elle qui va craquer !
Mariage : vous en avez vraiment envie ?

LA BALANCE : pour vous entendre, vous allez vous entendre. Mais qui prendra les décisions ? Comparez vos ascendants, vos maisons 7 !
Mariage : oui, il sera très beau, banquet et tout et tout. Durée : bof !

LE SCORPION : excellent associé ! Mais il voudra des résultats et n'aimera pas votre frivolité, vos bavardages !
Mariage ? Ce sera très physique !

LE SAGITTAIRE : bon associé, efficace et entreprenant. Si vous savez vous servir correctement de son matériel de l'an 2015, ça pourra coller.
Mariage : oui oui !

LE CAPRICORNE : son austérité va d'abord vous inspirer confiance, ensuite elle vous glacera le sang !
Mariage : non !

LE VERSEAU : vous allez sympathiser tout de suite ! Plus matérialiste que vous, dans les bons jours, il saura prendre les bonnes décisions. Mais dans les autres... Trop irrégulier, le VERSEAU !
Mariage : ne l'ennuyez pas avec çà ! Vous n'êtes pas bien, comme çà ?

LE POISSON : quand il aura distribué votre capital social aux bonnes œuvres, chanté à la chorale et servi les repas aux restos du cœur, vous n'aurez plus la force (ni les moyens) de le virer. Alors abstenez-vous !
Mariage ? Pourquoi pas, il est si gentil ! (mais réfléchissez bien quand même !).

EN SCORPION : ☹ ☺ : votre conjoint ne fait pas l'unanimité, mais vous l'avez choisi pour des raisons personnelles, dont l'attrait physique tient une grande part et il n'y aura que la mort pour vous séparer. Même si votre union est plutôt houleuse et passe par des hauts et des bas, elle est solide et vous appréciez chez votre partenaire son grand amour pour les enfants que vous aurez ensemble. Vous avez des relations sexuelles fréquentes et gratifiantes. Même si cette personne n'est pas accommodante, si elle est jalouse, agressive et bagarreuse, vous aurez pour elle un incompréhensible attachement.

Il en va de même avec vos associés professionnels : vous les choisissez sur des critères personnels, inexplicables ! Mais comme, ici, l'attrait sexuel n'est pas de mise, vous êtes plus lucide. Ces associations-là sont plus du goût de tout le monde !

CLIN D'ŒIL : vous êtes un peu maso, non ? Oui oui, je sais, vous l'aimez. Bonne chance !

QUEL QUE SOIT VOTRE SIGNE SOLAIRE : Vous voulez vous associer avec :

LE BÉLIER : Il est bien trop agité pour vous ! Égoïste aussi ! À écarter !
Mariage : hasardeux !

LE TAUREAU : voilà qui est bon ! Courageux et travailleur, il ne vous décevra pas.
Mariage : oui oui, il est si « famille » (et si sensuel !).

LE GÉMEAU : fantasque et léger, il va vous divertir et vous amuser... un temps ! Après, rien ne sera résolu ! Où est-il, cet associé responsable ?
Mariage : il va vous faire le grand jeu : puis vous laisser tomber. Vous êtes bien trop fort pour lui

LE CANCER : vous serez en phase, sans plus ! Très pro, certes, mais avec vous il faut plus ! Vous êtes si puissant, si rusé, vous lui faites peur !
Mariage : tout en douceur et en gentillesse, alors !

LE LION : il va vous secouer dans tous les sens, au début vous aurez l'impression que cela vous fait du bien ! Ensuite, vous réagirez : dehors ! **Mariage** : dehors, tout de suite !

LA VIERGE : voilà qui est bien ! Vous ferez des étincelles, surtout dans la santé, le social, la confection, l'horlogerie ou encore la bijouterie ! **Mariage** : bonheur tranquille, enfants et maison, le rêve, non ?

LA BALANCE : bien sûr qu'elle va vous plaire, elle plaît à tout le monde ! Mais ensuite, elle vous semblera bien futile !
Mariage : elle est futile, je vous préviens tout de suite. Je sais, vous aimez ça !

LE SCORPION : opiniâtre, décidé et très pro, voilà un bon associé ! Un peu violent, comme vous, parfois, mais vous sentez que c'est pour votre bien, vous êtes si intuitif !
Mariage : oui, il est si sensuel !

LE SAGITTAIRE : méfiez-vous : très sympathique, il n'aime toutes fois... que lui. Dès que vous l'aurez découvert, vous allez le lâcher !
Mariage : amoureux fervent, cela durera tant que l'attraction physique sera forte. Ensuite... ne pleurez pas, il a horreur de ça !

LE CAPRICORNE : cet associé-là tient la route, il est sérieux et très pro. Un bon choix !
Mariage : un bon choix, vous vivez une vraie complicité !

LE VERSEAU : à part dans le domaine social ou médical, la réponse est mitigée. Gentil, certes, mais si changeant : vous aimez pouvoir compter sur les gens !
Mariage : il va vous dire oui pour vous faire plaisir..., il vous admire, aussi, et vous craint un peu ! Maso, le VERSEAU !

LE POISSON : ben oui, pourquoi pas ? vous connaissez ses défauts, vous saurez en faire des qualités !
Mariage : voilà un couple qui mise beaucoup sur l'intuition et ... LE SEXE !

EN SAGITTAIRE : ☺ : épris de justice et respectueux des lois, vous êtes l'associé idéal ! C'est peu de dire que l'on peut vous faire confiance, vous êtes incapable du moindre manquement à l'étiquette. Avec votre conjoint également, vous êtes respectueux, persuadé qu'il y a une politesse dans tous les domaines. Vous respectez les autres et, si vous êtes engagé dans une association, quelle qu'elle soit, vous allez dans le sens de leur intérêt et en respectez chaque membre.
Innovant et dynamique, vous apportez de l'allant, des idées nouvelles. On vous aime pour votre disponibilité, votre professionnalisme, même dans des domaines ludiques !
En cas de conflit avec la loi, vous ne perdez pas les pédales : la lecture du code pénal ne vous effraie pas !

CLIN D'ŒIL : Vous êtes de ceux qui imposent l'informatique dans votre association de gym ! Bravo !

QUEL QUE SOIT VOTRE SIGNE SOLAIRE : Vous voulez vous associer avec :

LE BÉLIER : ce ne sera pas de tout repos, mais vous avez les mêmes objectifs. À fuir : l'ennui !
Mariage : ce sera sportif !

LE TAUREAU : il va vous pondérer, vous rassurer, vous encadrer : un vrai père ! Ca peut marcher, si vous avez vraiment envie de réussir !
Mariage : le TAUREAU a toutes les qualités pour être épousé. Et vous ?

LE GÉMEAU : il va beaucoup vous faire rire, il est si gai ! Ne lui confiez pas les comptes, car s'il y a quelques GÉMEAUX (rares !) qui savent compter, les autres risquent plutôt de partir avec la caisse !
Mariage ? Peut-être, vous aurez quelques bonnes années !

LE CANCER : bon pro, il saura vous surprendre ! Ne l'effrayez pas avec vos cris et ne claquez pas la porte trop fort : il est sensible !
Mariage : pourquoi pas ? ils aiment tant les enfants !

LE LION : si vous savez éviter les rapports de force, ce sera possible. Juste possible !
Mariage : si les affaires sont bonnes vous avez une chance ! (n'oubliez pas le voyage de noces !)

LA VIERGE : méticuleuse, précise et soigneuse, en voilà une bonne recrue ! C'est elle qui aura du mal à vous supporter !
Mariage ? oui, si vous voulez une vie sans surprises (et çà m'étonnerait !)

LA BALANCE : diplomate et arrangeante elle rattrapera vos gaffes ! À tenter.
Mariage : inévitable ! Elle est si charmeuse !

LE SCORPION : il aura du mal à vous prendre au sérieux, vous êtes trop mobile pour lui. Faites vos preuves, car l'avoir comme associé est une chance !
Mariage : oui oui, il a un potentiel, mais attention : ce sont des parents inquiets, la vie professionnelle va en souffrir !

LE SAGITTAIRE : dynamique et ambitieux, il vous plaira ! Jusqu'au jour où il vous piquera la place !
Mariage : oui, ce ne sera pas triste !

LE CAPRICORNE : avec lui vous ne lèverez la tête du guidon que pour faire les comptes. Pro, bien sûr, et sérieux ! Si vous avez envie de réussir, dites oui !
Mariage : les femmes du signe ont toutes les qualités mais manquent un peu d'humour... et les hommes aussi ! À vous de voir : est-il toujours nécessaire de rire ? Et il faut que vous aimiez les enfants !

LE VERSEAU : il vous fera rire, vous surprendra par son imagination débordante et son sens de l'à propos. Tentez l'essai !
Mariage : oui, çà peut se faire !

LE POISSON : gentil et plein de compassion tout dépend dans quel domaine vous voulez exercer !
Mariage : un peu trop sentimental pour vous non ?

EN CAPRICORNE : 😐 😐 😐 : froid et rationnel, le natif ne s'engage dans quelque association que ce soit qu'après avoir mûrement et longuement réfléchi !
Méfiant, il est de ceux qui lisent toutes les clauses d'un contrat et qui le signent après les huit jours de réflexion ! Si vous arrivez à le faire entrer dans une association, il y fera merveille en temps que comptable et pour retrouver les anciens copains de classe : il a excellente mémoire ! Très sélectif avec la personne susceptible de partager sa vie, il la cherche selon des critères bien précis, il n'est de toute façon, pas pressé de se mettre la corde au cou !
Rancunier et assez lent à évoluer, il a du mal à se remettre des échecs amoureux et en reste longtemps affecté !
Tenace et entêté (un CAPRICORNE n'a jamais tort !), il tient tête aux autres et persiste en cas de procès, jusqu'à ce qu'il obtienne gain de cause ! Aussi se marie-t-il souvent tard et reste alors fidèle à la parole donnée et signée, quoi qu'il en coûte.

MON CONSEIL : n'attendez quand même pas trop pour vous lier. Vous qui aimez les enfants, sachez qu'il faut être jeune pour réaliser ce projet !

QUEL QUE SOIT VOTRE SIGNE SOLAIRE : Vous voulez vous associer avec :

LE BÉLIER : il vous apporte fougue et impatience ! Allez vous le supporter ?
Mariage : pourquoi pas, quand les sentiments s'en mêlent !

LE TAUREAU : bien sûr que ça marche ! Songez quand même à jeter la vieille machine à écrire, il y a des PC, maintenant !
Mariage : oui, et pour toujours !

LE GÉMEAU : il vous fait rire, bien sûr, mais... à part ça ? C'est hasardeux !
Mariage : c'est hasardeux aussi !

LE CANCER : c'est une bonne idée ! Il a les mêmes objectifs que vous et beaucoup d'intuition.
Mariage : c'est vraiment votre deuxième moitié de pomme !

LE LION : il va vous énerver, vous séduire, vous déranger ! Réfléchissez-y à deux fois !
Mariage : il n'a pas de la vie la même vision que vous ! Méfiez-vous des déclarations d'amour « too much », il en veut à vos sous !

LA VIERGE : elle est méticuleuse, précise, elle va vous plaire ! Et vous lui plairez aussi !
Mariage : ce sera un mariage très raisonnable, très conventionnel. Deux ou trois enfants ? ce sera votre seul point de discorde !

LA BALANCE : elle est charmeuse et sait se vendre ! Mais vous n'aimez pas ses bavardages !
Mariage : elle (il) restera tant que vous êtes jeune et beau (ou belle !).

LE SCORPION : rien à redire : foncez !
Mariage : rien à redire : foncez !

LE SAGITTAIRE : stop ! Ne vous laissez pas embobiner : il ne travaillera que pour lui !
Mariage : si vous vous aimez...

LE CAPRICORNE : OK ! ce sera du solide... et du sérieux : vous vous battrez pour la place de comptable !
Mariage : on ne rigolera pas tous les jours chez vous !

LE VERSEAU : franchement... réfléchissez !
Mariage : franchement... réfléchissez !

LE POISSON : oh oui, voilà un bon associé ! Vous êtes sur la même longueur d'ondes !
Mariage : toujours la même longueur d'ondes !

EN VERSEAU : ☺ ☺ 👍 : en analogie avec la BALANCE, ce signe vous permet de vivre dans l'harmonie toutes les associations... à part le mariage ! Dès qu'il faut s'engager pour la vie dans une routine contraignante, vous n'êtes plus partant.
Autant l'association des « joyeux buveurs de limonade » vous amuse et requiert toute votre efficacité, autant le métro-boulot-dodo avec Georges (ou Ginette) vous stresse !
Par contre vous êtes très libéral et respectez les jardins secrets de vos conjoints.
Assez superficiel, vous manquez d'efficacité pour vous défendre en cas de conflit juridique, prenez donc un avocat ! Mais n'oubliez pas de le payer !
Comme vous êtes persuadé que, tôt ou tard, votre bonne foi va être reconnue, vous ne prenez pas au sérieux les litiges et vous retrouvez souvent dans des situations assez confuses !
Vous avez la naïveté des signes d'AIR, mais aussi leurs coups de pouce du destin, qui vous sortent souvent des mauvaises situations !

Vous savez faire preuve de diplomatie et désamorcez les conflits larvés. Vous n'êtes pas belliqueux sans raison.

CLIN D'ŒIL : si, au mariage d'une copine, c'est vers vous que celle-ci lance son bouquet, faites comme si vous n'aviez rien vu ! Il y en a bien une qui fera des acrobaties pour l'attraper !

QUEL QUE SOIT VOTRE SIGNE SOLAIRE : Vous voulez vous associer avec :

LE BÉLIER : vous ferez de grandes choses, il est si entreprenant !
Mariage : oh oui !

LE TAUREAU : il vous apprendra à compter, à tenir vos promesses ! Oui pour tout ce qui touche au social, vous êtes si bons !
Mariage : non ! (il vous agace trop avec son allure pépère !).

LE GÉMEAU : les nerfs de votre banquier vont craquer, mais vous allez bien vous amuser !
Mariage : même si votre question surprend : oui, si vous êtes très riches.

LE CANCER : bien plus pro qu'il n'y paraît, il va vous surprendre !
Mariage : bof !

LE LION : il va s'attribuer les victoires et vous coller les échecs sur le dos ! À part çà, il y a moyen de faire route ensemble.
Mariage : oui oui, (c'est lui qui veut !) du moins pour quelques années !

LA VIERGE : bien sûr, vous ne pouviez pas mieux tomber ! Mais c'est elle qui va craquer !
Mariage : vous en avez vraiment envie ?

LA BALANCE : pour vous entendre, vous allez vous entendre. Mais qui prendra les décisions ? Comparez vos ascendants, vos maisons 7 !
Mariage : oui, il sera très beau, banquet et tout et tout. Durée : bof !

LE SCORPION : excellent associé ! Mais il voudra des résultats et n'aimera pas votre frivolité, vos bavardages !
Mariage ? Ce sera très « physique » !

LE SAGITTAIRE : bon associé, efficace et entreprenant. Si vous savez vous servir correctement de son matériel de l'an 2015, ça pourra coller.
Mariage : oui oui, vous le faites tant rire !

LE CAPRICORNE : son austérité va d'abord vous inspirer confiance, ensuite elle vous glacera le sang !
Mariage : non ! Comment pouvez vous envisager cela ?

LE VERSEAU : vous allez sympathiser tout de suite ! Aussi peu matérialiste que vous, dans les bons jours il saura prendre, quand même, les bonnes décisions. Mais dans les autres... Trop irrégulier, le VERSEAU, vous savez bien !
Mariage : c'est vous qui demandez çà ? Vous n'êtes pas bien, comme çà ?

LE POISSON : quand il aura distribué votre capital social aux bonnes œuvres, chanté à la chorale et servi les repas aux restos du cœur, vous n'aurez plus la force (ni les moyens) de le virer. Alors abstenez-vous !
Mariage ? Pourquoi pas, il est si gentil ! (mais réfléchissez bien quand même !).

EN POISSON : ☹ ☺ : Cet aspect vous prédispose à une vie assez mouvante, où vous aurez du mal à être objectif vis-à-vis des autres.

Vous aurez du mal, aussi, à ne pas vous tromper sur les gens lors de toutes vos associations, aussi serez-vous souvent déçu !
Vous contracterez probablement plusieurs unions et, si vous vous associez professionnellement, vous connaîtrez plusieurs nouveaux départs. Très intuitifs et sensibles, vous serez amenés à côtoyer beaucoup de monde tout au long de votre vie, mais toutes ces relations seront éphémères car vous vous rendrez compte de leur superficialité sous des dehors agréables et amusants.
Tout comme le Cancer, vous aimez qu'on vous laisse en paix !
Vous n'aimez pas les affrontements et les règlements de compte vous sont pénibles, alors ayez recours à un avocat en cas de litige important.

CLIN D'ŒIL : le slogan « tout le monde il est beau, tout le monde il est gentil », vous va à merveille. On a tort de vous prendre pour un doux rêveur, simplement cela vous plaît de voir les gens comme ça. Et de donner à chacun sa chance. Bravo, il y a assez de gens méfiants sur terre !

QUEL QUE SOIT VOTRE SIGNE SOLAIRE : Vous voulez vous associer avec :

LE BÉLIER : il est bien trop agité pour vous ! Égoïste aussi ! À écarter !
Mariage : hasardeux !

LE TAUREAU : voilà qui est bon ! Courageux et travailleur, il ne vous décevra pas !
Mariage : oui oui, il est si « famille » !

LE GÉMEAU : fantasque et léger, il va vous divertir et vous amuser... un temps ! Après, rien ne sera résolu ! Où est il, cet associé responsable ?
Mariage : il va vous faire le grand jeu : puis vous laisser tomber ! Vous êtes bien trop sentimental pour lui !

LE CANCER : vous serez en phase, sans plus ! Très pro, certes, mais avec vous il faut plus ! Vous êtes si démoralisé !
Mariage : tout en douceur et en gentillesse, alors !

LE LION : il va vous secouer dans tous les sens, au début vous aurez l'impression que cela vous fait du bien ! Ensuite, vous réagirez : dehors !

LA VIERGE : voilà qui est bien ! Vous ferez des étincelles, surtout dans la santé, le social, la confection, l'horlogerie ou encore la bijouterie !
Mariage : bonheur tranquille, enfants et maison, le rêve, non ?

LA BALANCE : bien sûr qu'elle va vous plaire, elle plaît à tout le monde ! Mais ensuite, elle vous semblera bien futile !
Mariage : elle est futile : rappelez-vous !

LE SCORPION : opiniâtre, décidé et très pro, voilà un bon associé ! Un peu violent, pour vous, parfois, mais vous sentez que c'est pour votre bien !
Mariage : oui, il est si sensuel !

LE SAGITTAIRE : méfiez-vous : très sympathique, il n'aime toutes fois... que lui ! Dès que vous l'aurez découvert, vous allez le lâcher !
Mariage : amoureux fervent, cela durera tant que l'attraction physique sera forte. Ensuite... ne pleurez pas, il a horreur de çà !

LE CAPRICORNE : cet associé-là tient la route, il est sérieux et très pro. Un bon choix !
Mariage : un bon choix, même si on peut déplorer de part et d'autre un certain manque d'humour !

LE VERSEAU : a part dans le domaine social ou médical, la réponse est mitigée. Gentil, certes, mais si changeant !
Mariage : il va vous dire oui pour vous faire plaisir...

LE POISSON : ben oui, pourquoi pas ? vous connaissez vos défauts, vous saurez les contourner !
Mariage : voilà un couple qui ne manquera jamais d'argent mais qui aura peu de santé !

LA MAISON 8

LA MAISON 8 : c'est celle du SCORPION. Elle symbolise toutes les morts, morales et physiques et représente aussi l'argent du partenaire !

EN BÉLIER : 💣 💣 : c'est une position dangereuse, car tout ce qui touche à la mort est frappé du sceau de la violence. Vous refusez toute forme de mort (à moins de la choisir vous-mêmes), vous arrivez toujours à rebondir et à vous régénérer, car pour vous il n'y a jamais de fin possible. Jamais en repos vous voulez toujours que les choses bougent et avancent et l'on peut dire que vous ne respectez pas la mort : vous la combattez !
Vous avez un tempérament batailleur, vous affrontez les autres par plaisir du combat et de la victoire !
Vous risquez de tout perdre sur vos légendaires coups de tête, y compris vos héritages. Tout ce qui touche à l'argent et au sexe vous rend agressif et votre attitude à cet égard met les autres mal à l'aise. Vos rapports avec ces deux aspects sont ambigus ou manquent de franchise, bref : ils vous rendent peu sympathique.

MON CONSEIL : Apprenez à vous dominer. À moins que vous ne soyez attiré par le milieu carcéral ! Remarquez, c'est une expérience comme une autre ! C'est également l'aspect des accidents, des morts violentes et des suicides. Mais le reste du thème donne à ce sujet des éclairages complémentaires.

EN TAUREAU : ☺ ☺ : Ici le TAUREAU est bien aspecté et vous pouvez vous attendre à des legs et des héritages provenant de la terre, c'est-à-dire des terrains, ou leurs productions : fruits, légumes et autres avantages en nature. Toutes fois cet aspect ne sera effectif que dans un âge avancé, alors prenez la sage décision de travailler au lieu d'attendre cette manne providentielle qui ne vous comblera de ses bienfaits que tardivement !
Risquez votre chance dans les kermesses de village, car tous les lots ayant trait à la nature vous sont destinés. N'hésitez pas à prendre des tombolas (et autres loteries de village !).
Les héritages et legs provenant de divorces et de séparations sont bien aspectés aussi, mais tout cela ne concerne que vos vieux jours. Courage !

CLIN D'ŒIL : en période de fêtes, il est très agréable de gagner 2 dindes et 3 poulets. Mais non, personne ne se moque de vous !

EN GÉMEAUX : ☹ ☹ ! ! : quelque part, pour vous, la vie est un jeu ! Vous n'avez pas envie de vous pencher sur les problèmes essentiels, car vous sentez que vous n'auriez pas la force de supporter le résultat de votre analyse ! Vous êtes un grand enfant qu'il faut ménager, qui ne supporte pas l'adversité et les réalités du monde. Vous êtes de ceux qui mettent très longtemps à réaliser le décès de leurs proches et l'on ose à peine vous rappeler qu'ils ne sont plus là !
Vous manquez de maturité devant les coups du sort, mais c'est un bouclier pour vous préserver des trop grandes souffrances. Vous sombreriez dans la mélancolie. Vous vous intéressez au passé et à l'archéologie.
Quand vous échouez, vous n'êtes pas à court d'idées pour rebondir ! Vous engagez tous les paris, car vous êtes joueur dans l'âme. Pour vous, l'argent est fait pour être dépensé et à moins d'être parmi les rares GÉMEAUX avares, vous ne vous mariez pas par intérêt ! Dans votre vie, vous toucherez plusieurs héritages !

MON CONSEIL : vous êtes de ceux qui ne courent pas les cimetières, parce que vous pensez que vos chers disparus sont ailleurs. Vous avez sûrement raison. Mais vos proches auraient besoin de votre soutien ! Et à la TOUSSAINT, franchement, il n'y a rien d'autre à faire ! Courage !

EN CANCER : ☺ ☺ ☺ : pour vous, qui êtes le signe de la naissance, de la vie et de la fécondité, la mort donne un formidable sujet à travailler. Vous y puisez force et inspiration, si vous êtes poète, elle vous inspire vos plus belles œuvres ! Vous n'êtes jamais coupé des gens qui vous sont chers et qui sont partis dans l'au-delà : vous communiquez avec eux. Bien sûr, leur présence vous manque, mais vous bénéficiez de leur appui, ils vous guident et vous conseillent. Vous êtes de tout le Zodiaque, le natif le plus serein face à la mort : Vous savez la gérer.
Comme tous les signes d'EAU, vous manquez rarement d'argent et êtes parmi ceux qui touchent, à travers leur conjoint, des héritages.
Votre sexualité est compliquée, il faut beaucoup de douceur et une tonne de patience ! Il n'y a que le rôle de reproduction qui vous excite : les projets « bébé » vous stimulent !

CLIN D'ŒIL : vous êtes un peu rabat-joie : les repas entre amis, quand l'ambiance dégénère, vous remplissent d'effroi. Mais on vous connaît : on vous aime aussi pour ça !

EN LION : 👎 ☺ : sous cet aspect, la vie sera marquée tout du long par la mort ! L'idée de mort ne vous quitte jamais, elle vous exalte et vous sert de moteur, grâce à elle vous prendrez de grands virages dans votre vie ! La mort de vos proches va vous apporter legs et héritages et l'argent

du conjoint honneurs et aisance et vous connaîtrez une gloire posthume ! Vous avez intérêt à vous associer, sous cet aspect, vous pouvez vous enrichir.
Rien n'est jamais banal dans le domaine du deuil et des décès chez vous, le LION donne à ces événements macabres un côté grandiose et spectaculaire. Surveillez votre cœur.
Votre sexualité rayonnante ne supporte pas la médiocrité : vous avez besoin de vous distinguer pour trouver du plaisir !
Mais rassurez-vous, très souvent vous êtes plus préoccupé par ces questions qu'il n'est effectivement besoin de l'être ! Consultez le reste du thème !

CLIN D'ŒIL : en fait, vous êtes vexé de ne pouvoir agir sur cette maison comme vous en avez envie... Les échéances, les faits accomplis, comment notre orgueilleux LION peut-il les accepter sans rugir ? Oui, au fait, comment ?

EN VIERGE :

: on peut compter, ici, sur la pondération de ce signe de terre, pour ne donner à la mort, quelle qu'elle soit, que sa juste valeur : la fin d'une étape.
Pas plus effrayée qu'il ne faut, la VIERGE ne s'affole pas devant les échéances. Prudente (ce n'est rien de le dire), elle a planifié sa mort comme elle planifie sa vie : elle n'aime pas les imprévus. Gestionnaire dans l'âme, elle s'occupera toutes fois du bien-être des siens après sa disparition. Les laisser démunis ne rentre pas dans ses prévisions !
Quant à la mort des autres, elle accepte d'autant mieux cette idée qu'elle la sait inéluctable. Pour elle il est vain de pleurer auparavant et si tout est dans l'ordre des choses, les successions et autres passages de pouvoirs sont réglés depuis longtemps.
Il n'y a que la mort des jeunes enfants qui, la perturbe : profondément attachée aux enfants, elle y trouve matière à en vouloir au sort !
La fin des contrats, baux et autres échéances sont pour elle peccadilles !

POST-SCRIPTUM : sa vive imagination et son goût du rêve font de la VIERGE un des signes qui communique avec les disparus, surtout avec les aïeux ou les jeunes enfants. Leur soutien dans l'au-delà, même s'ils n'en sont pas toujours conscients, les aide dans le quotidien à prendre des décisions, à mettre leur vie sur des rails.
Souvent dans leur souvenir, les disparus sont plus chers que lorsqu'ils vivaient. Ou alors, la religion les aide et les soutient dans leur peine.
Voilà un bon aspect, qui donne à la vie du natif une grande sérénité.

EN BALANCE : 💣 💣 ☺ : c'est la configuration de ceux qui connaissent le veuvage, les faillites, les échéances fatales.
Mais les héritages, les indemnités versées par les associés, bref le décès de ses proches et la ruine de ses espoirs ne laisseront pas le natif démuni !
Dans sa vie sexuelle, il devra choisir avec prudence et doigté ses partenaires, car cet aspect va le doter d'un besoin de douceur et de plaisir partagé. Il devra privilégier dans ses relations sérénité, harmonie et fuir la violence, les excès...
C'est un des domaines dans la vie du natif où il a le plus besoin qu'on lui prouve de la tendresse, une sorte de repos du guerrier, dans une vie qui promet d'être trépidante !

MON CONSEIL : vous êtes, dans le domaine amoureux, bien plus vulnérable que vous ne pensez ! Comment en vouloir aux autres de se tromper à votre sujet, vous ne montrez jamais de faiblesse !
Laissez tomber le masque de temps en temps, vous ne vous en porterez que mieux !

EN SCORPION : 👍 👍 : le SCORPION en Maître de Maison, confère au natif une forte sexualité, un don de médiumnité et une attirance vers la mort, l'introspection, l'auto destruction.
Passé Maître dans l'auto critique, il a aussi la dent dure envers les autres et comme il se trompe très rarement sur les gens, il sait appuyer là où ça fait mal !
Très intuitif, il sait prévoir les choses et sent les événements avant qu'ils ne se produisent. Même s'il est doté d'un caractère très fort, le natif sait se faire des vrais amis, auxquels il rend de réels services.
Comme il n'aime pas les gens qui ne font rien, il pousse tout le monde à se surpasser et ne tolère pas que l'on baisse les bras. Il est exigeant.
Très attaché aux siens le bien-être de ses proches le rend anxieux. Sa fragilité nerveuse le rend vulnérable.
Pour lui la mort fait partie de la vie et il l'intègre dans son existence comme un mal nécessaire. C'est sous cette configuration que l'on s'enrichit par les héritages ! (Souvent ceux du conjoint).

MON CONSEIL : plus vous aimez les gens, plus ils sont confrontés à vos critiques. Même si vous en valez la peine, parfois vous êtes dur à supporter !

Félicitations, c'est le Maître de cette Maison !

EN SAGITTAIRE : 👎 👎 👎 : préparez-vous à être profondément perturbé par la mort de vos proches, car cette configuration ne vous y prépare pas ! Très impressionné par les avantages de la vie, que vous croquez avec plaisir, vous refusez la mort et la « vivez » très mal. Vous n'avez aucun plaisir aux héritages des vôtres car, bien entendu, ils signifient leur décès et de toute façon vous êtes de ceux qui volent de leurs propres ailes. Comme vous avez la chance d'avoir la foi (quelle que soit la religion), cette dernière vous aidera à survivre aux pertes cruelles que la vie, inexorablement, vous prépare !

MON CONSEIL : la mort fait partie de la vie. Plus vite vous l'accepterez, mieux vous vivrez. La sagesse, c'est d'accepter ce qu'on ne peut pas changer.

EN CAPRICORNE : ☺ 👍 👍 : tout ce qui concerne ces sujets est traité avec froideur et détachement. Votre esprit raisonnable a englobé la notion de mort : elle est inéluctable ! Lutter et se battre, gémir et pleurer, à quoi bon ? Dans votre vie, l'hygiène, l'ordre et l'austérité règnent en maître et vous abordez les sujets graves avec une pointe de cynisme !
Vous avez une attitude de savant devant des phénomènes biologiques, comme la mort, les naissances : un intérêt tout scientifique, sans une once de sentiments ! Vous gardez la tête froide et restez efficace dans des circonstances qui paniquent le reste de l'humanité ! Très terre à terre, vous restez de glace et la légendaire efficacité du CAPRICORNE vous rend indispensable dans les cas désespérés, car malgré ce que cet aspect peut avoir de sec, d'austère, on vous apprécie. En fait, grâce à vous, l'entourage évite de céder à la panique !
Vos choix amoureux sont très souvent moins le fruit du hasard, que d'une mûre réflexion. On peut dire que vous vous trompez rarement de partenaire, mais en cas d'échec, cela fait bien plus mal !
On peut dire aussi qu'avec cet aspect, vous vous liez définitivement assez tard. Le CAPRICORNE ne se précipite pas, voyons !

CLIN D'ŒIL : ce n'est pas que vous ayez un cœur de pierre, mais il y a un ordinateur à la place !

EN VERSEAU : 😐 😐 👎 !!! : rien à voir avec l'attitude type ! Dans ces circonstances, vous n'êtes pas à l'aise et votre attitude face à la mort en déroute plus d'un. Comme vous avez beaucoup de sang-froid, vous savez faire preuve de détachement face aux pertes, que ce soient celles de vos illusions ou d'êtres chers. Ce n'est pas de l'indifférence, juste le sentiment très profond que les choses ne s'arrêtent pas là et que toutes les possibilités restent ouvertes. Dans ces circonstances, vous

êtes assez logique, avec toutes fois un peu de cynisme : vous êtes bien plus touché par la disparition d'êtres jeunes que de personne âgées et les hécatombes vous impressionnent plus qu'un « simple » assassinat !
Si votre partenaire est riche, tant mieux, mais ce n'est pas pour ça que vous l'avez épousé !

MON CONSEIL : comprenez que les autres sont souvent étonnés par votre détachement et expliquez-leur, dans certaines circonstances dramatiques, que vous compatissez. Vous verrez, ils seront plus à l'aise avec vous !

CLIN D'ŒIL : si personne ne répond à vos sourires à l'église, ce n'est pas parce qu'ils vous boudent, mais parce qu'ils sont là pour les obsèques d'un être proche !

EN POISSON : 👍 👍 ☺ : tous les coups du sort vous font avancer ! À l'occasion d'une crise ou d'un drame vous êtes de ceux qui quittent le pays, qui laissent tout pour redémarrer à zéro sous des contrées plus clémentes. Vous profitez souvent du versement d'un héritage pour vous refaire une santé, pour rebondir. Intuitif et sensible, vous avez de multiples cordes à votre arc et même si vous passez par des périodes noires, vous savez faire argent de tout. Là où d'autres baissent les bras, vous tirez des forces nouvelles !
Même si ce n'est pas toujours évident, vous êtes un vrai optimiste, vous pensez toujours que le meilleur reste à venir ! Le POISSON vous préserve des gros problèmes financiers, surtout dans la deuxième partie de votre vie. On vous aide beaucoup !
C'est le signe de la voyance, de l'amour des sciences occultes et de la connivence avec l'au-delà !
Avec cette configuration et si le reste du thème le confirme, vous faites souvent des sciences occultes votre profession.

MON CONSEIL : soyez patient. NEPTUNE, le SCORPION et le POISSON, sont cléments sur le tard ! Souvent vous ne ressentez leurs bienfaits que la 2e partie de votre vie !

LA MAISON 9

LA MAISON 9 : celle du SAGITTAIRE, des grandes idées et des grands voyages !

EN BÉLIER : ☺ ☺ ☺ : lancez-vous dans les arts martiaux, MARS vous soutient ! Ceci permettrait peut-être de canaliser votre formidable impatience qui vous nuit pour approfondir vos découvertes. Vous avez une âme de pionnier et assez de courage pour exploiter les parties vierges du globe, mais vous êtes nerveux et ne tenez pas en place ! Courageux, voire téméraire, vous vous ennuyez dès que les situations s'éternisent. Vous êtes de ceux qui s'impatientent aux feux rouges, qui ruent dans les files d'attente. Votre grande énergie vous pousse à vous surpasser et votre esprit d'entreprise à innover tout le temps. Vous avez un formidable potentiel énergétique !

CLIN D'ŒIL : je ne dis qu'une chose : BRAVO ! Mais je me permets quand même de préciser que le BÉLIER, dans la Maison du SAGITTAIRE rend aussi un peu égoïste, un peu tapageur, un peu arriviste ! Je ne pouvais pas laisser passer ce flot de compliments sans réagir !

EN TAUREAU : 👎 👎 : Bien entendu, le TAUREAU n'a rien à faire dans cette maison de haute spiritualité. L'aspect est étrange et il faut chercher dans le reste du thème des aspects plus gratifiants pour la recherche spirituelle. En général les gens nés sous cet aspect ne savent pas exprimer les élans et se contentent de ruminer des idées philosophiques ayant trait à l'esthétique et à la beauté. Ce sont des pragmatiques qui appellent un chat un chat et sont imperméables aux discours oiseux. Ils aiment l'efficacité ! Pour leur vie de tous les jours ils ont des préoccupations bien plus terre à terre et plus réalistes. Sous cet aspect, il y a rarement de grands savants !

MON CONSEIL : ne vous cassez pas la tête à comprendre ce paragraphe ! Vous avez des qualités de naturel et de joie de vivre, bien plus palpitantes que toutes les philosophies !

EN GÉMEAUX : 👍 👍 : avec cette configuration, vous êtes en quête d'une certaine dimension mystique et prêt à philosopher sur maints sujets. Toujours ouvert au dialogue vous êtes assez bavard et pas chiche de donner votre avis. Vous avez des idées sur tout et sur tout le monde, et assez de facilité pour vous exprimer. Les voyages sont pour vous source de connaissances et de nombreux contacts, mais ils sont souvent imaginaires, finalement vous voyagez assez peu. Vos talents multiples vous permettent de toucher à toutes sortes de disciplines, aussi avez-vous sur beaucoup de sujets des avis personnels et avérés. Vous êtes d'agréable compagnie, toujours gai et souriant et capable d'inventer des anecdotes savoureuses quand l'ambiance s'enlise. On vous recherche pour animer les soirées moroses !

MON CONSEIL : si vous laissiez de temps en temps les autres prendre la parole, vous seriez surpris d'en apprendre encore plus sur eux !

EN CANCER : ☹ ☹ ! ! : vous ne connaissez pas les grandes idéologies du SAGITTAIRE ! Vous ne vous creusez pas la tête pour les mêmes raisons ! Vous êtes bien moins ambitieux, moins égoïste et moins arriviste aussi !
Sans négliger les techniques nouvelles, surtout celles qui améliorent votre vie de tous les jours et le bien-être des vôtres, vous ne trouvez pas nécessaire de tout investir dans ce domaine ! En fait, vous avez bien moins la bougeotte et si vous aimez les croisières en amoureux et les vacances en famille, vous n'êtes pas fâché si notre fougueux SAGITTAIRE ne vous propose pas d'escalader le Mont Blanc avec lui ! Plus sentimental, vous aimez les grandes histoires d'amour, l'art et la musique.
Vous seriez assez partant pour le salon du bricolage et de la domotique à Paris !

MON CONSEIL : votre famille ne vous aimera pas moins si vous partez quelques jours avec un ami !

EN LION : 👍 👍 ☺ : en analogie avec le SAGITTAIRE (il est le maître de cette maison !), le LION est parfaitement à l'aise dans cette configuration. Seule variante : il y apportera du prestige et de l'éclat ! À lui les grands voyages avec cartes postales aux voisins et les pétitions pour appuyer ses idées ! Très nombriliste, le LION est partant pour toutes les idées à condition qu'elles soient bonnes pour lui, qu'elles servent sa notoriété et son goût du luxe.
Jamais mesquin, vous attirerez dans votre sillage toutes vos connaissances et même si vous aimez briller, vous avez aussi du cœur et une grande générosité !
Mais sous cet aspect, on trouve aussi tous les St JACQUES DE COMPOSTELLE, qui ont fait des croisades religieuses ou médicales, bref des causes religieuses, philosophiques et humanitaires.
On trouve également pas mal de penseurs et de chercheurs, qui mettent dans les grands élans intellectuels toute la passion du LION !

CLIN D'ŒIL : nous avons toujours su que toutes les bonnes idées venaient de vous, mon ROI !

EN VIERGE : 👎 👎 ☺ : même si la VIERGE est curieuse de tout connaître et partante pour acquérir de nouvelles connaissances (qui lui donneront l'occasion d'avoir de beaux diplômes !), elle aimerait mieux aller à « connaissances du monde » que de se risquer à voyager !
Très organisé et ennemi de l'à peu près, ce signe n'est pas fait pour les randonnées sac au dos improvisées sur le coin d'une table de bistrot !
À moins qu'un gourou érudit et expert en la matière n'arrive à la convaincre de se lancer dans l'aventure...
Par contre, tout en étant assez statique, l'imagination débordante du signe prédispose le natif à avoir une grande ouverture d'esprit et un cerveau fécond qui lui produit des centaines d'image/minute !
Au niveau des grandes idées, la VIERGE est bien capable de se jeter corps et âme dans une doctrine quelconque et de lui sacrifier le reste de sa vie, avec dévotion et zèle !

MON CONSEIL : laissez de temps en temps la VIERGE FOLLE prendre le dessus ! Se lancer dans l'aventure est exaltant, ne vous en privez pas systématiquement, vous ne savez même pas pourquoi vous dites non.
Un réflexe ?
Allons, ne soyez pas si timoré !

EN BALANCE : ☺ ☺ 👍 : cette configuration indique que toutes les mondanités du natif s'épanouissent à l'étranger.
Souvent il y trouve son conjoint, la gloire ou le bonheur dans sa profession. Cela peut signifier aussi que le seul luxe de sa vie est de se payer de beaux voyages, qui sont pour lui l'occasion de se défouler et de vivre des aventures inédites !
On trouve ici des gens qui scellent tous les événements de leur vie par un voyage : mariage, naissance, promotion ou gain dans des jeux de hasard.
Souvent aussi, ce natif est doué pour les langues étrangères, les carrières de diplomate et les organisations représentatives de la France à l'étranger ! Bref, leur seul snobisme à trait à l'étranger !
Tous les actes de sa vie sont dictés par son souci de justice et d'équité, il a horreur que les droits des hommes soient bafoués. Un peu ZORRO, ce natif milite pour les nobles causes !

MON CONSEIL : si le reste du thème vous aide à concrétiser vos envies de voyage : foncez !
Votre équilibre et votre bien-être sont à ce prix.

EN SCORPION : 👍 👍 : le SCORPION, même s'il n'est pas maître de cette maison, ne s'y trouve pas trop mal. Pour lui les voyages sont autant dans ses projections dans l'au-delà, que dans les déplacements réels !
Très porté vers l'occultisme, le natif est doué pour tout ce qui touche au paranormal et très attiré par ce qui concerne les mystères entourant la vie et la mort. Il est un des fervents défenseurs de la théorie de la vie après la mort : cette idée le rend rêveur, mystique, philosophe. Il se peut qu'il soit mage, voyant et un peu sorcier !
Très souvent, en bon signe d'eau, les croisières en haute mer le tentent et il ne déteste pas les paysages où coule un ruisseau, où glougloute une cascade.
Il aime voyager en compagnie et régale tout le monde de remarques qui font mouche !
Les voyages à haut risque lui plaisent, il est un peu « trompe la mort » !

REMARQUE : on peut souligner aussi que dans cette maison, l'ironie et le mordant du signe trouvent matière à s'exprimer.
Ainsi, ni aigri, ni frustré, le natif est bien plus sympathique !

EN SAGITTAIRE : 👍 👍 ☺ : Le SAGITTAIRE est le Maître de cette Maison.
Vous avez une personnalité très riche, un goût prononcé pour toutes les formes de voyages, qu'ils soient virtuels, littéraires, sur Internet ou dans un avion. Cet aspect est très fort dans votre vie !
Toujours à l'affût des dernières nouveautés, vous êtes passionné par le progrès et les sciences d'avant-garde.
Sympathique, surtout sur votre lieu de travail, vous êtes au courant de tout, mais d'une discrétion exemplaire, vous ne racontez jamais rien !
Vous êtes plein de sagesse, respectueux des croyances et de religions.
Vous tendez sans arrêt à vous améliorer et d'améliorer ainsi le confort des vôtres.
Vous êtes énergique et courageux, idéaliste et ouvert à toutes les formes de pensées.

MON CONSEIL : je ne dis qu'une chose : BRAVO !
Mais je me permets quand même de préciser que le SAGITTAIRE rend aussi un peu égoïste, un peu tapageur, un peu arriviste !
Je ne pouvais pas laisser passer ce flot de compliments sans réagir !
Mais tout de même :

Félicitations, c'est le Maître de cette maison !

EN CAPRICORNE : 😐 👍 : vos voyages ont toujours un but pratique. Bien entendu, si c'est un voyage d'affaires, pas de problèmes, vous êtes dans votre élément! Mais en cas de séjour ludique, de vacances familiales, vous avez sur vous la liste des choses qu'il « faut » voir: les musées, les restaurants réputés, les lieux prisés. Vous vous sentez toujours en mission commandée!
Pour les grandes idées, si ce n'est pas vous qui les avez (vous êtes plutôt conservateur), vous les développez à merveille.
Endurant et patient, vous remettez 100 fois l'ouvrage sur le métier et finissez par trouver les mécanismes des raisonnements! Opiniâtre, entêté et dur à la tâche, avec vous, il ne faut pas lancer des idées sans fondement à la cantonade: vous vérifiez tout. Et vous avez horreur d'être mystifié!

CLIN D'ŒIL : les membres de votre famille ne sont pas toujours d'accord avec votre programme de vacances! Mais comme ils sont cultivés!

EN VERSEAU : ☺ ☺ ☺ !!! : ce natif trouvera toujours une façon originale de voyager et même si vous avez l'impression d'avoir tout vu et tout entendu, il saura vous épater avec ses anecdotes originales!
Il est fort capable de s'expatrier définitivement d'ailleurs, s'il trouve un endroit à sa (dé)mesure!
Il adore frôler les limites du possible, par ses propres moyens, car il est indépendant. Il est très sujet à l'autoanalyse et par conséquent, teste volontiers ses capacités.
Il aime les autres, les accepte comme ils sont et sait qu'il ne faut rien en attendre, aussi n'est-il ni aigri, ni déçu!
Si le reste du thème ne lui est pas favorable, ces pulsions aventureuses peuvent se transformer en ascétisme ou alors en générosité débridée qui ruineront ses finances. Naïf, il se laissera abuser par tous les vendeurs de poudre de perlimpinpin!

CLIN D'ŒIL : depuis qu'Internet existe, beaucoup de natifs peuvent passer leurs pulsions sur le clavier et s'évitent les voyages sans retour faute d'argent. Ainsi que les fausses destinations. Rien que des avantages!

EN POISSON : 👎 👎 : dans cette configuration, vous avez l'amour des grands voyages et allez souvent au-delà des mers. Si le reste du thème vous rend sédentaire, vous vous adonnez alors à la lecture, à la poésie, à toutes les formes d'évasion.
Très intuitif, vous avez des dons extrasensoriels et vous trompez rarement sur les gens. Les autres vous perçoivent souvent comme un doux rêveur, qui vit sur son petit nuage.

Sous cet aspect, vous êtes aussi attiré par la religion, notamment le bouddhisme qui vous charme, car vous avez soif de sa philosophie « zen »
Vous êtes un idéaliste sensible et à l'écoute des autres et vos préoccupations sont tournées vers les œuvres humanitaires et la recherche médicale. Vous aimez philosopher et refaire le monde, avec des amis, dans un environnement chaleureux. Les ambiances survoltées, la violence et la haine vous remplissent d'effroi : vous arrivez même à éprouver alors un malaise physique !

CLIN D'ŒIL : les grandes idées, c'est bien ! Mais n'oubliez pas d'aller chercher votre femme (ou vos enfants) chez le coiffeur à 17 heures !

La Maison 10 ou le Milieu de Ciel

(Le sens profond de notre rôle sur terre, la profession)

EN BÉLIER :

VOTRE RÔLE SUR TERRE : FAIRE AVANCER LES CHOSES…
et si vous n'êtes pas de ceux qui cherchent (vous manquez de patience), vous ne vous opposez pas à ce que les autres trouvent ! Vous êtes dynamique et toujours à l'affût des nouveautés. Vous êtes de ceux qui se confient sur l'oreiller, dans des moments forts et qui le regrettent après !

CÔTÉ TRAVAIL : il n'est pas bon de vous casser les pieds ! Vous avez horreur des chefs tyranniques, de l'ordre établi, des ordres en général et quand vous commencez à vous ennuyer… vous claquez la porte !

LE MÉTIER QU'IL VOUS FAUT : la vente, dans tous les secteurs de pointe (informatique, multimédia, etc.) et votre amour de ce qui va vite vous fait aimer tous les engins motorisés : la mécanique, aussi !

CE QU'IL FAUT VOUS PROMETTRE : de l'argent ! À coup de primes et de gratifications, on obtient tout de vous !

EN TAUREAU :

VOTRE RÔLE : FAIRE COMPRENDRE L'IMPORTANCE DE LA VIE DE FAMILLE.
Les joies simples des promenades en forêt, voilà pour vous une source inépuisable de bienfaits, même si vous vivez en ville.
Vous êtes convaincu, au fond que, si l'homme était resté plus près de la nature, il n'en serait pas là.
Vous êtes un manuel, bon vivant et aimez les repas en famille et entre amis où règnent la bonne humeur et la bonhomie.
C'est autour d'une table que l'on peut découvrir vos secrets !

CÔTÉ TRAVAIL : vous êtes la conscience professionnelle même ! À vous les heures sup et les samedis (voire dimanches matins) au boulot !

LE MÉTIER QU'IL VOUS FAUT : les métiers de la terre, des rôles de responsables, quel que soit le domaine, vous êtes de bons patrons ! Mais aussi le chant, la comédie. Et l'esthétique, la beauté, n'oublions pas VÉNUS !

CE QU'IL FAUT VOUS PROMETTRE : que votre famille ne manque jamais de rien !
Et vous promettre de l'avancement, aussi !

EN GÉMEAU :

VOTRE RÔLE : TISSER ENTRE LES AUTRES CE LIEN TENU QUI VOUS EST SI CHER.

Vous ne comprendrez jamais pourquoi les gens prennent tout au tragique, vous passez dans la vie souriant et léger ! Vous agacez avec votre perpétuel sourire, mais au fond, on vous aime pour ça, vous êtes si frais, si enfantin ! Superficiel et bavard, vous vous livrez facilement. Vous ne savez pas garder les secrets, même pas les vôtres !

CÔTÉ TRAVAIL : vous êtes génial, gai... et insupportable ! Vous ne tenez pas en place, mais pour faire rire vous êtes capable de donner le meilleur de vous-même !

LE MÉTIER QU'IL VOUS FAUT : présentateur de spectacles, illusionniste ou plus prosaïquement vendeur, en tous les cas restez dans le relationnel !

CE QUI VOUS FAIT AVANCER : les promesses les plus farfelues, vous les croyez ! Il est inutile d'user de ruse avec vous, vous êtes naïf et bon public !

EN CANCER :

VOTRE RÔLE ? MAMAN OU PAPA DU MONDE !

Tendres et protecteurs, vous aimez la sérénité et si les choses sont trop cruelles vous les ignorez ! Vous n'avez tout simplement pas la force de les supporter. Vous vivez dans une coquille, mais il est bon s'épancher sur votre sein. Vous gardez les secrets que l'on vous confie et les emportez, avec les vôtres, dans la tombe !

CÔTÉ TRAVAIL : vous êtes consciencieux et obéissant ! Mais malgré votre grande sensibilité, au travail vous faites preuve de poigne et de rigueur, et votre gentillesse vous ouvre bien des portes.

LE MÉTIER QUI VOUS CONVIENT : que vous soyez un homme ou une femme, vous aimez les enfants. Restez dans ce domaine, vous y serez comme un poisson dans l'eau. Mais votre adaptabilité vous permet de vous faire à tous les jobs ! Vous faites aussi de bons musiciens, des peintres sensibles.

CE QUI VOUS MOTIVE : la gentillesse ! Vous avez horreur que l'on aboie des ordres et avec vous la douceur est payante.

EN LION :

VOTRE RÔLE, C'EST TROUVER LA MEILLEURE FAÇON DE VOUS METTRE EN AVANT !

Vous vous aimez tant que vous êtes sûr que tôt ou tard votre suprématie va être reconnue. Avec l'âge, vous êtes un patriarche plein de sagesse.

Vos réceptions sont somptueuses et originales. On hésite à se confier à vous, car les secrets des autres, vous en riez !

CÔTÉ TRAVAIL : quel que soit le domaine dans lequel vous exercez, il faut vous confier une responsabilité. À ce prix, vous vous surpassez ! Vous êtes de ceux qui sont aigris quand ils ont l'impression qu'on les exploite ou, pire, qu'on les méprise !

LE MÉTIER QUI VOUS CONVIENT : ceux qui vous avantagent physiquement, ceux qui mettent en avant un de vos talents, comme chanteur ou comédien ! Mais pourvu que vous puissiez démontrer votre supériorité, vous êtes bien partout !

CE QUI VOUS MOTIVE : les flatteries et, plus bizarrement, l'argent ! En effet, vous êtes très matérialiste !

EN VIERGE :

VOTRE RÔLE DANS LA VIE : DÉJOUER LES PIÈGES...

.. et les embûches que l'adversité sème sur votre route. Méfiant vous accordez peu votre confiance et le moins qu'on puisse dire c'est que vous ne vendez pas la peau de l'ours avant de l'avoir tué. Vous êtes rêveur et introverti. Mais vous êtes aussi de bon conseil et compatissant. Les secrets que l'on vous confie deviennent les vôtres !

CÔTÉ TRAVAIL : on peut compter sur vous ! Minutieux, consciencieux et précis, vous êtes un élément de choix dans une entreprise. Mais votre modestie vous laisse souvent macérer dans des rôles subalternes !

LE MÉTIER FAIT POUR VOUS : le médical, l'enseignement, les œuvres charitables, le secrétariat. Plus généralement, ce qui requiert minutie, discrétion et dévouement !

CE QUI VOUS FAIT AVANCER : vous démontrer l'utilité de votre travail, vous aimez tant vous rendre indispensable.

EN BALANCE :

VOTRE RÔLE : CELUI DE MÉDIATEUR.

Vous êtes diplomate et plein de tact et vous savez arrondir les angles. Attention : une vie dans le besoin et la médiocrité n'est pas faite pour vous. Vous êtes un peu ZORRO, dans le sens « justicier masqué ». Vous n'aimez ni les cris, ni les scènes de ménage. Vous intervenez dans les problèmes des autres et leurs secrets vous pèsent et vous enlèvent le sommeil !

CÔTÉ TRAVAIL : vous êtes très reposant ! Vous savez calmer le jeu et aider quand il faut, où il faut.

LE MÉTIER FAIT POUR VOUS : diplomate, avocat, secrétariat, médiateur, tout ce qui vous permet de faire travailler votre sens de la justice et de l'équité! Mais les métiers de la mode, de la coiffure, de l'esthétique, vous conviennent aussi.

CE QUI VOUS FAIT AVANCER : les compliments, les hommages, les belles paroles. Vous adorez les courtisans!

EN SCORPION :

VOTRE RÔLE : ORGANISER ET OPTIMISER LES QUALITÉS DE VOTRE ENTOURAGE !

Vous êtes un peu sorcier et doté de dons médiumniques. Autodestructeur, vous avez tendance à provoquer vos échecs pour mieux pleurer ensuite. Vous vous servez des confidences des autres pour mieux les tenir à votre merci!

CÔTÉ TRAVAIL : vous êtes redoutable! Vous ne vous laissez jamais berner, on ne peut rien vous cacher. Mieux vaut jouer franc jeu avec vous, sinon gare à votre dard acéré!

LE MÉTIER QUI VOUS CONVIENT : vous êtes bien partout! Très rapide à comprendre les choses et à manipuler les gens, vous vous taillez rapidement, partout, la part du lion.

CE QUI VOUS FAIT AVANCER : les défis! Vous donner 3 mois pour redresser une situation est pour vous un vrai catalyseur de vos forces, de vos énergies!

EN SAGITTAIRE :

VOTRE RÔLE EST DE VOUS INSURGER CONTRE TOUS LES ABUS !

En toute chose, vous cherchez le bon coté. Profondément outré par l'injustice, les mauvaises langues, les cancans, vous ne médisez sur personne. Dynamique et charmeur, vous avez toujours le mot qui détend l'atmosphère! On peut se confier à vous : vous ne répétez jamais une confidence. Vous avez l'art et la manière de toujours tirer la couverture à vous, d'aucuns soufflent même que vous briguez la place du chef. Mais comme vous n'en faites qu'à votre tête, c'est comme si vous l'étiez, non?

CÔTÉ TRAVAIL : vous êtes un meneur, un organisateur né! Vous vous intéressez de très près aux progrès les plus divers et envoyez dare dare à l'ANPE votre secrétaire qui s'obstine à utiliser sa machine à écrire à ruban!

LE MÉTIER QUI VOUS CONVIENT : professeur (de gym?), éducateur, chef de bureau, formateur, chercheur, journaliste... et aussi la religion, le droit, la politique.

CE QUI VOUS FAIT AVANCER : la bonne humeur, les bons résultats. Et l'argent, aussi!

EN CAPRICORNE :

VOTRE RÔLE : CHAQUE CHOSE À SA PLACE ET UNE PLACE POUR CHAQUE CHOSE !

Et ceci dans tous les domaines! Vous ne plaisantez pas avec l'ordre et aimez le travail bien fait.

Moralisateur et un peu austère, vous êtes par ailleurs un ami fidèle sur qui on peut compter : on vient spontanément vers vous pour se confier !

CÔTÉ BOULOT : vous êtes super-pro, mais quelle rigueur ! Austère et manquant souvent d'humour, vous gâchez de belles chances de carrière par votre manque de souplesse. Dans votre cas, c'est vraiment dommage !

LE MÉTIER QUI VOUS CONVIENT : la comptabilité (les mathématiques), la bureautique, mais aussi la religion, les ordres, la politique, la justice.

CE QUI VOUS FAIT AVANCER : vos mérites reconnus, des résultats tangibles, les promesses tenues. On ne vous ment jamais 2 fois !

BRAVO, C'EST LE MAÎTRE DE CETTE MAISON !

EN VERSEAU :

VOTRE RÔLE : AIMER TOUT LE MONDE ET QUE TOUT LE MONDE VOUS AIME !

Vous avez beaucoup d'esprit, vous vous exprimez bien et vous vous intéressez à tout. Les contingences matérielles vous ennuient profondément. Vous prenez en charge les problèmes des autres et leurs confidences vous émeuvent. Vous êtes le champion des actes gratuits !

CÔTÉ BOULOT : versatile et changeant, on ne peut pas toujours compter sur vous ! Tour à tour zélé et indifférent, vous êtes dur à suivre et vous vous gâchez souvent de belles chances de réussite. Vous avez de multiples talents.

LE MÉTIER QUI VOUS CONVIENT : le relationnel, la vente, le journalisme, les métiers qui vous laissent un maximum de libre arbitre, le social.

CE QUI VOUS MOTIVE : les urgences ! Vous vous surpassez quand il reste 8 jours pour boucler l'exercice !

EN POISSON :

VOTRE RÔLE ? CELUI DE MÈRE THÉRÉSA !

Sensible et sentimental, vous êtes dévoué et très disponible pour les autres. Vous manquez rarement d'argent. On peut toujours venir vers vous pour se confier, mais vous avez horreur que l'on vous demande des aides financières : vous vous sentez trahi !

CÔTÉ TRAVAIL : vous vous comportez toujours avec humanité et gentillesse. Vous écoutez les autres et savez vous montrer compatissant. Discret et efficace, vous êtes vulnérable et ne savez pas vous montrer agressif : pour les demandes d'augmentation, vous faites confiance au syndicat !

LE MÉTIER QUI VOUS CONVIENT : le social, le médical, la religion, tout ce qui touche aux jeunes et aux gens âgés, mais aussi la musique et les arts.

CE QUI VOUS FAIT AVANCER : les collègues consciencieux, l'ambiance positive d'un lieu de travail, un sourire ou une main tendue ! Vous êtes si gentil !

VOUS L'AVEZ COMPRIS, **LE MILIEU DE CIEL** NOUS ÉCLAIRE SUR NOTRE RÔLE DANS LA VIE, MAIS ÉGALEMENT SUR LA SYNTHÈSE DE CETTE DERNIÈRE EN FIN DE PARCOURS.

SI VOUS AVEZ PERDU UN ÊTRE CHER, VOUS COMPRENEZ CE QUE JE VEUX DIRE :

« CETTE ULTIME IMPRESSION QU'ON LAISSE EN PARTANT ».

CE QUI VOUS FAIT DIRE QUE FINALEMENT VOTRE GRAND-MÈRE A BIEN MENÉ SA VIE ET QUE VOTRE GRAND-PÈRE A TOUJOURS SU ÉVITER LES CONFLITS !

C'EST LA FAÇON DONT LES AUTRES VOUS PERÇOIVENT.

Étonnant, non ?

LA MAISON 11

LA MAISON 11 « domus amicorum » : c'est celle du VERSEAU, du relationnel et des projets.

EN BÉLIER : 💣 ✋ : chez vous les amitiés se font et se défont à un rythme frénétique. Impatient et querelleur, vous gâchez plus d'une amitié par votre impulsivité. Pourtant, vous êtes un bon ami, tant que vous ne vous transformez pas... en ennemi ! Dans vos relations avec le sexe opposé vous êtes très entreprenant, voire dragueur. De fortes pulsions sexuelles vous animent et si vous êtes sincère, par contre vous n'avez pas d'endurance ! La routine vous fatigue, avec vous il faut toujours innover, ce qui est incompatible avec le train-train quotidien. Vous avez de nombreux projets et tous ne voient pas le jour. Mais il faut toujours que vous soyez en mouvement, physiquement ou moralement, vous êtes un impatient.
Assez violent, il vous arrive d'en venir aux mains et certaines soirées qui avaient bien commencé peuvent finir en pugilat !
Enthousiaste et très jeune d'esprit, vous plaisez par votre entrain : vous aimez vous amuser !

CLIN D'ŒIL : on vous connaît pour votre susceptibilité, votre violence latente vous fait craindre par votre entourage. Moi, j'ai le courage de vous le dire : modérez-vous !

EN TAUREAU : ✋ ✋ : dès que vous rentrez dans le clan très fermé des amis du TAUREAU, vous subissez en même temps sa tyrannie ! Il se sent trompé dès que vous le décevez et se met alors à bouder et se comporte comme un enfant gâté. Ses colères magistrales sont réservées à ses ennemis et dès qu'il vous a élu au rang des amis, il devient protecteur et paternaliste. Il se mêle de votre vie et veut tout savoir, pour votre bien, naturellement et vous n'avez pas intérêt à lui cacher quelque chose !
N'oubliez ni sa fête, ni son anniversaire, ni aucune chose qui le concerne, car il est susceptible et attaché aux traditions et vous ferait la tête pour un tel oubli. Rendant service et fidèle, on peut dire que c'est un bon ami, peut être parfois un peu trop présent !

MON CONSEIL : Dites-vous bien que toutes les choses ne sont pas utiles à savoir, c'est pour ça qu'on ne vous les dit pas. Mais on vous aime !

EN GÉMEAUX : ☺ ☺ 👍 : entièrement en phase avec le VERSEAU, chez vous l'amitié n'est pas un vain mot ! Vous recherchez toujours le contact et liez très facilement des liens. Vous avez une façon de rentrer dans la vie des gens par la petite porte qui peut choquer, mais vous avez d'excellentes intentions.
Vous êtes touche-à-tout, de multiples choses vous passionnent. Votre problème : doué pour tout vous ne savez pas vous fixer !
Vous aimez faire rire et au besoin inventez de savoureuses anecdotes pour amuser l'entourage. Votre esprit est vif, votre intelligence universelle, vous confinez au génie !
Vous avez mille projets et même s'ils ne voient pas le jour, ils sont le support de votre vie. Vous fourmillez d'idées et pétillez comme du champagne !

CLIN D'ŒIL : certains vous trouvent familier, voire indiscret, mais vous recherchez avant tout une complicité ! Dommage que tout le monde ne soit pas aussi libéral que vous !

EN CANCER : ☺ ☺ : sous cet aspect, le natif dévoile de vraies qualités d'amitié et d'amour des autres. Profondément, passionnellement attiré par autrui, vous êtes d'une bonté réelle ! Vous êtes ouvert à tous et laissez votre chance à tout le monde, avant que votre fine intuition ne vous aide à faire vos choix. Cette configuration est une des meilleures du ZODIAQUE, car elle enlève tout caractère superficiel aux rapports, et rend la personne née sous cet aspect, attachante, sympathique et d'agréable compagnie !
Vous savez vous adapter à tout et à tous et un examen objectif de vous-même vous permet de vous mettre au diapason d'autrui, sans que cela ne vous coûte d'effort. Vous êtes tolérant, accommodant et avez les idées larges !

MON CONSEIL : hep là, il y a un bémol : une (légère) fuite devant les réalités... Si, c'est grave ! Non, je ne suis pas jalouse !
Plus sérieusement, sous cet aspect, vous êtes capables d'amour et de compréhension et animé d'une mission sociale et compatissante. Surtout si votre mère a des valeurs humaines.

EN LION : 👍 👍 : vous êtes un peu éléphant dans un magasin de porcelaine ! Exubérant et sûr de vous, vous avez un fort charisme et ne doutez pas un seul instant que tout le monde apprécie votre tapageur et ostensible sens du contact ! Gai et décontracté en compagnie des autres, c'est vrai que vous êtes de ceux que l'on invite pour mettre de l'ambiance ou au moins dégeler les convives. Un peu tyrannique, vous entendez

qu'on s'amuse et qu'on rit à vos plaisanteries ! Pour vous, ceux qui dérogent ne sont que des tristes sires, qui ne vous méritent pas et ne savent pas s'amuser.
Vous avez de grandioses projets qui vous font vivre, car vous êtes optimiste et enthousiaste ! Tout ce que vous prévoyez pour le futur est meilleur que votre vie actuelle et tend au luxe et au faste. Plus que tout autre vous vivez mal les échecs, la tristesse et la pauvreté. Comme vous êtes malgré tout matérialiste, vous attachez à l'argent une grande importance et aimez fréquenter des gens influents.
Dans toutes les sortes de contact vous savez vous mettre en valeur, vous attachez à votre personne une touchante attention !

MON CONSEIL : essayez de prendre la décision suivante : à chaque fois qu'on vous invite, laissez chaque convive s'exprimer quelques minutes. Vous verrez, ils apprécieront !

CLIN D'ŒIL : on vous surnomme (à votre insu, bien sûr !) Sa Majesté ? Je ne vois vraiment pas pourquoi !

EN VIERGE : ☺ 👎 : s'il ne dépendait que de vous, vous auriez peu d'amis, mais tous sincères ! En effet, peu vous importe de profiter de relations haut placées, vous n'êtes pas profiteur dans l'âme. Vous préférez vous sentir bien dans un cercle d'amis restreints. Et vos amis, vous les aimez intelligents et cultivés. Comme vous avez une moralité très stricte, vous ne supportez pas d'être déçu et êtes fort capable de rompre une amitié de plusieurs années, si vous vous sentez trahi ! Vous ne faites pas le premier pas et attendez que les gens aillent vers vous. Vous n'aimez pas les mondanités, mais préférez les soirées entre amis à savourer la joie d'être ensemble ! Lors de ces soirées, vous savez vous montrer charmant et votre grande imagination vous aide à trouver mille anecdotes ludiques. À moins que votre timidité ne vous empêche de vous exprimer : voilà pourquoi les VIERGE passent souvent pour des puritains sans esprit ! Méfiante et secrète la VIERGE ? Ce n'est rien de le dire ! Dommage !

MON CONSEIL : choisissez un conjoint qui a un sens du relationnel plus poussé, sinon trop peu de gens pourront apprécier vos si nombreuses qualités !

EN BALANCE : ☺ ☺ 👍 : signe ami du VERSEAU, la BALANCE est à l'aise dans cet aspect. Vous aimez le contact avec les autres, mieux : vous le recherchez ! Vous êtes de très agréable compagnie et l'on vous reçoit avec plaisir et en toute confiance, car vous êtes de ceux qui ne sombrez jamais dans les excès. Soucieux de votre image, vous savez vous tenir !

Pour vous le pire serait d'échouer sur une île déserte. Vous aimez communiquer, vous êtes heureux dans les ambiances chaleureuses où vous ne sentez aucune animosité. Vous êtes un maître, une maîtresse de maison parfaits qui reçoit leurs amis avec prestige dans un cadre raffiné. Même les soupers les plus simples deviennent des banquets, vous avez l'art et la manière d'embellir ce que vous touchez.
Diplomate et courtois vous n'envenimez jamais les conversations et savez détourner les sujets délicats.
Très discret sur vous-même, vous ne faites ni confidences (ou alors à des gens utiles qui peuvent vous aider) ni ragots. Vous fuyez la médiocrité et la vulgarité !
La saleté et la pauvreté vous répugnent. Vos projets visent toujours à améliorer votre cadre de vie, pour lequel vous êtes très exigeant, par exemple : acquérir une toile de maître ou un meuble griffé !

MON CONSEIL : certains murmurent dans votre dos que vous seriez un peu snob ! Ne les écoutez pas, mais évitez de parler de votre piscine à une copine (?) SDF !

EN SCORPION : 😐 ☹ : pas très en phase dans cette maison trop conviviale, notre cynique SCORPION ne se fait pas que des amis ! Son relationnel est difficile, il est très sélectif et son goût exacerbé pour la critique n'est pas forcément de mise dans le cercle amical. Sa langue de vipère le dessert et même si on peut dire que c'est un bon ami, sincère, qui donne des conseils avisés et qui rend service, ce n'est pas lui qui fait l'unanimité dans son entourage. Bien entendu, le reste du thème donne un éclairage complémentaire, souvent cet aspect se concrétise par une attitude de recul et une qualité de synthèse. En effet, le SCORPION se trompe rarement sur les gens.

MON CONSEIL : les gens se méfient toujours de ceux qui ne disent pas grand-chose et qui les écoutent, ils ont peur d'être jugés. Rappelez les quelques jours plus tard, pour les rassurer. Ne laissez pas planer de malentendus !

EN SAGITTAIRE : 👍 👍 : les amitiés sont fortes et durables, le calme et la sérénité sont de mise et l'on conseille au natif d'embrasser une carrière politique, tant il sait faire passer avec intelligence les idées du siècle !
Sereins, chaleureux et protecteurs, le temps est leur grand allié (aussi bien en famille que sur le lieu de travail), car il leur confère bienveillance, diplomatie et sens pédagogique accru.
La personne née sous cet aspect est un meneur d'hommes, un humaniste qui sait, avec doigté, tirer de chaque être humain la meilleure part !

Le natif aime l'humour, les performances, les gens ambitieux et les nouveautés dans tous les domaines.
On pourra juste apporter un petit bémol à ce tableau idyllique : un certain égoïsme, propre au SAGITTAIRE, qui fait sienne la devise suivante : « moi d'abord » !

CLIN D'ŒIL : on peut dire aussi que la sympathie du natif lui fait adhérer aux manifestations de groupe. À lui le club de gym du coin et autres « Club Med » !

EN CAPRICORNE : 👎 ✋ 😐 : vous n'êtes pas d'un abord très ouvert, plutôt de ceux qui ne font rien pour dégeler l'atmosphère ! Bien sûr, vous gagnez à être connu, car une fois qu'on a su percer à jour votre froideur, votre méfiance et votre grande rigueur (!), s'il reste du courage, on peut essayer d'être votre ami !
On l'aura mérité ! Surtout que vous avez peu d'amis, mais, ceux que vous avez, c'est à la vie à la mort !
Bien sûr il ne faut pas vous décevoir, jamais vous mentir, toujours être disponible quand vous le désirez.
Si on ajoute à ça votre manie d'être toujours en retard, votre caractère emporté et votre rancune tenace, je pense qu'il n'est plus nécessaire de préciser, que pour vous, le relationnel à tout prix, ce n'est pas votre tasse de thé ! Heureusement, on peut toujours compter sur vous et c'est pour cela que votre adresse figure (parfois) dans un agenda !

MON CONSEIL : ne vous en faites pas, vous avez d'autres qualités ! On vous aime pour des raisons qui vous importent bien plus : le professionnalisme, la rigueur, l'ordre, la propreté.
Comment ça, ce n'est pas marrant ? Il n'est pas toujours indispensable de rire !

EN VERSEAU : 👍 ☺ ☺ : votre amitié fait du bien, vous savez écouter et aider. Votre amour des autres vous consume tout entier, vous devriez en faire votre métier. Vous êtes le défenseur de l'individu, de sa liberté et de son bonheur.
Très à l'écoute de vos amis, ces derniers trouvent toujours chez vous une oreille disponible et de bons conseils. Plus à l'aise avec un petit nombre de gens qu'avec des tablées entières, vous aimez rentrer dans les gens pour les sonder et trouver ce qu'ils ont au fond du cœur.
Vous avez horreur que l'on critique vos fréquentations, l'amitié tient pour vous autant de place que l'amour.
Vous n'aimez pas les tyrans et les gens mesquins.
Vous êtes persuadé qu'un jour, il y aura une solution pour le bonheur universel !

MON CONSEIL : que vous dire de plus, sinon qu'avec cette configuration vous allez vous faire avoir par des gens peu scrupuleux. Mais au fond, vous le savez et vous dites que pour un ingrat il y a 5 sincères. C'est vous qui avez raison !

BRAVO : c'est le MAÎTRE de cette MAISON !

EN POISSON : ☺ ☺ : vous avez des idées, des idéaux, mais ni la force, ni la constance pour les réaliser. Vos amitiés se font et se défont, car, si vous êtes de bonne compagnie et plutôt gentil, vous ne faites rien pour relancer les amitiés et leur donner leur rythme de croisière. Vous êtes insatisfait de vous-même et des autres sans savoir pourquoi et ce que vous reprochez exactement à votre entourage. Il faut sans arrêt vous stimuler, vous pousser à l'action et vous motiver. Vos projets pourtant ne manquent pas d'envergure, mais ils restent assez flous. Susceptible, vous vous vexez pour un rien et boudez comme un enfant. En plus vous êtes rancunier et il faut un certain temps pour revoir votre sourire ! Vous avez besoin de quelqu'un à vos côtés qui vous soutienne, vous stimule, vous amuse et vous pousse à vous surpasser. Superman, quoi !

REMARQUE : les gens nés sous cet aspect aiment souvent les voyages en bateau, les croisières, la mer. L'eau vous rassure et vous apaise. Une idée à retenir en cas de spleen !

La Maison 12 en Bélier

LA MAISON 12 : celle du POISSON : c'est la maison des épreuves, des domaines qu'il faudra clarifier dans cette vie avant de passer dans l'autre ! Elle est aussi un peu la synthèse du thème.

EN BÉLIER : : quel mauvais aspect ! Pas prêt du tout à faire amende honorable, ce sujet n'encaisse aucun coup dur et fait difficilement face aux caprices du destin. Agressif et violent, il est souvent son propre ennemi, tant il sait se montrer primaire et instinctif. Dans la culture orientale, on dirait qu'il se fait hara-kiri, mais en Europe je préfère dire qu'il ne sait pas canaliser ses émotions et qu'il se laisse souvent submerger par des passions dévastatrices. Jaloux du succès et du bonheur d'autrui, prêt à tout pour être Calife à la place du Calife, pour l'autre vie, ce n'est pas gagné ! Face à la douleur et aux épreuves, il perd tous ses moyens et ne connaît pas le sens du mot renoncement. Dur dur !

CLIN D'ŒIL : lisez plutôt le reste du thème. J'espère qu'il est plus rassurant. Très souvent, cet aspect est le seul vraiment néfaste et vous permet de vous affirmer malgré une réelle et trop grande gentillesse. Disons que parfois vous surprenez par votre opiniâtreté.
Je prétends d'ailleurs que cet aspect est certes mauvais, mais qu'il concerne surtout la vie amoureuse du natif. Comme le Bélier est un amant sportif et assidu, c'est dans ce domaine qu'il connaîtra les pires affronts. Comme il est joueur, je suis sûre qu'il y trouvera du plaisir !

PLUS SÉRIEUSEMENT : CE QUI VOUS EMPOISONNE LA VIE ?
VOTRE GRANDE IMPATIENCE ! Rien ne va jamais assez vite, vous vous lassez de tout et de tout le monde. Avec vous il faut que ça change, que ça évolue, sinon vous vous ennuyez comme un gamin ! Vous entraînez les autres dans un tourbillon, n'aimez ni les visites guidées, ni les promenades dominicales, ni, quelle horreur, les vacances genre 3 semaines sur la même plage. La vie de famille ? Franchement... ce n'est pas dans la poche !

ATTENTION ! ! : vous êtes viscéralement attiré par les personnes qui ont le soleil en BÉLIER, résistez à cette attraction !
Vous connaissez bien leurs défauts, puisque ce sont les vôtres ! Tôt ou tard, leurs travers vont exacerber les vôtres et il n'est jamais amusant de se voir dans un miroir grossissant !
Vous *êtes impatient* ? L'autre *sera l'impatience* !
Prenez vos jambes à votre cou. Courage, fuyez !

La Maison 12 en Taureau

LA MAISON 12 : celle du POISSON : c'est la maison des épreuves, des domaines qu'il faudra clarifier dans cette vie avant de passer dans l'autre ! Elle est aussi un peu la synthèse du thème.

EN TAUREAU : ☯ : méfiez-vous, on vous déteste dans l'ombre. Vous êtes de ceux qui ont le plus grand nombre d'ennemis cachés, mais disposez aussi d'un moral d'acier et de la vitalité nécessaire pour vous défendre ! Vous n'avez pas beaucoup de tact. Vous faites rendre gorge aux beaux parleurs, dont vous avez horreur, car vous n'aimez pas ceux qui parlent pour parler, sans s'être documenté sur le sujet abordé. Aussi, ces derniers vous vouent-ils de temps en temps une haine secrète, qui dure des années. Mais paisible et lent, vous n'êtes pas pressé et savez rendre la monnaie de leurs pièces à ceux qui finissent par vous affronter. Au moment opportun, quoi !

CLIN D'ŒIL : sous couvert de franchise, vous assénez des vérités pénibles et toutes vos astuces sur le tour de taille de votre invitée ne font pas rire ! Je sais, vous vous en rendez compte quand vous l'avez dit !

PLUS SÉRIEUSEMENT : CE QUI VOUS EMPOISONNE LA VIE ?
VOTRE SENS (POUSSÉ) DE L'ÉCONOMIE ! Certes, vous avez peur de manquer, mais avouez que vous avez les poches cousues ! Vous êtes toujours habillé de vos mêmes vêtements confortables et s'ils étaient chers au départ, avec vous, ils sont amortis !
Ce travers gâche vos relations avec les autres, car on se demande toujours si vous faites vos gâteaux et vos confitures par amour des vôtres ou par économie ! Vous recevez vos invités avec des plats simples qui tiennent au corps et avez banni depuis toujours les mets fins.
On se demande si vous n'aimez pas les vacances, le cinéma et autres distractions que parce qu'il faut ouvrir son porte-monnaie !

ATTENTION ! ! : vous êtes viscéralement attiré par les personnes qui ont le soleil en TAUREAU, résistez à cette attraction !
Vous connaissez bien leurs défauts, puisque ce sont les vôtres ! Tôt ou tard, leurs travers vont exacerber les vôtres et il n'est jamais amusant de se voir dans un miroir grossissant !
Vous êtes (trop) *économe* ? L'autre sera *l'économie* à outrance !
Prenez vos jambes à votre cou. Courage, fuyez !

La Maison 12 en Gémeaux

LA MAISON 12 : celle du POISSON : c'est la maison des épreuves, des domaines qu'il faudra clarifier dans cette vie avant de passer dans l'autre ! Elle est aussi un peu la synthèse du thème.

EN GÉMEAU : ☯ : le GÉMEAU a tous les défauts et toutes les qualités ! Dans la vie suivante, il faudra que vous exerciez à nouveau votre formidable sens de l'adaptation, votre facilité à rouler les gens dans la farine et à vous faire donner le Bon Dieu sans confession. Rusé et intelligent, que vous ayez aimé ou haï, volé ou couvert d'or, il y a une chose qu'il faut savoir à votre sujet : vous n'avez pas d'endurance, pas de persistance et vous êtes très changeant. Aussi tout cela est-il très relatif, puisqu'en face de vous il faudra arriver à ne rien prendre au sérieux et à vous considérer à votre juste valeur : un être magique, fantasque et souriant, capable du pire et du meilleur !

MON CONSEIL : apprenez à catalyser votre vive intelligence et votre énergie vers un but bien précis C'est tellement dommage de tant vous disperser !

PLUS SÉRIEUSEMENT : CE QUI VOUS EMPOISONNE LA VIE ?
VOTRE ESPRIT FANTAISISTE. Vous ne savez pas choisir, suivez ceux qui vous plaisent et revenez plus tard, surpris qu'on ne vous ait pas attendu ! Éternellement jeune, voire enfantin, vous êtes désarmant de naïveté et l'on ne peut pas compter sur vous. Tour à tour charmeur ou rigoureux, vous désorientez par votre vivacité d'esprit. Souvent intelligent, vous êtes menteur et affabulateur et, comme on disait au moyen âge, un « gibier de potence » en puissance !
D'une moralité élastique, votre amour de la vie facile vous pousse à jouer et à frôler, voire pire, la délinquance. Vous traversez la vie sans la prendre au sérieux ! Bref, pour certains aspects, par certaines personnes crédules, vous gagnez à ne pas être connu !

ATTENTION ! ! : vous êtes viscéralement attiré par les personnes qui ont le soleil en GÉMEAUX, résistez à cette attraction !
Vous connaissez bien leurs défauts, puisque ce sont les vôtres ! Tôt ou tard, leurs travers vont exacerber les vôtres et il n'est jamais amusant de se voir dans un miroir grossissant !
Vous êtes *fantaisiste* ? L'autre sera *la fantaisie* !
Prenez vos jambes à votre cou. Courage, fuyez !

La Maison 12 en Cancer

LA MAISON 12 : celle du POISSON : c'est la maison des épreuves, des domaines qu'il faudra clarifier dans cette vie avant de passer dans l'autre ! Elle est aussi un peu la synthèse du thème.

EN CANCER : ♋ : elle rend très prolifique ! Ici on éloigne la mort en lui opposant les créations les plus diverses ! Œuvres d'art, enfants, poèmes et écrits en tout genre, vous voulez laisser une trace, car l'idée de la mort vous est insupportable. Pas tant que vous avez peur de mourir, mais vous ne voulez pas être oublié ! Cet aspect vous donne la faculté de vous couper du monde réel et de vivre dans le vôtre. Amoureux de la solitude, votre seule compagnie vous suffit ! Souvent, vous avez le LION à l'ascendant, votre orgueil et votre souci de vous mettre constamment à votre avantage vous donnent de l'inspiration, mais aussi la fougue et le courage nécessaires pour donner le jour à vos travaux ! Car vous êtes un vivier de créations, auteur de productions ininterrompues, qu'elles soient physiques ou intellectuelles. Vous avez tant de rêves !
Si vous avez quelque talent (artistique, par exemple) on peut dire que cette MAISON vous pousse à l'exploiter. Pour une MAISON 12, c'est plutôt une bonne nouvelle !

MON CONSEIL : votre grande propension à vous évader par le rêve n'a qu'un seul détracteur : votre banquier ! Pourvu que votre maison 2 soit dans un signe de TERRE !

PLUS SÉRIEUSEMENT : CE QUI VOUS EMPOISONNE LA VIE ?
VOTRE SENSIBILITÉ MALADIVE ! Vous, on peut dire que vous n'avez pas les épaules, surtout quand un drame frappe votre famille ! Agaçant avec vos anecdotes concernant les vôtres, vous devenez carrément « nul » quand un deuil vous frappe ! En plus, si vous n'avez pas de talent spécial, si votre SOLEIL ne vous est pas clément, le manque d'enfants, le manque d'imagination ou une difficulté quelconque à vous exprimer vous rend irritable, invivable, méchant ! Mais dans tous les cas, un film triste, une chanson nostalgique, un roman d'amour et voilà le déluge de larmes assuré ! Je sais que vous êtes le premier à en souffrir, mais votre entourage aimerait un peu plus de self-control. Et ce n'est pas la peine de vous mettre à pleurer !

ATTENTION ! ! : vous êtes viscéralement attiré par les personnes qui ont le soleil en CANCER, résistez à cette attraction !
Vous connaissez bien leurs défauts, puisque ce sont les vôtres ! Tôt ou tard, leurs travers vont exacerber les vôtres et il n'est jamais amusant de se voir dans un miroir grossissant !
Vous êtes *sensible* ? L'autre sera *la sensibilité* !
Prenez vos jambes à votre cou. Courage, fuyez !

La Maison 12 en Lion

LA MAISON 12 : celle du POISSON : c'est la maison des épreuves, des domaines qu'il faudra clarifier dans cette vie avant de passer dans l'autre ! Elle est aussi un peu la synthèse du thème.

EN LION : : on peut dire que malgré tout ce qui a été défini dans ce thème, il y a quelqu'un que vous aimez pardessus tout : vous-même ! Vous aimez la grande vie, l'argent et la célébrité. Vous ferez tout ce qui est en votre pouvoir pour sortir de l'anonymat ! Pour vous, le dicton qui dit que pour vivre heureux il faut vivre caché, n'a aucun sens, vous vous demandez même quel est l'être insignifiant qui a pu décréter cela ! Vous recevez avec brio, vivez sur un grand pied et rien n'est trop beau pour vous ! Vous vivez entouré d'une cour et vous entendez qu'on suive vos projets et vos idées Vous avez du cœur, vous êtes généreux et gai, et votre ambition vous pousse à obtenir des rôles clés dans la vie. Finalement vous êtes un matérialiste qui sait très bien que rien ne peut se faire sans argent !

MON CONSEIL : pour passer dans l'étape supérieure, je pense qu'il faudra faire preuve d'humilité ! Notre gentil POISSON ne comprend pas votre égocentrisme. Faites un travail sur vous-même pour acquérir le sens de l'auto critique !

CLIN D'ŒIL : ne changez rien ! Pour une fois que je rencontre quelqu'un qui pense comme moi !

PLUS SÉRIEUSEMENT : CE QUI VOUS EMPOISONNE LA VIE ?
VOTRE FICHU ORGUEIL ! Tous vos actes sont dictés par la seule préoccupation de paraître à votre avantage et votre soif de popularité est intarissable. Vous perdez beaucoup de votre naturel et vous jouez sans arrêt la comédie dans tous les domaines. Vous voulez un métier prestigieux, un conjoint jeune, beau et riche, des enfants merveilleux et une maison de rêve !
Les épisodes peu glorieux de votre vie, vous les oubliez, ainsi que les détails dévalorisants de votre existence. Vous vous rebellez à la moindre réflexion vexante et n'acceptez aucune critique. Il faut vous manipuler avec précaution si on ne veut pas être assassiné par un de vos regards noirs et éviter votre moue boudeuse ! Mais oui, c'est comme çà qu'on vous perçoit ! Dur dur !

ATTENTION ! ! : vous êtes viscéralement attiré par les personnes qui ont le soleil en LION, résistez à cette attraction !
Vous connaissez bien leurs défauts, puisque ce sont les vôtres ! Tôt ou tard, leurs travers vont exacerber les vôtres, et il n'est jamais amusant de se voir dans un miroir grossissant !
Vous êtes *orgueilleux* ? L'autre sera *l'orgueil* !
Prenez vos jambes à votre cou. Courage, fuyez !

La Maison 12 en Vierge

LA MAISON 12 : celle du POISSON : c'est la maison des épreuves, des domaines qu'il faudra clarifier dans cette vie avant de passer dans l'autre ! Elle est aussi un peu la synthèse du thème.

EN VIERGE : : les grandes épreuves de la vie sont acceptées avec fatalisme. Si le détachement métaphysique aux choses est assez facile à obtenir, il n'en va pas de même pour les biens matériels auxquels vous êtes très attachés ! Vous pouvez dévoiler vos meilleurs cotés dans cette maison qui met en évidence les possibilités réelles des natifs. Si la VIERGE peut sembler parfois un peu étriquée dans ses idéaux, dans la maison 12 elle se montre sous son meilleur jour et son humilité est de mise dans cette configuration qui nous incite à l'introspection et à la réflexion sur soi-même !

Vous êtes prêts à accepter toutes les critiques et vous acceptez tous les conseils de votre entourage. Assez dévoués aux autres vous êtes capables de grands sacrifices pour eux, avec détachement et courage.

Perfectionniste dans l'âme, quand vous faites quelque chose, vous le faites avec minutie et peut-être un peu de la lenteur inhérente aux signes de terre.

CLIN D'ŒIL : Vous êtes prêts pour faire amende honorable lors du passage dans une autre vie ! Mais pour l'instant vous êtes là, alors profitez de la vie et laissez vos scrupules au vestiaire !

Votre peur de déplaire peut vous paralyser parfois.

PLUS SÉRIEUSEMENT : CE QUI VOUS EMPOISONNE LA VIE ?

VOTRE GRANDE MÉFIANCE ! Que de joies gâchées, de moments de bonheur perdus, de passages à vide dus à votre solitude. Forcément, votre entourage vous évite, vous êtes de ceux qu'il faut toujours rassurer avec des preuves, convaincre avec des actes. Dans la vie actuelle, où chacun se bat pour survivre moralement, vous demandez trop ! Votre perfectionnisme vous limite et votre méticulosité vous rend terre à terre. Dommage, vous avez tant de qualités de cœur et une imagination fertile. Apprenez à vous en servir !

ATTENTION ! ! : vous êtes viscéralement attiré par les personnes qui ont le soleil en VIERGE, résistez à cette attraction !

Vous connaissez bien leurs défauts, puisque ce sont les vôtres ! Tôt ou tard, leurs travers vont exacerber les vôtres et il n'est jamais amusant de se voir dans un miroir grossissant !

Vous êtes (trop) *méfiant* ? L'autre sera *la méfiance* (à outrance) !

Prenez vos jambes à votre cou. Courage, fuyez !

La Maison 12 en Balance

LA MAISON 12 : celle du POISSON : c'est la maison des épreuves, des domaines qu'il faudra clarifier dans cette vie avant de passer dans l'autre ! Elle est aussi un peu la synthèse du thème.

EN BALANCE : : n'oubliez pas qu'à force de ménager la chèvre et le chou, la chèvre meurt de vieillesse et le chou se fane ! Apprenez à prendre des décisions ! Pour vous, dans la vie, c'est ce qu'il y a de plus difficile ! Vous demandez inlassablement leur avis aux autres, ça finit par agacer !
Vous êtes gentil, diplomate et montrez un visage souriant même en cas de crise, en famille vous taisez vos soucis pour ne pas alarmer vos proches ! Vous savez sauver les situations conflictuelles et les climats tendus.
Vos nerfs sont fragiles et vous avez besoin de sommeil pour vous retaper. Ne vous surestimez pas, car en cas d'équilibre nerveux fragile, le repos est nécessaire, votre efficacité est à ce prix. Épris de beauté et d'harmonie, vous feriez un bon décorateur(trice), une esthéticienne efficace, une coiffeuse appréciée (si vous êtes une femme, bien sûr !). Tout ce qui touche à la beauté vous réussit. Une carrière dans la diplomatie aussi. Bien que vous soyez doux et reposant, évitez de vous occuper de personnes, adultes ou enfants, en difficulté. Votre équilibre nerveux est trop fragile. Vous êtes sujet à la dépression, à l'introspection. Doutes et questions vous empêchent de vous épanouir ! Physiquement vous savez vous mettre en valeur, avec raffinement. Vous êtes accueillant et aimable.

MON CONSEIL : apprenez à trancher dans le vif ! On ne vous aimera pas moins et l'on vous respectera davantage !

CLIN D'ŒIL : Bien moins profonde que le POISSON, la BALANCE est moins préparée à l'humilité nécessaire pour reconnaître ce qu'il faudrait changer pour accéder à la sérénité ! Vous voulez que je vous dise ? ... Elle s'en BALANCE !

PLUS SÉRIEUSEMENT : CE QUI VOUS EMPOISONNE LA VIE ?
VOTRE GRANDE INDÉCISION. Vous ne prenez pas de décisions, car vous ne voulez pas déplaire. Charmer et séduire sont vos raisons de vivre et pour rien au monde vous voulez déranger par des opinions contraires. Vous passez souvent pour une girouette, mais on aime votre compagnie. Vous êtes, en apparence du moins, du bois dont on fait les flûtes.
Mais y trouvez-vous votre compte ? Voire ! Souvent fin et cultivé vous souffrez de ne pouvoir vous exprimer et perdez une partie de votre vie à ménager ... tout le monde. Dommage !

ATTENTION ! ! : vous êtes viscéralement attiré par les personnes qui ont le soleil en BALANCE, résistez à cette attraction !
Vous connaissez bien leurs défauts, puisque ce sont les vôtres ! Tôt ou tard, leurs travers vont exacerber les vôtres et il n'est jamais amusant de se voir dans un miroir grossissant !
Vous êtes *indécis* ? L'autre sera *l'indécision* !
Prenez vos jambes à votre cou. Courage, fuyez !

La Maison 12 en Scorpion

LA MAISON 12 : celle du POISSON : c'est la maison des épreuves, des domaines qu'il faudra clarifier dans cette vie avant de passer dans l'autre ! Elle est aussi un peu la synthèse du thème.

EN SCORPION : ☯ : profondément en phase avec le POISSON, personne ne peut mieux que vous prétendre préparer son passage dans un autre monde. Mystique, vous l'avez toujours été et les épreuves ont toujours trouvé en vous un adversaire à leur hauteur. Vous ne prenez ni la mort, ni la vie à la légère et la profondeur de vos pensées vous garde de toute attitude superficielle. Quel que soit votre thème, cet aspect le clôt en beauté, car il signifie qu'il n'y a pas grand-chose à changer dans votre façon d'appréhender la vie. Vous savez tirer des autres ce qu'ils ont de meilleur et vous tenez un rôle d'éclaireur. Vous ne vous trompez pas sur les gens, aussi êtes-vous rarement déçu. Votre esprit critique et synthétique vous évite de prendre des vessies pour des lanternes et votre sens religieux, votre respect des croyances, fait de vous un bon guide spirituel. Si vous avez envie de nuire, rien de plus facile : tout le monde est fasciné par votre personnage ! Gourou, vous feriez un ... malheur !

MON CONSEIL : un peu langue de vipère, ne vous étonnez pas de faire de temps en temps le vide autour de vous. Non, humour et ironie ne signifient pas la même chose ! D'ailleurs, ça ne rime pas !
Soyez plus cool et ne mettez pas tout le monde sur la sellette, on se croirait à un entretien d'embauche !

PLUS SÉRIEUSEMENT : CE QUI VOUS EMPOISONNE LA VIE ?
VOTRE CARACTÈRE, TOUT SIMPLEMENT ! Chez vous ce n'est pas une façon de parler, votre caractère a tout pour hérisser : à vos heures vous êtes : auto destructeur, méchant, ironique, vindicatif et cruel, vous savez tuer à coup de mots et ne vous en privez pas ! Vous n'êtes ni indulgent, ni aimable et, si vous baissez la garde, c'est par intérêt : vous savez détecter les appuis utiles. Négatif et pessimiste, vous cassez les ambiances avec vos propos défaitistes. Vous êtes attiré par la mort et les solutions radicales. Le reste de votre entourage n'a qu'une seule consolation : vous n'êtes pas heureux non plus !

ATTENTION ! ! : vous êtes viscéralement attiré par les personnes qui ont le soleil en SCORPION, résistez à cette attraction !
Vous connaissez bien leurs défauts, puisque ce sont les vôtres ! Tôt ou tard, leurs travers vont exacerber les vôtres et il n'est jamais amusant de se voir dans un miroir grossissant !
Vous êtes *auto destructeur* ? L'autre sera *l'auto destruction* !
Prenez vos jambes à votre cou. Courage, fuyez !

La Maison 12 en Sagittaire

LA MAISON 12 : celle du POISSON : c'est la maison des épreuves, des domaines qu'il faudra clarifier dans cette vie avant de passer dans l'autre ! Elle est aussi un peu la synthèse du thème.

EN SAGITTAIRE : ☯ : complètement déboussolé par cette maison faite de recueillement et de solitude, le natif a une grande richesse de vie intérieure. Il garde en lui la majorité de ses élans et peut rester de longues périodes à l'écart de ses amis et du monde, pour méditer, sans souffrir de la solitude. L'énergie du FEU transfère à ce signe une force et une vitalité, qui l'aident à faire de ses retraites volontaires des séminaires où il se ressource et dont il sort plus fort. On peut dire que même si cette maison n'est pas en phase, elle montre chez le natif sa réelle capacité à tout endurer sans se plaindre et à tirer de sa propre force une vitalité insoupçonnée. On peut supposer aussi, que dans une autre vie, le natif a décidé de vivre de manière différente et de provoquer les événements au lieu de les subir !

MON CONSEIL : n'attendez pas une hypothétique autre vie pour vous exprimer ! Il est encore temps de vous manifester, ne vous en privez pas !

PLUS SÉRIEUSEMENT : CE QUI VOUS EMPOISONNE LA VIE ?
VOTRE GRAND ÉGOÏSME ! Très individualiste, vous ne pensez qu'à vous et êtes préoccupé par votre seul bien être. Vous ne pensez aux autres que lorsque vous avez tout ce que vous convoitez et vous passez sur des cadavres pour l'obtenir. Votre petite personne vous préoccupe, vous êtes hypocondriaque et malheur à ceux qui ne vous prennent pas au sérieux. Carriériste, vous briguez des emplois très rémunérateurs et, sur votre lieu de travail, vous vous comportez en tyran avec ceux qui peuvent vous seconder. Mais sympathique et souriant vous savez faire passer la pilule ! Ouf !

ATTENTION ! ! : vous êtes viscéralement attiré par les personnes qui ont le soleil en SAGITTAIRE, résistez à cette attraction !
Vous connaissez bien leurs défauts, puisque ce sont les vôtres ! Tôt ou tard, leurs travers vont exacerber les vôtres et il n'est jamais amusant de se voir dans un miroir grossissant !
Vous êtes *égoïste* ? L'autre sera *l'égoïsme* !
Prenez vos jambes à votre cou. Courage, fuyez !

La Maison 12 en Capricorne

LA MAISON 12 : celle du POISSON : c'est la maison des épreuves, des domaines qu'il faudra clarifier dans cette vie avant de passer dans l'autre ! Elle est aussi un peu la synthèse du thème.

EN CAPRICORNE : : Dans le domaine des épreuves de la vie et de l'attitude à adopter pour faire amende honorable, il n'y a pas de leçon à donner au CAPRICORNE ! Il inclut dans sa vie les préceptes même de cette philosophie et se garde continuellement des débordements fâcheux de l'enthousiasme ! Si sa vie est heureuse, il en est content, s'en contente et contente les autres, sans se vanter, avec prudence. Si sa vie est soumise à des turbulences, il cherche à s'en sortir, tout seul, avec opiniâtreté, sans rien demander aux autres et continue son bonhomme de chemin avec philosophie et fatalisme.
Un peu dur, un peu froid, un peu distant, ce natif ne donne pas facilement sa confiance et son amitié. Mais si vous l'avez, elle vous est acquise ! Lent à comprendre, mais lent à oublier, il a la rancune tenace et le pardon difficile !

MON CONSEIL : ce n'est pas une synthèse facile, ni un thème facile ! Mais je sais aussi que pour vous les étoiles sont une curiosité, que vous aimez certes concerter, mais qui ne gouvernent pas votre vie !
Plus matérialiste, plus pragmatique, vous préférez les sciences exactes ! Pourtant de grands astrologues sont du signe du CAPRICORNE et leur interprétation rigoureuse des positions et des aspects met en lumière une face quasi mathématique de cette pratique. Il y a des amateurs !

PLUS SÉRIEUSEMENT : CE QUI VOUS (NOUS) EMPOISONNE LA VIE ?
VOUS AVEZ TOUJOURS RAISON ! Vous n'acceptez que très difficilement les avis contraires et pour vous exprimer vous ne faites preuve d'aucune diplomatie ! Dur en mots et en actes vous savez vous montrer austère et rigoriste et souvent votre sens de l'humour est limité aux astuces convenues. Très droit, très « pro » (on le saura !), pour vous la vie n'est pas une rigolade. Vous visez des buts précis, tous matériels et n'êtes heureux qu'à ce prix. Brrrrr !

ATTENTION ! ! : vous êtes viscéralement attiré par les personnes qui ont le soleil en CAPRICORNE, résistez à cette attraction !
Vous connaissez bien leurs défauts, puisque ce sont les vôtres ! Tôt ou tard, leurs travers vont exacerber les vôtres et il n'est jamais amusant de se voir dans un miroir grossissant !
Vous êtes *inflexible* ? L'autre sera *l'inflexibilité* !
Prenez vos jambes à votre cou. Courage, fuyez !

La Maison 12 en Verseau

LA MAISON 12 : celle du POISSON : c'est la maison des épreuves, des domaines qu'il faudra clarifier dans cette vie avant de passer dans l'autre ! Elle est aussi un peu la synthèse du thème.

EN VERSEAU : : ce signe pratique avec facilité l'autoanalyse, en principe le natif né sous cette configuration, ne se fait pas d'illusions sur lui-même ! Il sait quels sont ses points faibles et, par conséquent, n'est pas mal à l'aise sous cet aspect. Un peu de détachement par rapport aux choses matérielles et un peu de froideur vis-à-vis des sentiments et des grands élans, rendent le natif un peu immatériel et solitaire. À force de vouloir tirer la synthèse de tous les événements de la vie, la personne née sous cet aspect peut sembler peu préoccupée par ses proches et insensible à leurs préoccupations matérielles. C'est un peu vrai, d'autant que le VERSEAU, sait se montrer cruel, intransigeant et intolérant. Ce que le thème nous a dévoilé jusque-là ne souffre pas de grands chamboulements avec cet aspect, à part un besoin, de la part du natif, de s'isoler de temps en temps et de vivre sur son petit nuage !

CLIN D'ŒIL : chut ! Ne le dérangez pas ! Je gage qu'avec le CAPRICORNE ou le TAUREAU en signe SOLAIRE et en milieu de CIEL, il finira par avoir faim et passera à table ; voilà des valeurs qui n'ont rien de fictives et qui sont très importantes pour lui !

PLUS SÉRIEUSEMENT : CE QUI VOUS GÂCHE LA VIE ?
VOTRE SUSCEPTIBILITÉ ! Vous vous froissez facilement à la moindre remarque. De surcroît, plus individualiste qu'il n'y paraît, vous n'aimez pas qu'on vous ignore. Comme tout VERSEAU, vous êtes plutôt indépendant, on ne s'attend pas à tant de besoin de considération. Aussi, dans la vie, vous vous sentez souvent seul. Vous passez par des hauts et des bas, êtes d'humeur changeante, parfois mélancolique, parfois gai, mais en définitive pas très heureux. Vous n'arrivez pas à vous sortir de la tête que vous êtes incompris !

ATTENTION ! ! : vous êtes viscéralement attiré par les personnes qui ont le soleil en VERSEAU, résistez à cette attraction !
Vous connaissez bien leurs défauts, puisque ce sont les vôtres ! Tôt ou tard, leurs travers vont exacerber les vôtres et il n'est jamais amusant de se voir dans un miroir grossissant !
Vous êtes (trop) *susceptible* ? L'autre sera la *susceptibilité* (à outrance) ! Prenez vos jambes à votre cou. Courage, fuyez !

La Maison 12 en Poisson

LA MAISON 12 : celle du POISSON : c'est la maison des épreuves, des domaines qu'il faudra clarifier dans cette vie avant de passer dans l'autre ! Elle est aussi un peu la synthèse du thème.

EN POISSON : : les épreuves de la vie sont supportées avec courage. Vous avez des dons de voyance et vous êtes fin psychologue ! Vous êtes également intéressé par le normal et le paranormal, nombre de voyants ont cet aspect.
Vous n'êtes pas fait pour la vie publique et vous êtes d'accord avec l'adage qui dit : « pour vivre heureux, vivons cachés » ! Très sensible et clairvoyant, vous avez une vision très avancée des choses et un amour universel qui vous rend indulgent, aimant et affectueux, malgré votre esprit critique.
Vous avez une bonne connaissance des autres et si vous êtes agréable avec le plus de gens possible, ce n'est pas par naïveté, mais parce ce que vous donnez à tous leur chance sans a priori !

CLIN D'ŒIL : c'est également la configuration des agents secrets et des polices parallèles.
Mais chut !

PLUS SÉRIEUSEMENT : CE QUI VOUS EMPOISONNE LA VIE ?
VOTRE GRANDE ÉMOTIVITÉ ! Tout vous émeut et vous touche, la vie, pour vous, n'est qu'un recueil de mauvaises nouvelles ! Volontiers mélancolique, voire triste, vous n'êtes pas, loin s'en faut, un gai luron ! La misère, la guerre, la famine, les épidémies ou plus simplement un film triste ou un roman sentimental et c'est la crise de larmes assurée. Vous êtes compatissant, dévoué et prêt à aider votre prochain. Même quand tout va bien dans votre vie (et c'est souvent le cas) vous n'arrivez pas à vous défaire d'un certain vague à l'âme. Vous êtes ce qu'on appelle un écorché vif !

C'est le MAÎTRE de cette MAISON !

ATTENTION ! ! : vous êtes viscéralement attiré par les personnes qui ont le soleil en POISSON, résistez à cette attraction !
Vous connaissez bien leurs défauts, puisque ce sont les vôtres ! Tôt ou tard, leurs travers vont exacerber les vôtres et il n'est jamais amusant de se voir dans un miroir grossissant !
Vous êtes *mélancolique* ? L'autre sera *la mélancolie* !
Prenez vos jambes à votre cou. Courage, fuyez !

Votre SIGNE SOLAIRE face à son ASCENDANT

Dans le paragraphe précédent, je vous donnais les généralités de l'incidence de l'ASCENDANT. Bien entendu, en fonction de votre signe solaire, cette incidence varie et prend plus ou moins d'ampleur.

Pour les signes de **FEU** :	l'ASCENDANT n'arrive pas à l'éteindre !
Pour les signes de **TERRE** :	l'ASCENDANT n'apporte que des nuances.
Pour les signes d'**EAU** :	l'ASCENDANT prend souvent le pas, surtout s'il est dans la **TERRE** ou dans le **FEU**.
Pour les signes d'**AIR** :	très malléables, ces derniers se laissent souvent « manger » par l'ASCENDANT !

Si votre **SOLEIL** et votre ASCENDANT sont dans le même élément :

En **EAU** :	sensibilité renforcée, esprit artistique et créatif !
En **TERRE** :	très matérialiste, esprit pratique !
En **FEU** :	très entreprenant, esprit conquérant !
En **AIR** :	très indépendant, esprit vif, humour !

Alors voilà ce que votre ASCENDANT apporte à votre **SOLEIL** !

Signe par signe, découvrez les apports de l'ASCENDANT !

LES ASCENDANTS DU ... ♈ BÉLIER !

♈ / ♉ : DYNAMIQUE ET TRAVAILLEUR.
La force, la vitalité et la fougue du BÉLIER sont très bien canalisées par le placide TAUREAU, qui sans rien enlever à l'efficacité du signe lui évite ses légendaires débordements.
Ces natifs sont également plus fiables, plus fidèles et plus pondérés. Leurs projets ne restent pas des vœux pieux, on peut dire que pour ce signe, le TAUREAU est un ascendant bénéfique.
Plus lents et plus réfléchis que le signe solaire pur, ce sont des natifs dotés d'un bon sens de l'humour, d'un solide appétit de vie et d'une sexualité enrichissante et intéressante pour le partenaire !

♈ / ♊ : FLAMBEUR ET INFIDÈLE !
Cette dualité n'est pas des plus bénéfiques pour le BÉLIER, qui perd en profondeur et en efficacité. D'une extrême avarice, ou alors d'une dangereuse prodigalité, il ne sait pas se placer et vit souvent mal cet ascendant.
Il est animé d'un constant besoin de bouger, ce qui nuit à la stabilité professionnelle et sentimentale. Il prétend n'être pas intéressé par le côté matériel de la vie, mais par ailleurs tolère mal pauvreté, et médiocrité, car il voit alors se diluer son cercle d'amis !
De plus, le BÉLIER est attaché à sa famille et le GÉMEAU le pousse souvent dans de dangereuses directions !

♈ / ♋ : SPONTANÉ ET TENDRE.
Le CANCER confère au natif profondeur et réflexion ! Bien plus sensible à la qualité de sa vie familiale, le natif est toutes fois un travailleur ambitieux, ce qui lui fait alterner des périodes de calme et d'autres d'agitation plus proches du signe !
Il est également plus intuitif, moins prompt à juger les gens sur de simples apparences, plus intimiste et plus secret.
Plus tourné vers la réflexion et l'introspection, il est aussi plus fragile, plus sentimental, plus vulnérable !

♈ / ♌ : FOUGUEUX ET EFFICACE.
Voilà une excellente configuration !
Le LION donne au signe panache et efficacité, et le petit coup de pouce pour le rendre célèbre et convaincant. C'est ainsi qu'il sera un bon syndicaliste, ou le porte-parole efficace de toutes les causes !
Plus enthousiaste et plus sympathique, sa fougue se démontrera à travers des actes chaleureux, et un réel amour des autres.
Ce sont des philosophes aux idéaux très éloignés de la médiocrité, au rendement exceptionnel et à l'indépendance farouche.
Forts et droits, ils ont une rare faculté d'affirmation dans le domaine social et politique !

♈ / ♍ : RAPIDE ET ORGANISÉ.

La VIERGE apporte au natif intelligence et imagination.
Par contre, elle le rend aussi plus timoré, plus méfiant, et plein de scrupules déplacés. Son sentiment d'infériorité peut le pousser à la dépression s'il n 'y prend garde.
De toute façon le côté négatif est ce frein que la VIERGE met à toutes ses entreprises, et il se sent comme entravé dans ses élans. Pour parvenir à un équilibre, le natif doit apprendre à surpasser le blocage imposé par la VIERGE, qui par ailleurs le rend minutieux, patient, et plein de sollicitude.

♈ / ♎ : VIVIFIANT ET TOLÉRANT.

Un souffle de diplomatie, de pondération et de raffinement passe sur le BÉLIER. Un bon ascendant, bénéfique et bienfaisant.
Le natif est plus joyeux, plus sociable, et avouons-le, plus sympathique !
Plus tolérant, moins égoïste et plus cool en famille, grâce à la BALANCE on apprécie cet homme (ou cette femme) élégant, sensible à la mode, à la musique, bref à la qualité de la vie !
Des grands élans de générosité caractérisent cette configuration, et rendent souvent le natif méconnaissable !

♈ / ♏ : TOUT FEU TOUT FLAMME !

MARS étant la planète commune aux deux signes, le natif a tout de la poudrière en action. Explosif, agressif et extrémiste, il faut qu'il se surveille, car il peut avoir recours en cas de besoin à des solutions extrêmes qui sous le coup de l'émotion lui paraissent incontournables !
L'autodestruction (merci au SCORPION !) le guette également, ainsi que les actes irréfléchis dictés par son légendaire emportement !
À part ça, sa vie sexuelle est riche est passionnée, c'est un amoureux fougueux et d'une extrême jalousie ! Courageux et énergique, on peut lui confier des missions « impossibles », il est capable de générosité et d'héroïsme !

♈ / ♐ : DYNAMIQUE ET ENTREPRENANT.

Des idées bien plus larges, des idéaux plus haut placés, l'esprit d'équipe et l'amour des voyages, voici quelques-uns uns des cadeaux que le SAGITTAIRE fait au BÉLIER !
Un très bon ascendant, qui rend le natif bien plus sentimental, et lui donne un tempérament plus communicatif et plus fécond.
Plus heureux et plus satisfait de lui-même, cette personnalité-là a l'amour des siens, surtout celui de ses enfants qu'elle élève avec intelligence ! Réussite dans le domaine de la mécanique et de l'électricité !

♈ / ♑ : AMBITIEUX ET TRAVAILLEUR.

Voilà une belle fusion, qui donne au natif profondeur et réflexion, grâce au CAPRICORNE !
Tous les domaines de la vie où sérieux et rigueur sont de mise (le travail, la vie de famille, les finances) bénéficient de ce signe rigoriste et traditionaliste !

Comme il est plus réfléchi, le natif sera plus philosophe, moins prompt à se ruer sur toutes les bonnes occasions qui se présentent ! Plus lent, plus posé, il subira bien quelques tiraillements car sa nature fantasque piaffe de temps en temps d'impatience !
Mais justement, il sera plus patient et ses réalisations seront durables et solides. Sa vie de tous les jours est améliorée, la routine ne le déprime pas, et ses sentiments sont profonds.

♈ / ♒ : ORIGINAL ET TRÈS DRÔLE !

Le VERSEAU rend le BÉLIER plus idéaliste, moins porté vers le matériel, plus ouvert aux techniques de pointe et au progrès. Il le rend aussi plus changeant, plus imprévisible, moins fidèle et plus drôle !! Il devient ingénieux, audacieux, entreprenant, cette configuration est une des plus intéressantes du ZODIAQUE !
Pour lui, le charme et les conquêtes amoureuses sont le moteur de la vie, ainsi que les virées entre amis, dans lesquelles il s'épanouit tout particulièrement !

♈ / ♓ : ENTÊTÉ ET CHICANEUR.

Ici, malgré l'air buté et dur que le natif a parfois, se cache une vraie compassion des autres, un réel amour de son prochain. Tiraillé entre le FEU et L'EAU, ce personnage ne vit pas toujours dans la sérénité, car il est dans un constant état de conflit avec les autres.
Très souvent, sous cet aspect, le natif se laisse influencer par le milieu où il vit, et perd sa personnalité.
Plus sentimental et plus casanier, il est aussi plus à l'aise financièrement, car le POISSON rend prospère !

LES ASCENDANTS DU ... ♉ TAUREAU !

♉ / ♈ : ÉGOCENTRIQUE ET DIRIGISTE.
Le BÉLIER apporte au TAUREAU une pointe de jalousie et d'égoïsme dans toutes ses entreprises. Plus entêté encore (si c'est possible!) Le natif veut obtenir partout et toujours la première place. Il est égocentrique et dirigiste !
Chez ce TAUREAU-là, la famille n'occupe plus la première place, elle est détrônée par une ribambelle d'amis et de connaissances diverses qui l'entraînent souvent loin du chemin de la maison. Rarement fidèle, le natif multiplie les expériences amoureuses, car c'est un amant (ou une maîtresse) impulsif, inventif, et très performant !

♉ / ♊ : AIMABLE ET LÉGER.
Ici le natif est assez mal dans sa peau, car le GÉMEAU tente tout ce qu'il peut pour le pervertir !
Très attiré par l'argent facile, il risque de tomber dans les pièges de ceux qui veulent s'enrichir sans trop se fatiguer !
Il est porté vers un culte exagéré de sa personne, bien plus sensible à la mode, aux parfums, aux accessoires. Il aime la musique, et le contact avec les autres. Souvent il arrive que le natif tisse des liens solides et fonde une famille, qui vole en éclats aux alentours de la quarantaine !
Plus intelligent, plus rapide et plus aimable, le natif sait se faire aimer !

♉ / ♋ : FAMILIAL ET TRAVAILLEUR.
Dans cette configuration le natif frôle la perfection, du moins dans le domaine familial où il fait merveille. Amant attentionné, père (ou mère) comblé (il est très fécond) et conjoint attentionné, on ne peut rien lui reprocher !
Même s'il ne sait pas toujours dire les choses affectueuses facilement, il prouve son attachement par sa présence et son amour. Le CANCER confère au TAUREAU l'art de la poésie et de l'écriture.
Il a le sens de l'épargne et des économies. Amical et sympathique, le natif séduit par sa gentillesse !

♉ / ♌ : SAIN ET ÉQUILIBRÉ.
Le natif a un tempérament solide et possessif, il est ambitieux et confiant en lui-même !
Il contrôle moins bien ses instincts et ses sentiments, et est donc plus apte aux coups de foudre et aux coups de colère !! Il est sensuel et jouisseur, gai et chaleureux.
Sous cet aspect il arrive au natif d'être moins réfléchi, plus incisif et plus révolutionnaire. Son charme non négligeable de par le TAUREAU, devient rayonnement avec le LION, et ses conquêtes amoureuses sont multiples !

♉ / ♍: IDÉALISTE ET TRAVAILLEUR.
Ces deux signes de TERRE se complètent à merveille pour donner au natif le sens du rêve, de la douceur, de l'humilité et des valeurs familiales.
La VIERGE, bien connue pour sa prudence, rend le natif un peu timide, timoré, patient et parfois un peu mélancolique.
Plus diplomate, il est aussi moins extrémiste. Son sens social est augmenté, car la VIERGE a des idéaux élevés et un vrai sens du dévouement.
Ici le TAUREAU est moins égoïste, dans ses contacts, et aussi un peu plus avare, avec ses possessions!

♉ / ♎: TRAVAILLEUR ET SENSUEL.
Doué, aimable, diplomate, élégant, raffiné, avenant, soigné, disert, amusant, et j'en passe et des meilleures, voilà le résultat de la rencontre entre deux signes vénusiens!
La BALANCE confère au signe un peu de langueur, ce qui est bon pour lui car il ne sait pas se reposer!
Sûr de lui, imposant avec douceur son savoir-faire, il fait preuve de pondération dans ses décisions. Il est bien plus réfléchi que ne le voudrait son signe de base!! Il est aussi plus habile des ses mains, plus érudit et plus raffiné. Cet ascendant n'apporte au signe que des améliorations!

♉ / ♏: FRANC ET EFFICACE.
Plus mordant, plus entreprenant, plus conscient de sa sexualité: voilà le TAUREAU remanié par le SCORPION. Plus dur aussi, car moins porté vers les joies basiques de la vie, il est plus efficace et tranche dans le vif sans tergiverser. Moins de diplomatie et plus d'actes, ce TAUREAU-là ne tourne pas autour du pot! Propulsé par l'ascendant dans des situations qu'il n'aurait jamais envisagées autrement, le natif profite bien de cette alliance, sa vie sociale et son impact sur les autres sont bien plus valorisants! Il va de succès en succès.

♉ / ♐: DYNAMIQUE ET CONVIVIAL.
Cette union est heureuse, car le SAGITTAIRE apporte au signe de la gaieté et un grand dynamisme.
Il lui apporte aussi plus de tact et de doigté, de savoir-faire dans les contacts humains. Plus spontané, plus bavard plus cultivé et plus tourné vers le progrès, ce TAUREAU-là se sent plus fort et bien plus sûr de lui; Il aime aussi les voyages qui lui apportent beaucoup, et s'équipe de tous les médias.
C'est un être gai et charmant, au fort charisme.

♉ / ♑: PATERNALISTE ET TRAVAILLEUR.
Le CAPRICORNE absorbe le TAUREAU et lui donne pratiquement toutes ses caractéristiques.
Ordonné, opiniâtre, organisé, apte à résoudre toutes les difficultés, c'est un personnage fort et intéressant, qui ne manque ni de chaleur humaine, ni d'humour. Moins ludique que le signe de base, donc moins exposé aux

égarements et aux errances, sans être renfermé ou triste ce natif nous donne une bonne idée de la perfection! Là où le CAPRICORNE serait trop sérieux le TAUREAU apporte une juste note de légèreté, et nous avons en face de nous un être équilibré, charmant, travailleur, fidèle, et j'en passe! (Vérifiez quand même le reste du thème avant de passer commande de votre auréole!)

♉ / ♒: JOYEUX ET JOUISSEUR.

Le VERSEAU fait passer sur le TAUREAU un souffle de chance, d'humour, et de légèreté!! Cette union ne se vit pas toujours sans mal, car l'intellectuel VERSEAU et pris au dépourvu par la sexualité charnelle et très physique du TAUREAU. Lui qui préfère coter fleurette, a parfois du mal à entrer dans la peau du personnage. Mais très souvent ce natif s'en sort bien, et sait apporter à tous ses débordements charnels, alimentaires et jouissifs un rien d'intellectualisation qui passe très bien!

Plus sympathique, plus sociable plus joyeux et plus cultivé, ce TAUREAU-là apprécie au plus haut point les voyages, les rencontres sentimentales, les aventures de toutes sortes, et aura pas mal de chance en argent!

♉ / ♓: BON ET PROSPÈRE.

Tiraillé par les sentiments contradictoires qui l'habitent, ce natif a besoin de repos et de recueillement. Certes, ils ont tous les deux une certaine bonté, et une grande générosité, mais pas de la même manière! Bien entendu, le POISSON est plus désintéressé par lui-même, plus préoccupé par les autres, et pour le TAUREAU, c'est l'inverse!

Ce natif a des buts intellectuels plus élevés, il est plus raffiné, plus charmeur, et plus enclin à se tourner vers les autres! Comme c'est avant tout un manuel, le POISSON le rend inventif et confère à ses créations du génie et de l'originalité. Sa fortune viendra souvent de la terre.

LES ASCENDANTS DU ... ♊ GÉMEAU !

♊ / ♈ : FRAGILE ET TIRAILLÉ.

Toutes les caractéristiques un peu marginales du signe sont mises à mal par la droiture du BÉLIER!
Plus honnête, plus intelligent, plus strict et plus sérieux dans le travail, voilà des exemples de l'influence de l'ascendant. L'ambition est modérée, amenée à des proportions plus réalistes et le natif est moins vaniteux.
Parfois un peu secoué par ces remaniements, le natif est sujet à des moments de dépression, où il ne sait plus bien où il va. Mais de ces moments d'introspection le GÉMEAU/BÉLIER sort grandi et sa vraie personnalité, à l'âge mûr, le trouvera plus serein et plus équilibré!

♊ / ♉ : CHANGEANT ET OPPORTUNISTE.

Pour l'entourage, comme pour le natif, cette dualité est dure à vivre. Tour à tour coureur et fidèle, généreux et avare, libre penseur ou borné, à part sa joie de vivre, ce GÉMEAU-là n'a pas de constante. Il est vrai que le GÉMEAU, signe d'air, et le TAUREAU, signe de terre, n'ont pas grand-chose en commun. Autant l'un est indifférent aux autres et travaille l'apparence, autant l'autre est à l'écoute et va au fond des choses. Ces recherches déconcertantes de son moi profond dureront toute sa jeunesse et, à l'âge mûr, il sera bien plus équilibré. OUF! Il était temps!

♊ / ♋ : INQUIET ET IMPRESSIONNABLE.

Ici l'ascendant ne fait rien pour rendre le signe moins vulnérable. Au contraire, la LUNE le rend rêveur, impressionnable et inquiet, et le GÉMEAU n'avait pas besoin de ça! Ce natif est un grand enfant qu'il faut soutenir, épauler et rassurer tout le temps. Instable et imprévoyant, son hypersensibilité doit être surveillée avec doigté et gentillesse. Peu armé pour la vie et les épreuves, il faut qu'il s'associe à quelqu'un qui a les épaules! Qu'il cherche du côté des signes de TERRE: comme je les connais, ils seront ravis de l'aubaine!

♊ / ♌ : BAVARD ET BRILLANT.

Le LION donne au natif impétuosité, force et courage. Il le rend plus intelligent, plus brillant et plus décidé. Plus stable, plus sûr et plus honnête, ce GÉMEAU-là se tourne vers les autres avec générosité, humour et aplomb. Dans le secteur sentimental, ce natif a plus de mal à se stabiliser. Son charme et son éloquence lui confèrent maint succès avec le sexe opposé, mais le GÉMEAU veut s'amuser et le LION se marier. Gageons qu'il se décide avant que la vieillesse et son cortège de maladies ne fassent un choix pour lui!

♊ / ♍ : MÉFIANT ET COMPLIQUÉ.

La VIERGE donne au natif du sens pratique, de la précision et un esprit ordonné. Il y a des risques toutes fois que les nerfs de ce natif soient fragiles et la dualité des signes, la friction entre la TERRE et l'AIR ne deviennent à certains moments durs à supporter. Il faut qu'il exerce un bon contrôle sur lui-même et, avec un peu de chance, le reste du thème l'y aidera. La VIERGE incite à l'introspection et à la prudence, à ne pas confondre avec repli sur soi-même et méfiance.

♊ / ♎: COQUET ET MONDAIN.
Si le GÉMEAU se laisse guider par la BALANCE (ce qui lui évitera bien des conflits en famille), il n'aura qu'à se féliciter du résultat. Plus diplomate, moins égoïste, ce double signe peut être tout à fait charmant. D'autant qu'il s'intéresse aux autres et communique avec esprit et humour. Il est d'ailleurs assez bavard. Très sensible à son apparence, il n'aime ni la pauvreté, ni la médiocrité et encore moins la vulgarité. C'est un être souriant et aimable, qui travaille son image et qui tient à laisser aux autres une bonne impression.

♊ / ♏: NERVEUX ET IRONIQUE.
On pourrait dire de façon imagée que le SCORPION brime le GÉMEAU et lui tient la tête sous l'eau. Surtout que le GÉMEAU de par sa nature est instable, le nerveux SCORPION n'arrange rien et, pour un peu, on parlerait de névrose grave. Auto destructeur, l'ascendant souligne tous les points faibles du natif et ce dernier ne voit pas le bout du tunnel. Il connaîtra entre ordre des désaccords sentimentaux et des frictions au sein de sa famille, surtout si elle est composée de CAPRICORNES.
Gardez le sourire et attendez la fin du thème !

♊ / ♐: OPPORTUNISTE ET AFFABULATEUR.
Le SAGITTAIRE, ici, exacerbe le côté sombre du GÉMEAU. Il le rend indécis, incertain, pas très franc et friand d'intrigues louches. Mais ces travers, on peut les corriger, à condition de le vouloir. En revanche, ce natif a un sens artistique très développé et tient peut-être là la clé de sa réussite. Qu'il se spécialise, toutes fois, dans une discipline, sinon la dispersion le guette ! Il faut qu'il prenne garde de s'unir avec un conjoint dont les coordonnées astrales sont compatibles, sous peine de connaître des problèmes sentimentaux. Un natif prévenu en vaut 2 !

♊ / ♑: OPPORTUNISTE ET ENVAHISSANT.
Ces deux signes sont en opposition formelle entre eux, ce qui n'augure rien de bon pour cette configuration. Beaucoup de conflits intérieurs et de doutes pour ce natif. Au mieux, on peut dire que le CAPRICORNE apporte au signe de la stabilité, du sérieux et en un mot une conscience. Ces personnages entrent dans votre vie par la petite porte et vous aurez du mal à vous en débarrasser, surtout si vous représentez pour eux un quelconque avantage ! Mais quand on sait que le GÉMEAU a déjà deux visages, une interprétation devient très compliquée.
Je vous conseille de consulter le reste du thème, surtout MARS, VÉNUS et la maison 7 !

♊ / ♒: **ARTISTE ET GAI.**

Le VERSEAU apporte au natif une généreuse compréhension des autres, un grand sens artistique et une scrupuleuse honnêteté. Plus indépendant que les autres GÉMEAUX, ce natif est intéressé par les arts, la philosophie, les médias, les voyages, bref il est plus intellectuel, plus ouvert.
Il aime aussi la mode et tout ce qui s'y rattache, et les femmes ont un goût prononcé pour la coiffure, l'esthétique, tout ce qui touche à la beauté. Mon conseil : choisissez un métier de contact !
Ils ne sont pas faits pour le mariage : ils aiment trop leur liberté !

♊ / ♓: **FRAGILE ET CHANGEANT.**

Ce natif manque de confiance en lui-même ce qui le rend jaloux et instable. Il a une grande imagination Très changeant, il peut être tour à tour velléitaire ou passif, révolutionnaire ou traditionaliste .... Il est sujet aux cas de conscience et caresse parfois des projets de vie en monastère qu'il ne réalise pas. Il est vrai qu'il a besoin de solitude. Assez apathique et sans élan (si le reste du thème ne redresse pas la barre), ce natif a besoin de repos, de grand air, de nature voire de montagne, pour s'oxygéner et se refaire une santé !

LES ASCENDANTS DU... ♋ CANCER !

♋ / ♈ : FANTASQUE ET FONCEUR.
Les aspirations et les idéaux du CANCER bénéficient de la fougue du BÉLIER pour s'extérioriser. Bien entendu, la personnalité née sous ce double signe souffre de quelques tiraillements, car le doux et pacifique CANCER a parfois du mal à suivre! Mais dans l'ensemble, c'est un bon mélange. Surtout dans sa vie sentimentale, le natif aura de grandes satisfactions, car son côté passionnel, doublé de douceur et de sympathie, lui ouvre les cœurs. Le CANCER, signe introverti et le BÉLIER, signe extraverti, font finalement bon ménage!

♋ / ♉ : CONVIVIAL ET GAI.
Voilà une bonne union, que celle qui relie les champions toutes catégories de la sentimentalité et celui des désirs et des pulsions charnelles. En plus ils ont tous les deux une imagination débordante: au profit du travail pour l'un (TAUREAU) et de la famille pour l'autre. Belle complémentarité!
Leur goût commun des enfants, de la vie de famille, du cocooning, trouve ici une façon heureuse de s'exprimer! Jamais ennuyeux, ce signe a le goût des fêtes de famille, des piques niques sur l'herbe et des joies simples.

♋ / ♊ : MENTEUR ET ASSOIFFE D'AMOUR.
Cette combinaison rend le signe instable et influençable!
Il veut bien faire, mais un petit quelque chose le pousse vers les chemins de traverse, ainsi est-il conduit à promettre des choses qu'il ne peut pas tenir: à la fin on a du mal à lui faire confiance. Le CANCER donne de l'imagination au GÉMEAU, pour inventer les plus gros bobards, certes, mais aussi pour rendre sa vie plus gaie: il est moins angoissé! Mais, et surtout dans le domaine familial, le natif est peu fiable, peu loyal et enclin à de grands revirements. Avec cet aspect, la sensualité souvent hésitante du CANCER n'a aucun scrupule à s'extérioriser!

♋ / ♌ : VANTARD ET POPULAIRE.
Le natif est très sensible et grâce au charisme du LION réussit à s'affirmer et à se faire apprécier. Surtout à l'âge mûr, ses qualités diverses en font un être très recherché pour son agréable compagnie et ses bons conseils. Son imagination très vive trouve dans le LION le courage de s'exprimer! C'est aussi le seul CANCER assez sûr de lui pour se vanter! Ce sont des personnages dont la caractéristique n'est pas seulement de dire, mais d'avoir des choses à dire!

♋ / ♍ : SECRET ET INTROVERTI.
Cet ascendant est plus heureux pour les femmes que pour les hommes, car si la timidité sied bien aux unes, elle s'appelle inhibition pour les autres! Sensible et délicat, le natif est porté vers le mysticisme, grâce à

la VIERGE. Un peu susceptible, on peut dire qu'il se vexe pour un rien et rentre dans sa coquille. Minutieux et perfectionniste, on peut dire que les tâches répétitives lui vont bien ; sa vie amoureuse est pleine de promesses !

♋ / ♎ : TENDRE ET MONDAIN.
Ici les sentiments prennent le dessus ! Le tempérament est passionnel et VENUS exerce une influence bénéfique sur le natif ! Il connaîtra de brillants succès en tant qu'artiste, dans de multiples domaines. Les professions qui impliquent le sens du contact sont à privilégier. Le natif jouit d'une sérénité accrue grâce à l'influence de la BALANCE, qui lui confère une lascivité de bon aloi !
Le natif de ce signe double est aussi plus sensible aux flatteries, et s'adonne à des jeux de séduction auxquels le signe basique ne s'aventurerait pas !

♋ / ♏ : ACCROCHEUR ET OBSTINÉ.
Ici la passion est au rendez-vous ! Dans tous les domaines, amoureux, professionnel, financier, le natif ne connaît pas le tiède et va au bout de ses (grandes) ambitions. Le natif est sujet à l'introspection et à la critique. Il se trompe rarement sur les gens et gère à merveille le potentiel humain. Il est doué pour la mécanique et les travaux de précision, comme l'horlogerie, ou, dans un autre domaine, le nucléaire. Il est appelé à beaucoup de prudence, sur la route notamment, où il fait preuve d'une désinvolture coupable !
Sa vie amoureuse est bien aspectée, à condition qu'il se garde des GÉMEAUX, qui ne lui valent rien dans ce domaine.

♋ / ♐ : DYNAMIQUE ET HUMORISTE.
À l'âge mûr le natif sera pris d'une frénésie pour les voyages, entre autres les croisières en mer ! Il est animé par un esprit d'aventure peu banal chez le CANCER, signe casanier s'il en est.
Dans le domaine des sentiments il sera à coup sûr moins fidèle (merci au SAGITTAIRE !) et multipliera les conquêtes. Son charme et son charisme sont puissants et il a, en plus, le mot pour rire !
Professionnellement il est aussi plus arriviste, plus ambitieux. Il élèvera ses enfants avec intelligence, car il a un grand sens pédagogique !

♋ / ♑ : PERFECTIONNISTE ET TARDIF.
Le CAPRICORNE confère au signe le sérieux et la rigueur qui le mènent vers la réussite et certains astrologues parlent même de perfection ! Si dans sa jeunesse le natif a du mal à se positionner au niveau sentimental, professionnel et financier, à l'âge mûr tout lui réussit, à force de travail, de réflexion et d'honnêteté. Les oscillations dans ces domaines finissent toujours par se stabiliser au mieux de ses intérêts.
Sa vie maritale, souvent tardive, porte peu de fruits, mais si d'aventure il a des enfants, ces derniers sont d'une rare intelligence.

♋ / ♒: CHANGEANT ET TOLÉRANT.

Ce signe d'AIR ne convient pas trop au CANCER, qui est tourné vers le passé, alors que l'autre vise l'avenir. Dans sa personnalité il y a de gros désaccords, étant tour à tour passéiste ou résolument moderne. Il n'y a qu'au jeu, ou en amour (dans ce domaine sa vie sera heureuse), que cet ascendant est bénéfique, car il n'est pas dénué de chance. Le VERSEAU aide aussi à se tourner vers les autres et de sortir un peu du milieu strictement familial. Professionnellement, il aura du mal à se poser, mais je peux quand même lui conseiller des métiers où le contact humain est important. Avec l'âge mûr viendront aussi l'équilibre et une plus grande ouverture d'esprit!

♋ / ♓: SENTIMENTAL ET MÉLANCOLIQUE.

C'est le signe des idéalistes, des artistes, de tous ceux qui ont une forte intuition, le sens de l'argent et, mine de rien, des biens matériels! Pour eux c'est "l'idéal, sinon rien " et leur bonheur est à ce prix. Dans le domaine sentimental, ils sont souvent amenés à contracter une 2e union, plus conforme à leurs aspirations. Très sensibles aux ambiances, ils sont un vrai baromètre des tensions dans un groupe! De constitution psychique un peu fragile, l'EAU rend vulnérable, ils ont l'émotivité à fleur de peau!

LES ASCENDANTS DU ... ♌ LION !

♌ / ♈ : TRADITIONALISTE ET PASSIONNÉ.
Le natif né sous cette double image est bien entendu fort orgueilleux, fier de son image et très jaloux. Le LION est plus traditionaliste et plus matérialiste. Il aide le natif à briguer des places de choix où il pourra s'enrichir, afin de s'entourer du luxe qu'il aime. Il fait d'ailleurs très souvent des mariages de raison, pour se dorer le blason ! Sa vie affective est toutefois primordiale, ce qui laisse supposer qu'il a la chance d'aimer une femme riche. Sinon, il vivra certainement ses pulsions amoureuses ailleurs. Mais il a le culte de la famille et des traditions et ne fera rien qui puisse ternir ses idéaux !

♌ / ♉ : CONSTANT ET TRAVAILLEUR.
Ici la générosité du LION est freinée par le TAUREAU, qui a de belles qualités, mais pas celles de la prodigalité ! Plus matérialiste, il atteint, grâce au professionnalisme du TAUREAU, un niveau de vie des plus confortables. En amour, il a de nombreux succès sentimentaux, il ne faut pas oublier que sa PLANÈTE est VENUS, celle de l'amour et de l'amitié. Mais fidèle et peu envieux d'avoir des problèmes dans ce domaine, il est assez fiable. Sa fidélité est une priorité pour lui, une constante préoccupation et le gage de son attachement. Ne doutez pas de lui : il ne le mérite pas ! Il a un avenir heureux, à la mesure de la sincérité de ses sentiments !

♌ / ♊ : FANTASQUE ET CHANCEUX.
Ici le natif devra lutter toute sa vie pour ne pas se laisser emporter par les influences néfastes du GÉMEAUX. S'il y parvient, il peut se révéler assez amusant, intelligent, entreprenant et fantasque. En amour, il ne faudra pas trop lui faire confiance, car il va butiner de fleur en fleur. Dans le domaine professionnel, s'il parvient à se fixer, il peut exercer un de ses nombreux talents artistiques, comme le théâtre, le cinéma ou plus rarement la peinture et la musique. Son avenir semble assez chaotique, à moins qu'une circonstance imprévisible ne le place sur des rails et qu'ainsi son destin soit guidé (fils ou fille de patron, d'artisan, de bonne famille). Il a un bon potentiel de chance (au jeu et dans la vie en général).

♌ / ♋ : FAMILIAL ET ÉQUILIBRÉ.
Ce signe mixte est caractérisé par de grands voyages ; il peut espérer des héritages inattendus et aura de grands succès personnels avec ses propres créations artistiques. Ils sont sujets à de belles amours et, s'ils ont des enfants, ces derniers seront choyés, comme eux ne l'étaient probablement pas. Le signe du LION apporte des améliorations considérables au modeste CANCER. Il lui confère panache et assurance ainsi qu'une belle touche d'humour ! Les femmes du signe sauront organiser de brillantes soirées et les hommes sont de grands sentimentaux. Ils sont attirés par la VIERGE et la BALANCE !

♌ / ♍: **RAISONNABLE ET PATERNALISTE.**
Ce sont deux signes complémentaires. La VIERGE donne au LION un solide goût des affaires et un sixième sens pour ne pas se tromper. Il est plus méfiant que son SOLEIL, aussi se laisse-t-il moins entraîner dans des spéculations oiseuses qui flatteraient son ego ! Le seul écueil est que la VIERGE, signe de terre, le rend plus raisonnable qu'il ne voudrait, aussi se permet-il quelques escapades de temps en temps, plus pour s'affirmer en tant que LION, que par réel amour de la luxure. Sa vie le satisfait, en principe, car il est aussi plus modeste et plus réaliste !

♌ / ♎: **ORGUEILLEUX ET MONDAIN.**
Avec cette configuration, le LION aime à accroire (si possible !) son prestige personnel. Il est féru d'art, (musique peinture) et recherche en toute chose beauté et harmonie. Très attiré par le sexe, le natif met tout son charisme au service de la séduction et grâce à son élégance raffinée et son langage châtié parvient généralement à ses fins. Coups de tête et coups de foudre se succèdent, c'est un amant passionné qui suivrait son béguin du moment au bout du monde. Bien entendu, en famille, cette attitude ne fait pas que des heureux. Et sur le lieu de travail non plus !

♌ / ♏: **MANIPULATEUR ET CHARISMATIQUE.**
En gros on peut dire que cette union est favorable. Elle rend le LION plus précis, plus consciencieux et moins tapageur que sa nature ne l'y conduirait. Il est également plus auto critique et s'interroge d'avantage avant d'agir. Le bémol, c'est que le SCORPION rend opiniâtre et sélectif et le LION, orgueilleux, n'avait pas besoin de ça ! Il devient ainsi facilement méprisant avec ceux qu'il juge au plus bas sur son échelle des valeurs. Entêté et sûr de lui, lui faire dire qu'il a tort relève de l'exploit et fait de la personne qui l'accomplit un de ses (nombreux) ennemis !

♌ / ♐: **SYMPATHIQUE ET EFFICACE.**
Cette union « tout feu » est bénéfique, car elle rend le natif sympathique. Plus sociable et plus diplomate, il s'impose avec plus de doigté (mais aussi efficacement) et bénéficie en outre de dons d'organisation et de pédagogie. Plus charmeur et plus attirant, ce LION-là sait descendre de son piédestal et devenir paternaliste et protecteur. Tout aussi égoïste et un peu hypocondriaque (il a mille maladies imaginaires et comme il s'aime beaucoup, il veut toutes les soigner !). C'est le signe de la main de fer dans un gant de velours !

♌ / ♑: **TRAVAILLEUR ET HONNÊTE.**
Bonne fusion, surtout pour le travail où le natif sera amené à faire des déplacements (peut-être maritimes). Le CAPRICORNE lui confère sérieux et efficacité, ainsi qu'une lucidité qui l'aide à s'estimer à sa juste valeur. Animé d'une grande force au travail, constant et sûr, il est un partenaire recherché et compétent. Moins sinistre que le CAPRICORNE « pur », il sait se montrer brillant et fin causeur et défend avec brio l'image de son

entreprise ou de sa société. Amoureux du devoir et passionné, on ne pourrait trouver meilleur compagnon de route, au bureau et à la maison !

♌ / ♒ : **GÉNIAL ET ORIGINAL !**
Le natif a un tas d'idées, qui restent souvent à l'état de projets. Des qualités artistiques multiples, des goûts sûrs et hétéroclites, mais comme un frein qui les empêche de se concrétiser. Trop rêveur, trop enclin à l'autoanalyse, ce LION-là ne sait pas utiliser son potentiel. Un peu moins sûr de lui, plus tourné vers les autres, il ne manque ni d'humour (souvent féroce), ni d'esprit, mais une certaine réserve le plaque au sol. Plus viril que féminin, ce mariage-là réussit mieux aux hommes qu'aux femmes !

♌ / ♓ : **COMPATISSANT ET CHANCEUX.**
Le POISSON rend notre LION sensible à un tas de choses que, sans lui, il ne remarquerait pas : les oiseaux dans les arbres, les fleurs dans les champs et les sérénades aux balcons. Plus humain, plus proche des siens (et des animaux de compagnie) ce LION-là est un sentimental qui rugit de temps en temps pour donner le change ! Son trop-plein d'énergie, son agressivité et son incommensurable orgueil sont canalisés et orientés vers des œuvres charitables et des nobles causes.

LES ASCENDANTS DE LA ... ♍ VIERGE !

♍ / ♈ : PATIENT ... MAIS PAS TROP !

Ce natif devra gérer quelques difficultés en première partie de vie, car bien entendu la VIERGE et le BÉLIER n'ont pas grand-chose à se dire. L'une est pacifique et intimiste, et l'autre impulsif et aventureux ! Mais cette dualité rendra le natif prudent, et plus apte à réfléchir et se concentrer. Grâce à cela il saura se forger un caractère en composant avec les bienfaits de l'un et de l'autre. On peut dire qu'il sera bien plus serein en deuxième partie de vie, jonglant avec son esprit d'aventure et sa faculté de réalisation !

♍ / ♉ : MINUTIEUX ET CONVIVIAL.

Ces deux signes de TERRE s'entendent bien et le TAUREAU apporte au signe une vie pleine de belles réalisations. Grâce à lui, aussi, la compassion naturelle du signe se porte vers la famille et le cercle d'amis proches. Même dévouement sur le lieu de travail, ce qui complète la méticulosité et le sens du détail qui caractérisent la VIERGE. Les astres prévoient pour ce natif des situations difficiles, qui seront toutes résolues avec beaucoup de sagesse et de pondération.

♍ / ♊ : MYSTIFICATEUR ET BAVARD !

Ces deux signes bénéficient de l'influence de MERCURE. On ne peut pas vraiment parler de bénéfice, car le résultat est inquiétant : attention aux fréquentations louches, aux magouilles et aux plans à la limite de la légalité. Ce natif a tendance à s'écarter des sentiers battus ; d'une intelligence pratique, il est pourtant à l'aise dans l'art de la fabulation ! Le mensonge est sa défense favorite, les périphrases et autres demi-vérités aussi, car MERCURE rend inventif et habile.
Il possède un bon esprit critique, et on souhaite qu'il ait la force de ne pas se laisser aller ! Voyons donc le reste du thème !

♍ / ♋ : DÉVOUÉ ET SENSIBLE.

Il faut beaucoup d'amour pour aider ces natifs à sortir de leur coquille. Ils sont inhibés et secrets, et ne se livrent qu'en famille, et encore, pas la grande réunion de tous les membres : mais le repas dominical étendu aux plus proches ! Susceptibles, prudents et méfiants de tout, il faut qu'ils se reprennent en main pour que la vie ne soit pas un fardeau. Ils sont très dévoués et très à l'écoute, surtout des pauvres et des nécessiteux. Le yoga, la gym douce, et la musique classique : voilà des activités qui leur sont profitables et qui aident à enrayer la dépression nerveuse qui les guette !

♍ / ♌ : ORGANISE ET CHARISMATIQUE !

Un peu moins abattu que la VIERGE ne l'est habituellement, ce natif a plus de fougue et plus d'allant. Mais cette configuration n'est pas très bonne, non pas qu'elle nuise au natif, loin de là ! Mais la VIERGE nous avait habitués à plus de douceur, de compassion pour les autres! Sous cet aspect elle donne des êtres égoïstes, qui se mettent toujours en avant. La VIERGE qui a beaucoup d'imagination trouve ici le support idéal pour s'extérioriser! Et ce qu'elle a à dire n'est pas toujours du goût de tout le monde : elle a une langue de vipère! Beaucoup de chance en amour, et dans les finances, pour ce duo de choc!

♍ / ♎: RASSURANT ET MONDAIN.

Voilà un être charmant tourné vers la beauté, l'harmonie, l'amabilité et la diplomatie. En effet la BALANCE prend le dessus dans ce duo! Un peu plus infidèles que les autres VIERGE, moins humbles, aussi, ces natifs réussissent leur vie amoureuse et se marient sur le tard. Sur le tard aussi, de grosses sommes d'argent tombent dans leur escarcelle et ce n'est pas la BALANCE qui s'en plaindrait. La VIERGE va regretter de ne pas en avoir profité plus tôt, car maintenant, à l'âge mûr, elle a moins envie de placements bancaires que de fastueux trains de vie. Bast! Ce natif en fera bon usage quand même!

♍ / ♏: EFFICACE ET CHARISMATIQUE.

Bonne combinaison, même très bonne! Toute l'opiniâtreté du SCORPION est mise au service de la VIERGE, qui s'attaque de ce fait à des domaines qu'elle n'aurait pas osé expérimenter autrement! Ce natif se trompe rarement sur les gens : quel bon recruteur! Plus ambitieuse, plus agressive, elle est aussi plus mobile, plus prête à faire des compromis! On peut dire aussi qu'elle est bien plus sensuelle et son compagnon de route ne s'en plaindra pas!

♍ / ♐: CONFUSION ET MODESTIE.

La VIERGE réfléchit trop, le SAGITTAIRE pas assez. Souvent troublé par les élans qu'il ressent, ce natif n'est pas toujours à l'aise dans ses baskets. Surtout dans le domaine affectif, ou seule une grande complicité avec le conjoint peut préserver le (parfois les!) couple! La VIERGE, prudente, timide et assez secrète, se sent tiraillée par des pulsions moins catholiques. Plus ambitieuse, plus drôle, moins conventionnelle, un petit vent de révolte et d'insoumission souffle parfois en elle. Pour son entourage, cette VIERGE-là est surprenante, capable de tout et si efficace.
C'est une des configurations où la venue d'enfants fait baisser le train de vie du natif : sans eux, il aurait une vie très aisée!

♍ / ♑: DE L'IMAGINATION POUR VOUS ENRICHIR.

Sérieux et très matérialiste, vous perdez votre sens de l'humour dès que votre bien-être matériel est menacé. Sur votre lieu de travail, vous êtes respecté, voire craint. Très « famille », vous déployez pour les vôtres des trésors d'énergie et ce n'est qu'à leur contact que vous vous déridez. Vous n'êtes pas, loin s'en faut, un gai luron, mais pour raconter des histoires à vos petits enfants, vous n'aurez pas votre pareil. L'âge vous rendra paternaliste, bon et de très bon conseil.

♍ / ♒: **CÉRÉBRAL ET SI GENTIL.**

La VIERGE, ici, trouve plus imaginatif, plus utopique qu'elle, car dans le domaine de l'imaginaire, le VERSEAU n'a de leçons à recevoir de personne. Matérialiste, méticuleuse, pleine de talent et compatissante, cette VIERGE-là sait donner, se donner et entourer les siens de chaleur, d'humour, de convivialité. Les œuvres humanitaires, mais aussi la médecine, l'éducation, sont ses terrains de prédilection. Les médias, aussi, elle aime tant le contact. Parfois, elle est sur un petit nuage, à vingt mille lieues de vous. Mais quand elle revient sur terre, quel bonheur. Elle est si gentille !

♍ / ♓: **BEAUX ... et BONS !**

À première vue, ces 2 signes sont opposés sur la roue du Zodiaque. Pourtant, ils font bon ménage et donnent au natif compréhension et gentillesse envers les autres. Tournés vers l'humanitaire, la religion, le milieu médical, souvent ils font tout pour venir en aide aux plus démunis. Philosophes et partisans de la paix, ils sont eux-mêmes rarement belliqueux. Ils ont besoin de beaucoup de calme et de paix. Ils sont souvent beaux, et manquent rarement d'argent. Pourtant ils attachent peu d'importance à ces considérations ! Ils jouissent d'une longue vie et sont amenés à vivre des amours passionnées, dues à leur grande sincérité et à leur gentillesse, qui agit sur les autres comme un aimant.

LES ASCENDANTS DE LA ... ♎ BALANCE !

♎ / ♈ : CHANGEANT ET GAI.

Ici les astres soufflent le chaud et le froid, le natif passe de la colère à la joie facilement. Mais ces éclats sont sans gravité, et cette configuration augure beaucoup de joies en famille et en amour.

De toute façon, la BALANCE apporte apaisement et sérénité, même au fougueux BÉLIER, qui enrobe sa langue acérée d'un voile de diplomatie ! Pas si mauvaise que çà, cette alliance fait souvent des hommes et des femmes charmants, doués pour la drague et les jeux de l'amour !

♎ / ♉ : ESTHÈTE ET SENSUEL.

Beauté, douceur et gentillesse, voilà les qualificatifs qui caractérisent les natifs de ce double signe ! VÉNUS, maîtresse des deux signes, fait feu de tous bois et l'art, sous toutes ses formes, mène souvent la vie de ces natifs-là. Travailleurs, amoureux des leurs et des autres, bons vivants (voire mondains) et paternalistes, il fait bon vivre avec eux. Très souvent l'argent entre facilement dans leur escarcelle.Le seul défaut qui les caractérise : une certaine passivité face aux événements !

♎ / ♊ : NERVEUX ET GÉNIAL !

Ce double signe d'AIR vibre de toutes ses forces ! Impatient et exaspéré, ce natif ne tient pas en place et veut tenir le premier rang coûte que coûte ! Intelligent, touche à tout et plein d'esprit, ce double signe rend bavard et un peu menteur ! Il veut briller et faire l'unanimité et s'il est vrai que le GÉMEAU donne du génie, la BALANCE, heureusement, rend diplomate et conciliant. On frôle les catastrophes sans les provoquer !

♎ / ♋ : TENDRE ET INCONSTANT.

Il faut vous secouer ! Apathiques et doux, vous manquez d'esprit de décision et de combativité ! Vous n'êtes pas fainéants, par contre, mais plutôt du genre intellectuel torturé ! Que vous soyez homme ou femme, votre caractère est très féminin et vous vivez dans votre coquille, rongé par le doute. Très à l'aise dans le milieu familial, les autres ne sont pour vous que des empêcheurs de dormir en rond et vous qui avez horreur de l'agressivité vous sentez tout le temps mis sur la sellette ! Vous êtes tout de douceur, mais c'est un monde de brutes ! Il faudra vous y faire !

♎ / ♌ : IDÉALISTE ET DÉPENSIER...

Il faudra attendre la seconde partie de votre vie pour trouver une situation financière stable ! Très mondain et attiré par tous les plaisirs, vos jeunes années vous les passez à brûler les chandelles par tous les bouts ! Ardent et passionné, extraverti et noceur, rien ne vous fait peur dans le domaine de réjouissances. Mais un conjoint à votre mesure vous mettra les pieds sur terre et vous qui aimez tant les vôtres ferez tout pour qu'ils ne manquent de rien !

♎ / ♍: **INSPIRÉ ET SÉRIEUX.**
Un peu d'humour que diable! Il ne vous manque vraiment que ça pour être parfait. Chanceux en amour, professionnellement performant et apprécié, vous menez une vie équilibrée et harmonieuse et qui fait bien des jaloux! Luttez contre cette monotonie, ce ronronnement rassurant du quotidien qui vous plaît tant, mais qui peut lasser votre entourage! Un peu de fantaisie, de gaieté et de folie... Mais si, vous pouvez!

♎ / ♏: **TOURMENTÉ ET SENSIBLE.**
Inquiet émotif, tourmenté et nerveux ce natif n'est pas bien dans ses baskets! Alors en bon SCORPION il fait payer les autres, à coup de piques et de réflexions blessantes. Très doué pour s'exprimer (signe d'AIR oblige), il peut faire du dégât! Selon les aspects, la BALANCE peut adoucir cette configuration, mais de toute façon ce double signe donne du fil à retordre au natif. Courage, il y a encore 10 planètes qui ont leur mot à dire!

♎ / ♐: **CHANCE ET SAVOIR FAIRE.**
Voilà un merveilleux signe mixte qui apporte au natif chance et esprit d'entreprise. Que ce soit au travail, en amour, dans sa vie de tous les jours, ce natif gère tout avec brio et efficacité. Son succès personnel est assuré, aussi bien en amour que dans les finances et il connaîtra le bonheur et la réalisation de ses idéaux. Veinard!

♎ / ♑: **CONSTANT ET AMICAL.**
Vous mettez du temps à vous épanouir, car le CAPRICORNE ne pousse pas à la précocité!
Il aide par contre à réfléchir, ce qui n'est pas dans la nature de la BALANCE, et même si on peut reprocher un peu d'austérité au natif, cet aspect n'est pas négatif. Moins frivole, plus réaliste, ses projets sont plus clairs, ses buts plus précis, surtout dans la vie professionnelle, qui compte pour lui. Plus autocritique, ce natif-là est plus secret, plus froid. Mais quel ami!

♎ / ♒: **DÉSINTÉRESSÉ, HUMANISTE et ... FLEMMARD!**
Plus cool que vous pour les affaires d'argent, y a pas! Profondément concerné par les causes humanitaires, vous vous insurgez contre toutes les injustices. Vous n'aimez pas la mesquinerie, et la pauvreté, la misère, vous ne les supportez pas, malgré un grand désintéressement (! !). Vous voudriez sincèrement refaire le monde, en mieux (bien entendu!), mais que c'est dur de se lever le matin! Vous êtes aimable, gentil, du bois dont on fait les flûtes. C'est le dernier qui a parlé qui a raison. Attention, danger!

♎ / ♓: **(TROP) GENTIL ET SENSIBLE.**
Plus gentil que vous, c'est dur à trouver! De temps en temps, vous donnez plus que vous n'avez, d'où certains problèmes financiers, surtout dans la jeunesse. Après la quarantaine, çà va mieux, le POISSON veille

au grain ! Vous êtes délicat, vulnérable et sensible et ne voyez le mal nulle part. Vous avez l'esprit de sacrifice, une âme empreinte de bonté et d'amour. Vous avez du mal à prendre une décision, et adorez que quelqu'un le fasse pour vous ! Méfiez-vous de ne pas passer pour une bonne poire et de vous faire exploiter !

LES ASCENDANTS DU ... ♏ SCORPION !

♏ / ♈ : RÉVOLTÉ ET AGRESSIF.
MARS, planète maîtresse dans les 2 signes, donne au natif une agressivité accrue. Si cette agressivité est souvent canalisée chez le SCORPION et ne se déchaîne qu'à bon escient, ici elle prend une tournure plus débridée, plus proche des coups de tête du BÉLIER. Ce natif a toujours raison, il est prétentieux, révolté et un tantinet auto destructeur ! Il a des gestes excessifs, une puissante sexualité et une grande autorité qu'il exerce dans tous les domaines de sa vie. Il est traditionaliste en famille, et très jaloux en amour.

♏ / ♉ : POSSESSIF ET AMBITIEUX.
Quelques rares moments de douceur, pour ce double signe, qui allie la passion du TAUREAU à l'exigence du SCORPION. Amoureux exigeant, jaloux et possessif, il fait de ses conquêtes amoureuses le centre de sa vie. Sensuel et efficace, rien ne l'arrête dans ce domaine et c'est le genre à jouer les amoureux transis, en cas d'échec. Patient et opiniâtre, s'il a quelque chose dans la tête, ce n'est pas un simple refus qui va le décourager ! Il est attiré par les biens matériels, possessif et agressif.

♏ / ♊ : AVIDE DE CONNAISSANCES ET OPPORTUNISTE.
Son art de l'auto critique est mis à rude épreuve ici ! Il se rend bien compte que le GÉMEAU ne lui apporte que mélancolie, inquiétude, indécision, choix hasardeux pour ses partenaires amoureux et moralité douteuse !
Si tout ceci ne suffisait pas, il faut encore ajouter des périodes d'agressivité, contrebalancées par des périodes d'apathie ! Vraiment, c'est à lui de se prendre en main pour lutter contre ça, il en est capable ! Le seul point positif est son goût pour les sciences avant-gardistes, la mode et les études.

♏ / ♋ : CLAIRVOYANT ET UN PEU SORCIER.
Voilà, d'après les astrologues (pour ma part, j'attends de voir le reste du thème !), La configuration des gens les plus heureux du calendrier !
C'est celui des artistes, des voyants, des philosophes et des humanistes. Le natif jouit d'un pouvoir d'attraction irrésistible, d'un charme ravageur et d'un magnétisme personnel exceptionnel.
Très chanceux en amour, ainsi qu'à tous les jeux de hasard, ces natifs sont rarement dans le besoin et ne connaissent pas la précarité !

♏ / ♌ : COURAGEUX ET GÉNÉREUX.
Le LION donne au SCORPION le rayonnement, le désir de tout régenter et les moyens de le faire ! Impénétrable, le natif ne dévoile rien de ses états d'âme et réussit à déléguer avec brio les tâches subalternes ! Sympathique et doté d'une dévorante vitalité, ce natif ne connaît pas le découragement et comme il gère à merveille le potentiel humain, il sait

s'entourer et tourner les événements à son avantage. En digne LION, il se conduit avec son conjoint en despote et attend de lui aide soutien et collaboration ! Et en plus ce dernier doit être irréprochable en tout : il ne veut pas avoir à en rougir !

♏ / ♍ : EFFICACE ET MANIPULATEUR.
La VIERGE fait tout ce qu'elle peut pour ramener le natif vers l'ordre, la raison, la mesure, mais le SCORPION n'en fait qu'à sa tête !
À peine moins exalté que les autres, ce SCORPION-là est attiré par l'humanitaire et fait aussi de bons éléments pour le corps médical. S'il est croyant, il peut aussi entrer en religion et il serait alors un fervent praticien de la doctrine qu'il se serait choisi. Sa vie n'est pas sereine, MARS et MERCURE soufflant le chaud et le froid par intermittence !
Dans sa vie amoureuse, il est freiné par la rigueur de la VIERGE, mais capable d'attachement, de sérieux et de sincérité ! Il aime profondément ses enfants, pour lesquels il est toujours inquiet !

♏ / ♎ : INTELLIGENT ET MANIPULATEUR.
Le natif est ici d'un naturel tourmenté, émotif et bien plus fragile que le « vrai » SCORPION. Mais l'ineffable sens de l'équilibre de cet ascendant réussit à lui faire garder son assiette. Ce natif réagit avec bon sens, pondération et sait, en toutes circonstances, garder son calme. Plus langoureux, moins stressé, plus ouvert au dialogue, voilà d'autres cadeaux de la BALANCE ! Qu'il privilégie les postes dans la Diplomatie ou dans la politique. Soucieux de son apparence, le natif aime plaire et sait charmer par sa facilité d'élocution. Ses unions, malgré tout, sont solides.

♏ / ♐ : CURIEUX ET MOBILE.
Ici son agressivité naturelle se transforme en curiosité : il veut tout voir et tout savoir. Le natif est passionné de voyages, d'informatique, d'aventure et la nature le ressource. Gai, jovial et très drôle, il connaît les dernières histoires et les raconte avec brio, voilà les cadeaux du SAGITTAIRE au SCORPION ! Impulsif, il n'a pas les deux pieds dans le même sabot !
Sociable, il bénéficie dans ses amours d'une chance insolente et la vie auprès de lui n'est jamais monotone. C'est un père (ou une mère) de famille érudit et patient.

♏ / ♑ : EFFICACE ET TRAVAILLEUR.
Pour le SCORPION, pas de meilleur complice que celui-là. Il renforce toutes les qualités du signe solaire, en lui apportant opiniâtreté et sérieux. Ici il n'y a pas d'à peu près, c'est pour cela que ce natif, tôt ou tard, réussit tout dans sa vie. Le CAPRICORNE n'est pas le signe de la précocité, mais de la 2e partie de la vie. D'une riche personnalité, plein d'initiative et très amoureux de l'argent, il met tout en œuvre pour que ça marche : Et ça marche ! Amoureux à la sexualité passionnée, collègue très apprécié par ses performances et ses qualités relationnelles, le natif arrive à se forger sans trop de mal une superbe place au soleil !

♏ / ♒ : OMNISCIENT ET GÉNIAL.

Révolutionnaire, audacieux, artiste et humaniste, ce natif-là a plus d'une corde à son arc ! Très prisé par le sexe opposé, il n'a aucun tabou et est très libre sexuellement, on peut parler de bourreaux des cœurs, mais c'est avant tout un amant volcanique ! Dans sa jeunesse, ce natif peut se heurter à la hiérarchie par son originalité, mais c'est un être riche et passionnant qui retient l'attention.
Qu'il privilégie des métiers de contact. Il va probablement préférer l'union libre au mariage, son indépendance et sa vive intelligence ne souffrent pas de frein ! En plus son esprit critique exacerbé décourage les amoureux transis et il sait faire le vide autour de lui. Il déteste les histoires louches et les situations où tout n'est pas limpide.

♏ / ♓ : SENTIMENTAL ET GÉNÉREUX.

Des passions vives et démesurées animent ce signe double, ellest influent toute sa vie ! Il est d'une sensibilité exacerbée qu'il cache parfois en lançant son aiguillon, on n'est pas SCORPION pour rien !
Inutile de lutter, mais il en sortira chaque fois grandi. Il a des coups de tête fréquents et une grande sentimentalité. Les autres sont importants pour lui, qu'il choisisse un métier dans le social.
Son premier mariage sera un échec et il en contractera un deuxième. Il y a beaucoup de chances toutes fois qu'il ne revienne à ses premières amours ! Beaucoup de chances dans le domaine financier.
Merci le POISSON !

LES ASCENDANTS DU ... ♐ SAGITTAIRE !

♐ / ♈ : INNOVANT ET DYNAMIQUE.

Cette double configuration engendre des natifs fougueux, épris de nouveauté. Ils aiment ce qui bouge (le BÉLIER rend fonceur), comme les voitures, tous les écrans (télé, ordinateurs, jeux vidéos, etc. ...) et sont prêts à vivre toutes les expériences possibles. Ils ont des idéaux nobles et haut placés et ne badinent pas avec les convenances, car ils sont épris de justice et d'équité, surtout en famille, dont ils préservent le noyau et dirigent en patriarches.

Révolutionnaires et passionnés, pleins d'élans, ils sont amenés à multiplier les expériences sexuelles, dont ils sont grands amateurs. Dans ce domaine, ils peuvent être amenés à commettre certains excès.

♐ / ♉ : FAMILIAL ET TRAVAILLEUR.

C'est une union très bénéfique, car la fougue du signe est canalisée par la sagesse et la réflexion du TAUREAU. Plus préoccupé par le bien-être matériel des siens que le SAGITTAIRE de base, ce natif est aussi un amoureux sincère et sentimental. Il mène une vie très active, sa profession est importante pour lui, mais il est aussi attiré par les valeurs morales et spirituelles. Très « famille », il veillera toujours à ce que les siens ne manquent de rien et il est de ceux qui aspirent à posséder maison et jardin ! C'est un bon vivant qui a un solide sens de l'humour !

♐ / ♊ : INTELLIGENT ET SÉDUISANT.

Voilà une personnalité hors du commun, même si le natif vit quelques tensions internes. En effet, le GÉMEAU lui confère une certaine légèreté de mœurs, mais aussi un grand sens artistique et beaucoup d'humour. Très agile, autant mentalement que physiquement, c'est un être mobile plein de charme et de séduction. Très à l'aise, très intelligent il s'exprime facilement, avec brio et est toujours au courant des dernières histoires pour détendre l'atmosphère ! Un peu versatile, d'humeur changeante, il reste cependant toujours courtois et sociable.

Attention aux appendicites, aux hernies et aux affections des voies respiratoires.

♐ / ♋ : SECRET ET SENTIMENTAL.

Ici l'idéalisme du SAGITTAIRE s'exprime dans des sentiments très féminins : la bonté, la compassion, les gestes pleins de douceur de la vie de famille. On peut reprocher au CANCER de rendre le natif trop pudique pour exprimer sa vraie nature et souvent on a affaire à des êtres frustrés, surtout sur le plan sexuel où la femme du signe a du mal à s'épanouir. L'état de santé de ce signe mixte n'est pas fameux, car l'hypersensibilité jamais exprimée peut mener à des dérèglements psychiques plus ou moins graves selon le reste du thème et l'environnement du sujet.

♐ / ♌: **CHANCEUX ET RAYONNANT.**
Le natif dégage beaucoup de chaleur humaine, une grande vitalité et la certitude que rien de fâcheux ne peut lui arriver! C'est un être qui goûte tous les plaisirs et brûle la chandelle par les 2 bouts! Souvent conforté dans cette idée par l'apport de richesses par héritages, naissance en milieu aisé ou position sociale brillante, le SAGITTAIRE / LION jouit souvent d'un bien-être certain! Cette manne fait de lui un être décalé, peu au courant des vicissitudes de la vie et qui, habitué à la facilité, demande beaucoup de sacrifices à son entourage! Cette vie anormale fatigue son cœur, avant l'heure et le prédispose à des ennuis cardiaques, surtout les hommes de ce signe double. Les femmes, plus manipulatrices, sauront faire travailler leur compagnon de route et se fatigueront bien moins vite!

♐ / ♍: **HUMANISTE ET EFFICACE.**
Le perfectionnisme de la VIERGE donne bien du fil à retordre à ce SAGITTAIRE-là! Soucieux de tout faire et de le faire bien, ce signe double est en outre animé par de fortes aspirations spirituelles. Religieux dévot et dévoué, médecin humanitaire et humaniste, ou pédagogue féru des stages de perfectionnement, il a maintes occasions de se compliquer la vie! Très autocritique, il ne se passe rien et s'autoflagelle à plaisir. Certains aspects planétaires, s'ils sont confirmés, lui assurent un succès certain s'il prend la plume, pour écrire notamment des ouvrages sur l'art et la manière de se mettre en quatre!

♐ / ♎: **DIPLOMATIE ET SENS DU BEAU.**
Ici la fougue du SAGITTAIRE se met au service des choses agréables de la vie: l'art, la mode, la coiffure, la musique. Les contacts humains sont riches et porteurs de joie, et le doigté de ce signe double le prédispose à une belle carrière de diplomate!
Animés de grandes valeurs morales et sociales, ce sont de bons pédagogues et des enseignants efficaces et à la page. Nobles et généreux, ce sont des idéalistes, certes un peu pédants et qui aiment s'entendre parler, mais nul n'est parfait, n'est ce pas? La BALANCE confère au SAGITTAIRE une certaine recherche dans son apparence et une peur de la médiocrité. On pourrait toutefois lui reprocher de mettre au fougueux SAGITTAIRE une rasade de plomb dans l'aile!

♐ / ♏: **PERFECTIONNISTE ET COMPLEXE.**
Ces natifs ont un grand besoin d'aller au fond des choses, un grand esprit d'indépendance et une seule préoccupation dans l'existence: s'enrichir! Ils ont la dent dure avec leur entourage (merci le SCORPION) et l'ironie mordante! Quand leur activité professionnelle n'est pas source d'assez de revenus, ils se cassent la tête pour en trouver une autre: riche mariage, jeu de hasard, spéculations bancaires et boursières!
Leur fougue sexuelle est bridée par leur méfiance et leur souci des convenances. C'est dans ce domaine qu'ils connaissent le plus d'errements. Attention aux dents, aux yeux à la gorge et aux reins!

♐ / ♑ : RIGORISTE ET HYPOCONDRIAQUE !

Ce natif a besoin d'une grande passion pour donner un sens à sa vie et dans laquelle il pourra puiser les raisons de donner corps à ses aspirations spirituelles. De toute façon, il faudra qu'il fasse des efforts pour trouver, certains jours, un intérêt quelconque à la vie, ce n'est pas un être optimiste et insouciant ! Le sort lui donne raison, car il lui promet une existence matérielle difficile !

Un peu hypocondriaque, il se trouve des maladies qui tournent à l'idée fixe, inutile de vouloir lui faire changer d'avis ! À part des rhumatismes et quelques craintes du côté des poumons, le natif jouit d'une santé satisfaisante et le CAPRICORNE, qui fait des centenaires, lui promet une longue et morne existence !

♐ / ♒ : INDÉPENDANT ET NOVATEUR.

L'union de ces deux signes est profitable et donne des natifs très épris de liberté. Ils ont les idées larges et visent haut. Très brillant en société, (le VERSEAU rend bavard et le SAGITTAIRE, passionné), ce personnage a souvent une place de choix dans la société. Même s'il manque un peu de sens pratique, il a une constance et une ténacité hors du commun. Son domaine d'activité se situe souvent dans les postes qui requièrent intelligence, imagination, souplesse d'esprit. S'il a des enfants, il en a peu et ce sont en général des filles !

Troubles du métabolisme et de la circulation sanguine.

♐ / ♓ : AMBITIEUX ET GENTIL.

Dans cette configuration, le natif a tendance à se surestimer ! Il est persuadé de pouvoir mener à bien les douze travaux d'Hercule et, bien entendu, n'a aucune chance d'y parvenir. Même s'il a un peu moins de charisme que les autres SAGITTAIRES, il sait se rendre sympathique. Il a en plus davantage de chance dans le domaine matériel, surtout après la quarantaine où le POISSON lui rendra bien service !

L'âge le rend plus compatissant envers autrui, moins égoïste et moins opportuniste.

Attention aux voies respiratoires et aux maladies infectieuses.

LES ASCENDANTS DU ... ♑ CAPRICORNE !

♑ / ♈ : TRAVAILLEUR ET CURIEUX.
Malgré les tensions qui l'animent, le natif n'est pas aussi violent que le BÉLIER et se laisse rarement aller à des extrémités fâcheuses. Ce n'est pas sans quelques répercussions sur son psychisme. Bien sûr, il est plus impulsif que le signe de base, moins lent et plus ouvert aux changements. Lorsque le signe de FEU prend le dessus dans certaines étapes de sa vie, il accumule un peu au hasard des expériences, des connaissances que plus tard il affine et creuse, en bon CAPRICORNE !
Moins introverti sur ses vieux jours, il risque de régler sur le tard de contentieux accumulés dans sa jeunesse, surtout dans le domaine familial !

♑ / ♉ : OPPORTUNISTE ET BON VIVANT.
La rencontre de ces deux signes de terre est fructueuse, car elle confère au CAPRICORNE gaieté, joie de vivre et convivialité ! Doté de grandes capacités intellectuelles, dur à la tâche et ne ménageant pas sa peine, ce natif a presque toujours une bonne place dans la société !
Sachant s'entourer de gens influents, il sait être au bon endroit, au bon moment. Autant sur le plan matériel que spirituel, ce natif vise haut et, avec patience et obstination, arrive à se hisser au-dessus de la masse ! Il sait faire fi des critiques de son entourage !

♑ / ♊ : OPINIÂTRE ET INTELLIGENT.
Avec un peu de chance (à vérifier dans le reste du thème !), la sagesse du CAPRICORNE fait merveille avec la fantaisie du GÉMEAU et on trouve alors un redoutable homme de lettres, artiste ou personnage politique. Si cette même chance nous suit toujours, la timidité un peu paralysante du CAPRICORNE s'efface au profit de la vivacité d'esprit, la facilité d'élocution, le bagou de son ascendant ! N'oublions pas que ce sont deux signes en opposition, qui peuvent se compléter, dans les bons et les mauvais aspects !
Le foie est fragile, à surveiller !

♑ / ♋ : MÉFIANT ET NÉGATIF.
Dommage que le tendre CANCER se laisse absorber par le CAPRICORNE ! Ici on trouve un être méfiant, froid et sévère dans le domaine familial et professionnel, suspicieux et mal dans sa peau !
Toujours obnubilé par la franchise des autres, il s'enferme dans sa coquille pour donner le moins de prise possible à leurs sarcasmes ! Persuadé d'être la cible d'actes malveillants il a de morbides soupçons.
Il ne cherche pas l'affrontement et attend que les choses éclatent au grand jour ! Souvent il perd de belles occasions de se faire des amis ! Sa tension nerveuse, qu'il n'arrive pas à extérioriser, lui occasionne des troubles de l'appétit et des baisses de moral.

♑ / ♌: **MATÉRIALISTE ET RÉFLÉCHI.**
Avare et ambitieux, voilà la définition que font la majorité des astrologues au sujet de cette configuration. Moi je crois que le grand cœur du LION augure quelques gestes de générosité, surtout au sein de la famille. Il rend aussi le CAPRICORNE moins morose et plus enclin à vouloir briller. Travailleur, certes, mais pas dans les basses besognes!
Dans le domaine social il a de beaux débouchés, car il aime faire le bien surtout pour être remercié!
Il aime le luxe, la grande vie, l'originalité et ses enfants, qu'il élève avec droiture et qui pourront compter sur lui toute leur vie! Quel patriarche: plus il mûrit, plus il donne de lui-même!

♑ / ♍: **OPINIÂTRE ET TRAVAILLEUR.**
Une forte ambition pousse le natif à tout faire pour atteindre les buts qu'il s'est fixés. Amoureux des biens matériels, mais non dénué de spiritualité, ce natif a pourtant des goûts simples et aime la vie de famille. Égocentrique, il est capable de tout pour que son moi soit reconnu et ne recule devant rien pour défendre son image. Il cultive avec toute l'opiniâtreté du CAPRICORNE et la patience de la VIERGE le « moi d'abord ». Méticuleux et organisé, il sait se rendre indispensable au travail et accepte plus facilement que d'autres les taches répétitives. Attention aux maladies cardiaques et aux affections de la moelle épinière!

♑ / ♎: **CHANGEANT ET EFFICACE.**
Le natif a de grandes qualités de contact, mais de temps en temps en temps il fait le mort et ignore ses meilleurs amis!
Plus léger, plus frivole et plus bavard que les autres CAPRICORNES, on se trouve face à un être charmant qui allie le sérieux de sa TERRE natale à la fantaisie de l'air! Un peu orgueilleux, il n'aime pas la médiocrité, soigne sa mise et aime que les autres le fassent aussi.
Doté de grandes possibilités intellectuelles, l'avenir ne le prend pas au dépourvu: il l'attend! Moins lent et plus malléable que le CAPRICORNE de base, le progrès le fascine et le charme. La BALANCE rend le natif moins présent, moins pesant, bref il a plus de doigté!
La gorge, les reins et les nerfs sont fragiles!

♑ / ♏: **OPPORTUNISTE ET EFFICACE.**
Lucide et courageux, tout ne sera pas toujours facile pour arriver au succès! Opiniâtre et honnête, le natif mettra en exergue ses grandes capacités de travail et sa facilité pour gérer le potentiel humain. Profondément, viscéralement critique, méfiant et objectif, il n'aura pas que des amis, car il sait mettre le doigt là où ça fait mal. On le dit volontiers froid et distant. Le CAPRICORNE donne le courage et le SCORPION le sens du devoir. S'il vous arrive de ne pas le trouver très drôle, rassurez-vous, il ne rit pas tous les jours non plus! Excellant dans tout ce qui touche le domaine scientifique, le natif est prêt à tous les sacrifices pour s'élever au-dessus de son milieu originel!

♑ / ♐ : PASSIONNÉ ET CONTRARIÉ !

Le natif va utiliser ses énormes capacités à fournir des efforts, dans des buts passionnels ! Militant acharné, amoureux fervent ou pétri de religion, quelles que soient ses passions, il va les ériger au rang de raison de vivre ! Il est moins sympathique que le « SAGITTAIRE de base » et des soupçons injustifiés lui gâchent un peu la vie ....

Opiniâtre grâce au CAPRICORNE, il est moins sujet aux feux de paille que le SAGITTAIRE, bien plus crédible et plus sûr ! Mais il arrive aussi qu'il soit moins drôle, son sens de l'humour étant éclipsé au profit du sens du devoir ! Il est sujet à des maladies chroniques, peu propices à lui rendre le sourire !

♑ / ♒ : VOYAGEUR ET DISPONIBLE !

Le VERSEAU se laisse couper les ailes. Morne et sans grand élan, ce signe double vit souvent une vie calme sans reliefs. Le VERSEAU apporte un amour des connaissances, de la lecture et si le reste du thème le confirme (voir la position de MERCURE) une facilité d'élocution et de plume. Il aide aussi à se tourner un peu plus vers les autres, s'ouvrir plus au monde et aux médias. Plus bavard et plus léger que le CAPRICORNE ne l'est habituellement, il sera moins froid et plus accessible. Ce n'est que dans l'amour de la liberté et des voyages qu'ils se retrouvent et selon les aspects ces derniers leur apporteront équilibre et connaissances ! Risques d'affections pulmonaires dans la jeunesse.

♑ / ♓ : SÉRIEUX ET DÉVOUÉ.

Quel esprit de sacrifice ! Le natif met toute son efficacité au service des entreprises les plus risquées et, en cas de succès, s'éclipse discrètement pour recommencer ailleurs !

Bien moins intéressé financièrement que le CAPRICORNE en général, le natif est soucieux du bien-être des autres, surtout de sa famille et le POISSON lui donne de la compassion pour les pays pauvres !

Par contre, et à moins que le reste du thème ne me contredise (avec par exemple un Milieu de Ciel en GÉMEAUX !), c'est rarement un personnage gai, il est assez morose, enclin à la mélancolie et à l'introspection. Après la quarantaine, gare aux rhumatismes !

LES ASCENDANTS DU ... ♒ VERSEAU !

♒ / ♈ : INDÉPENDANT ET PROVOCANT.
Le natif est, plus encore que les autres VERSEAU, inventif, avant gardiste, épris de liberté ! Idéaliste, optimiste et enthousiaste, il s'enflamme pour toutes les technologies et inventions récentes. Il a les idées larges, les pensées et les points de vue audacieux.
La liberté et l'indépendance, sont pour lui bien plus importants que les richesses, les espèces sonnantes et trébuchantes ! On peut dire à ce titre qu'il est révolutionnaire, provocant, voire rebelle, car il ne supporte aucune contrainte. Courageux, voire téméraire, son esprit de contradiction peut le rendre virulent, le FEU du BÉLIER lui donnant de l'audace, de la fougue, et une détermination bien souvent absents des signes du VERSEAU. Attention aux accidents sur le lieu de travail et aux maladies professionnelles.

♒ / ♉ : GAI ET NATUREL.
Vous êtes bien plus sensuel que les VERSEAU en général, plus possessif et intéressé, aussi. Mais vous avez un naturel généreux, réfléchi et savez prendre du recul quand vos instincts matérialistes vont trop à l'encontre de vos idéaux !
Vous êtes sociable et sympathique capable de surmonter les plus grandes épreuves et on peut dire que vous êtes combatif et opiniâtre. Vous avez du caractère et savez ce que vous voulez, vous vous entourez de gens influents et très en vue qui vous aident à percer dans les domaines qui vous importent.
À l'âge mûr, des troubles cardiaques et cardiovasculaires vous guettent.

♒ / ♊ : VERSATILE ET ARTISTE.
Idées nouvelles, anti conformisme, sensibilité, généreuse compréhension vis-à-vis des autres, voilà les apports du GÉMEAU au VERSEAU ! Indépendance et liberté, voilà les choses que les deux signes ont en commun ! Très intéressé par la recherche dans tous les domaines, car très axé sur l'innovation et la nouveauté (médicale, spatiale, sociale, financière ainsi que toutes les techniques de pointe), le natif a la bougeotte (surtout intellectuelle) et des idées sur tout ! Mais il est inquiet et vulnérable, de plus assez influençable. Peu attiré par le cocooning et la vie en pantoufles, cet être épris de liberté et d'indépendance a les nerfs, les voies respiratoires et l'estomac fragiles. Une santé assez précaire est à craindre !

♒ / ♋ : FRAGILE ET SENSIBLE.
Ici le mariage entre les deux signes donne un être très sensible, mais vulnérable et influençable. Il a tendance à se contenter d'un bonheur approximatif, tant il est persuadé devoir agir ainsi ! Il est de ceux qui ne

divorcent pas, ne démissionnent pas, ne font pas de vagues, par peur de bousculer un train-train rassurant. Il faut dire qu'une certaine paresse, une langueur innée, les rend lymphatiques et dolents. Grâce à leur grande faculté d'adaptation, ils ont souvent une vie paisible à l'abri du besoin, et ne connaissent que des tracas mineurs.
Plus ils avancent en âge, plus ils apprécient la vie de famille. De santé souvent fragile, ils ont des problèmes avec leur métabolisme basal, la circulation sanguine et l'appareil digestif.

♒ / ♌: REBELLE ET ORGUEILLEUX.
Avec cette configuration, le natif trouve toujours chez son entourage proche, beaucoup d'indulgence. Surtout auprès de son conjoint et sans idéaliser (il connaîtra des hauts et des bas dans son couple, surtout à cause de son légendaire esprit d'indépendance) et parler de bonheur sans nuage, on peut dire qu'il y aura une certaine harmonie. Volontiers despotique, le VERSEAU / LION, s'il vous aime, ne vous épargnera aucune critique : regardez de près, ces dernières sont toujours fondées et vous prouvent le réel intérêt qu'il vous porte. On pourrait même dire : Supportez-le, il en vaut la peine ! Sa situation sociale, souvent n'est pas médiocre et sa profession bien des fois correspond à ses goûts. Révolté, voire rebelle, il a du mal à accepter les ordres et a un peu tendance à n'en faire qu'à sa tête !
Attention au gros intestin et aux douleurs arthritiques qui viendront avec l'âge !

♒ / ♍: HUMANISTE ET INTELLECTUEL.
Un vif sens humanitaire anime ce natif, qui a le besoin d'atteindre la vérité supérieure. De très hautes aspirations de l'esprit et une grande soif d'intellect le pousseront toute sa vie à s'interroger sur des pensées philosophiques et existentielles. L'union conjugale, même si elle n'est pas heureuse, est maintenue pour assurer le bien-être matériel, car notre VERSEAU / VIERGE a quand même les pieds sur terre ! De grandes entreprises commerciales ou industrielles lui permettront d'atteindre la gloire ou au moins de se tailler la part du lion dans la société !
Ils ont les nerfs fragiles, la dépression nerveuse les menace !

♒ / ♎: SUPERFICIEL ET AIMABLE.
Tout ce qui a rapport avec l'aisance matérielle a de l'importance pour lui ! L'homme sera très sélectif quand au choix de sa voiture, la race de son chien, la coupe de ses vêtements et la femme, en plus de tout ça, sera intraitable sur la beauté de son linge de maison, la finesse de sa porcelaine, la qualité de ses réceptions nombreuses et fastueuses. La médiocrité et le manque de goût sont les ennemis de ces natifs !
Quoique très aimables, coopératifs, souriants et conviviaux, leur intérêt pour les problèmes des autres est éphémère et ne les empêche pas de vivre !

♒ / ♏ : AMBITIEUX ET BRILLANT.
La pensée de ce signe double est hardie et révolutionnaire. Il a la constante préoccupation de s'élever au-dessus de son milieu d'origine, et pour peu qu'il s'intéresse à la recherche scientifique il a des chances d'y parvenir. Ce domaine lui assure bien des succès ! Il a des idées brillantes, vise haut, et met tout en œuvre pour y arriver. Il a le sens du devoir et du sacrifice, ainsi que l'esprit d'entreprise. Toutes fois certains natifs jouissent d'un mauvais état de santé, leur équilibre nerveux est fragile, et ils risquent des troubles cardiaques. Ils se font beaucoup de soucis pour leurs proches, surtout pour leurs enfants.

♒ / ♐ : PESSIMISTE ET MATÉRIALISTE.
Souvent cet aspect planétaire se caractérise par un aspect physique peu engageant. Si le VERSEAU est la plupart du temps longiligne et gracieux, ce natif-là serait trapu et guetté par l'obésité ! Sa vie conjugale est souvent scellée au seing de son travail et le conjoint reste surtout un collaborateur ! Il renonce souvent à fonder une famille car ses idées à ce sujet sont décalées et empreintes de fatalisme. Ils ont un réel amour du prochain et s'intéressent à tous les problèmes d'actualité. Ils sont équipés de tout ce qui leur donne une ouverture sur le monde. Des ennuis hépatiques sont à craindre.

♒ / ♑ : DISTANT ET MATÉRIALISTE.
D'un abord froid et distant, ce natif est le VERSEAU qui a le plus de mal à communiquer. En fait, les autres le laissent indifférent, il est introverti et n'a pas un grand sens moral : tout lui est bon pour satisfaire ses ambitions, ses désirs. S'il prend des airs supérieurs, c'est souvent pour cacher un manque de confiance en lui, une timidité qui l'isole et le paralyse. Il n'a que peu d'intérêt pour la spiritualité et s'acharne à se construire un bien-être matériel qu'il a du mal à acquérir. En fait, il se donne beaucoup de mal pour arriver à un piètre résultat : il est rarement riche et rarement heureux. C'est du moins ce qu'il pense : il est si exigeant ! Gageons que le reste du thème lui amène l'oxygène !
La santé est bonne (ouf !) avec toutes fois des risques de maladie héréditaire !

♒ / ♓ : RÊVEUR ET INADAPTÉ.
Doué d'une imagination fertile, ce natif se perd parfois dans ses chimères, n'arrivant plus à faire la différence entre ses visions et la réalité. Très préoccupé par son prochain, il n'a généralement pas de pulsions égocentriques et ne se ménage pas pour venir en aide aux autres. Il a le sens du don de soi et de la compassion. Il s'occupe d'œuvres humanitaires, du quart-monde et de la collecte de fonds dans le quartier. En fait de fonds, c'est le VERSEAU qui a les meilleurs rapports avec l'argent, grâce au POISSON qui amène la fortune ! Attention à l'appareil respiratoire et aux troubles de la circulation, la santé de ce natif est assez fragile.

LES ASCENDANTS DU ... ♓ POISSON !

♓ / ♈ : BANQUIER DANS L'ÂME.

Le natif né sous cette configuration, est énigmatique, lunatique, indécis voire hésitant, mais très versé dans les finances ! Capable de dévouement, d'aide aux plus démunis et non exempt de générosité (pour les causes officielles : organismes de santé, recherche médicale) le natif donne pour apporter une aide et non encourager la fainéantise !
Opportuniste, pour lui c'est l'occasion qui fait le larron et il peut devenir redoutable si le destin le met en présence de situations qui titillent sa sensualité, qui n'est qu'en sommeil ! Il devient alors fonceur, comme le BÉLIER, d'où son sens des affaires ou sa propension à la bonne chère, à la grande vie .
Attention, à l'âge mûr l'obésité vous guette, avec son cortège de maux cardiaques, cérébraux et circulatoires.

♓ / ♉ : MERCANTILE ET VOLUPTUEUX.

Vous êtes tiraillé pour la douce indécision du POISSON, face à la créativité parfois agressive du TAUREAU, vos aspirations utopiques sont contre balancées par une sensibilité féconde. Souvent de constitution robuste, vous aimez la bonne chère ; Vous faites merveille dans le commerce, votre sens de l'argent soutenu par un amour du contact et un sens quasi rural du maquignonnage !
Votre amour de la beauté vous fait souvent choisir un métier dans l'art, grâce à VÉNUS, mais c'est à but lucratif, vous n'avez rien d'un mécène !

♓ / ♊ : INDÉCIS ET FRAGILE.

Dans cette configuration, rien ne vient consolider le fragile POISSON, qui est en plus agité en tous sens par la bougeotte du GÉMEAU. Pas facile à vivre, cette dualité pousse aux cas de conscience, aux conflits intérieurs et à l'indécision utopique. Vous n'avez aucune disposition pour la vie de famille (vous n'êtes stable ni intellectuellement, ni géographiquement) et le mariage vous est fortement déconseillé ! Dévoué aux causes humanitaires et sociales, l'AIR vous aide à élaborer des discours que votre timidité vous empêche souvent d'utiliser et c'est dommage car vous feriez un bon militant. Vos fonctions digestives vous donnent souvent de tracas.

♓ / ♋ : FAMILIAL ET FRAGILE.

Vous restez jeunes très longtemps, mais entendez par-là que vous restez infantiles ! Vous avez du mal à grandir et à vous frotter aux horreurs de la vie, vous êtes sensible, gentil et sentimental. Cet aspect est un peu mieux vécu par les femmes, car elles acceptent plus volontiers la fragilité. Mais les hommes sont de grands enfants, qui cherchent dans leurs compagnes la mère dont ils ne pourront jamais complètement se détacher. C'est le prix à payer pour être ascendant CANCER !

Vous êtes d'une vive intelligence et avez une vie intérieure intense. Influencé par votre entourage, méfiez-vous de vos fréquentations !
Bon aspect pour la vie de famille.

♓ / ♌: ATTIRANT ET AMBIGU.
Vous êtes de ceux qui ont des idées très tranchées sur la vie et sur les autres, mais votre humilité et votre douceur, conférés par le POISSON, vous font souvent dire le contraire de vos certitudes. Vous passez souvent pour quelqu'un de pas très franc, car vos affirmations sont teintées d'un je-ne-sais-quoi qui peut passer, pour les non initiés, pour de la fausseté ! Nous savons vous et moi que ce n'est que pour ménager les autres, mais il faut croire que ce n'est pas ce qu'ils veulent !
Vos histoires amoureuses laissent rêveur, vous savez attirer les gens en vue, et les gloires locales !
Vous êtes le seul à savoir que votre brillant train de vie, apparemment acquis facilement, passe par des sacrifices et des heures de travail.
Pour épater la galerie, vous êtes de ceux qui vivent un bonheur artificiel, un simulacre de vie familiale réussie et de couple heureux. Ah ! orgueil, quand tu nous tiens !

♓ / ♍: DÉVOUÉ ET MÉFIANT.
Vous êtes fait pour l'humanitaire, le social, l'aide aux plus démunis ! Une certaine humilité vous pousse à vous considérer l'égal de ceux qui souffrent et vous savez trouver les mots pour réconforter.
Vous aimez par contre construire sur des bases solides et pour vous installer avec vous, votre compagnon devra assurer financièrement ! Vous serez alors une compagne idéale, fidèle, travailleuse et efficace ! Ceci est aussi vrai pour vous, Messieurs, même s'il est moins valorisant de demander à une femme de montrer sa dot ! Mais vous avez besoin d'être rassuré !
Vous aimez plus les actes que les mots, car vous êtes assez timide. La maturité vous fait perdre en vitalité et gagner en méfiance.

♓ / ♎: SENSIBLE ET DIPLOMATE.
Ce natif a la larme facile et les nerfs fragiles. À manipuler avec prudence ...
Gentil, compatissant, jamais vulgaire, il est souvent doté de nombreux dons artistiques. Sociable et ouvert, il se ferme comme une huître en cas de conflit !
Il a également un peu plus d'humour que le poisson en général.

♓ / ♏: PASSIONNÉ ET PASSIONNANT.
Vous êtes animé par des passions que rien n'arrête ! Vous êtes d'un naturel inquiet et torturé et avez un caractère complexe à multiples facettes. En effet, animé de pulsions violentes et souvent en contradiction avec vos actes, vous n'arrivez pas à trouver l'harmonie entre votre « être » et votre « paraître » ! Même s'il était facile de parler d'hypocrisie, ce n'est pourtant pas le cas, car vous sentez bien, vous-même, que vous êtes en

contradiction ! Les autres, surtout la famille, les parents, ne savent pas toujours que penser de vous ? Cela tombe bien, vous non plus !
Soyez prudent sur la route, ne faites pas d'excès à table et fuyez drogue, tabac et alcool ! La tentation de trouver votre vrai « moi » pourrait vous y mener !

♓ / ♐ : EXALTÉ ET AMBITIEUX.
Vous avez un tas d'idées, des idéaux haut placés, mais souvent votre milieu social, votre éducation, ou encore votre état général vous entravent et vous empêchent de les réaliser. Frustré, parfois malheureux, vous sentez bien que votre vie n'a pas l'envergure que vous auriez désirée. Très au courant des dernières nouveautés, votre ordinateur et votre matériel Hi-Fi dernier cri vous aident à passer vos heures de loisir. Avec l'âge, vous serez plus serein et saurez régaler vos petits enfants d'anecdotes savoureuses, donnant enfin libre court à votre humour. Vous êtes généreux.

♓ / ♑ : AMBITIEUX ET PARANOÏAQUE.
Vous avez l'impression d'être poursuivi par la malchance, aussi ne comptez-vous que sur votre travail pour vous élever au-dessus de la mêlée. Vous voulez vous tailler la part du lion, être connu et reconnu. Le chemin sera dur, vous ne ferez pas de cadeau. Mais si vous arrivez à atteindre votre but et si votre santé vous le permet, vous ne serez pas ingrat : votre famille, longtemps délaissée, mais tant aimée et le cercle de vos amis, en tireront, avec vous, les bénéfices : généreux et bienveillant, vous oublierez ensemble les années de galère !

♓ / ♒ : VOUS AVEZ DIT DÉPRIMÉ ?
Vous n'êtes pas, loin s'en faut, un gai luron. Je ne parle pas de votre sens de l'humour, votre ironie, votre auto dérision, qui vous permettent de sauver la face, de donner le change. Je parle de votre inquiétude viscérale, de vos doutes, de vos craintes. Dans les périodes d'accalmie, vous savez vous servir de vos dons artistiques, médiumniques, pour communiquer et exister. Mais quand le blues vous étreint, vous êtes au plus mal. Vous vous demandez ce que les autres peuvent bien vous trouver ! Et s'ils aimaient votre fragilité, justement ? Allez, souriez ....

EN CONCLUSION

Vous savez maintenant, du moins je l'espère, beaucoup plus de choses sur vos données de « base »!

Que mon ouvrage vous serve toujours à faire du bien, à rester positif. Dans le domaine des astres, des tarots, de l'ésotérisme en général, il est facile et parfois tentant, de faire du mal.

Durant mes séances de tarot, je privilégie les bonnes nouvelles. Bien entendu, je n'élude pas les problèmes des consultants, mais tout est dans la façon de le dire, n'est ce pas?
Aussi vrai que les coups du sort nous font avancer, les alarmes excessives et inutiles ne mènent qu'au découragement.

Vous avez entre les mains un outil fantastique, qui vous aidera à mieux comprendre vos proches, votre famille, vos amis. Ne le transformez pas en arme.

Vous serez surpris par la justesse de certaines révélations, étonné, voire froissé par certaines autres. Parfois, vous pourrez donner à votre destin un tour nouveau, faire sur vous un travail dans certains domaines de votre caractère. Et parfois, ce sera impossible...

CAR APRÈS TOUT, C'EST...

ÉCRIT DANS LES ÉTOILES.

Que mon ÉTOILE vous guide et vous éclaire le chemin à parcourir.

ACHEVÉ A STRASBOURG, LE 26 FÉVRIER 2001

TABLE DES MATIÈRES ET REPÈRES

Je voulais compléter mes analyses parues dans mon premier ouvrage, en consacrant un ouvrage entier à 2 aspects forts de nos thèmes.

Bien entendu, on pourrait parler d'aspects négatifs, mais je ne sombrerai pas dans cette affirmation, d'autant plus qu'un travail sur soi peut transformer ces aspects en richesses...

Les thèmes gagnent en profondeur, en originalité avec ces aspects révélateurs de nos pulsions, de nos freins, de nos limites.

Et je reste persuadée qu'en se connaissant mieux, on peut "grandir", accédant ainsi à la maîtrise de nos pulsions, et à l'optimisation de nos possibilités.

Si nous travaillons nos aspects, nous pouvons donner à notre vie une direction fort intéressante : celle qui serait plus spontanée et plus riche à suivre, pour finaliser notre destin...

Car, le destin, on ne pourra pas le modifier... vous savez bien : c'est écrit dans les étoiles...

Je me penche aussi sur la LUNE NOIRE, révélatrice de notre sexualité...

Et pour finir, j'espère vous divertir, et garder votre confiance...

Au-delà des messages lourds transmis par certains aspects, il y a toujours des éléments insaisissables pour les astrologues : la génétique, le milieu social, et notre enfance...

Car nous restons tous, au fond de nous, des enfants... Et nous ne guérissons jamais de notre enfance...

Je vous livre dans cet ouvrage quelques éléments dont vous pouvez tenir compte pour “apprécier” pleinement votre enfant, dans le sens vrai du terme : n’en négliger aucune facette…

L’amour que l’on porte aux enfants, le désir de procréer et de suivre pas à pas un destin dont on est l’auteur, est diversement vécu par chacun de nous…

Nous sommes tous les enfants de quelqu’un, alors que nous n’avons, ou ne voulons, pas tous des enfants… Voilà ce qui conditionne nos vies : l’attitude de nos géniteurs, de nos éducateurs…

S’il n’y a plus rien à faire, pour que nous, adultes, ayons une autre enfance, notre attitude face aux enfants peut changer, après avoir pris connaissance des aspects planétaires de leur thème astral… et compris l’importance de l’enfance…

Car pour l’amour, point n’est besoin de leçon, n’est pas ?

Même s’il n’est pas le meilleur des guides, ce sentiment donne à la vie tout son sens, celui d’être aimé, désiré et soutenu…

Si nous avions tous ce sentiment, celui d’avoir été désiré, puis aimé, aucune épreuve ne serait insurmontable…

Et dans ce monde où les difficultés croissent tous les jours, les messages d’amour sont autant de bouteilles à la mer…

Que ce troisième volet de ma trilogie vous réserve de bons moments. Le ton de mon livre est volontairement léger, car l’humour reste à tout jamais une arme contre le désespoir…

Transmettez aux enfants, les vôtres ou ceux que la vie met sur votre route, le désir de vivre, et l’envie d’avoir (toujours) envie…

Kolibri 360 GmbH
Ferdinand-Jühlke-Straße 7
99095 Erfurt, Deutschland
produktsicherheit@kolibri360.de

Druck:
CPI Druckdienstleistungen GmbH
im Auftrag der
Kolibri 360 GmbH
Ferdinand-Jühlke-Str. 7
99095 Erfurt